GESTÃO DO
PONTO DE VENDA
OS PAPÉIS DO FRANQUEADO DE SUCESSO

ADIR RIBEIRO | MAURÍCIO GALHARDO | LEONARDO MARCHI

LUÍS GUSTAVO IMPERATORE | TONINI JÚNIOR

GESTÃO DO PONTO DE VENDA
OS PAPÉIS DO FRANQUEADO DE SUCESSO

FINANÇAS

PESSOAS

VENDAS

ADIR RIBEIRO | MAURÍCIO GALHARDO | LEONARDO MARCHI
LUÍS GUSTAVO IMPERATORE | TONINI JÚNIOR

DVS EDITORA

www.dvseditora.com.br
São Paulo, 2015

GESTÃO DO PONTO DE VENDA
OS PAPÉIS DO FRANQUEADO DE SUCESSO

DVS EDITORA 2015 – Todos os direitos para a língua portuguesa reservados pela Editora. Nenhuma parte deste livro poderá ser reproduzida, armazenada em sistema de recuperação, ou transmitida por qualquer meio, seja na forma eletrônica, mecânica, fotocopiada, gravada ou qualquer outra, sem a autorização por escrito dos autores e da Editora.

Diagramação: Konsept Design & Projetos
Capa: Spazio Publicidade e Propaganda

Nota: Muito cuidado e técnica foram empregados na edição deste livro. No entanto, podem ocorrer erros de digitação, impressão ou dúvida conceitual. Para qualquer uma dessas hipóteses, solicitamos a comunicação ao nosso serviço de atendimento através do e-mail: atendimento@dvseditora.com.br. Assim poderemos esclarecer ou encaminhar sua questão.

```
       Dados Internacionais de Catalogação na Publicação (CIP)
              (Câmara Brasileira do Livro, SP, Brasil)

            Gestão do ponto de venda : os papéis do
               franqueado de sucesso / Adir Ribeiro...
               [et al.]. -- São Paulo : DVS Editora, 2015.


               Outros autores: Maurício Galhardo, Leonardo
            Marchi, Luís Gustavo Imperatore, Tonini Júnior
               Bibliografia.
               ISBN 978-85-8289-099-8


               1. Franquias (Comércio varejista) 2. Franquias
            (Comércio varejista) - Brasil 3. Planejamento
            estratégico I. Ribeiro, Adir. II. Galhardo,
            Maurício. III. Marchi, Leonardo. IV. Imperatore,
            Luis Gustavo. V. Tonini Júnior.


    15-02975                                          CDD-658.8708
                     Índices para católogo sistemático:

                  1. Franchising : Marketing : Administração de
                     empresas    658.8708
                  2. Franquias : Marketing : Administração
                     de empresas    658.8708
```

AGRADECIMENTOS

Compartilhar **conhecimento PAR (Prático – Atualizado – Relevante)** para o Franchising & Varejo é o nosso propósito empresarial. Temos plena convicção que amar o que fazemos tem sido o nosso diferencial nessa trajetória, porém, sem a nossa equipe (também apaixonada), sem os nossos parceiros, fornecedores e, principalmente, os nossos clientes (nossa razão de existir), que confiaram e confiam em nossos serviços, nada disso teria sido possível. Tem sido um aprendizado diário, constante e muito desafiador.

E, em especial, agradecemos as nossas famílias, que sempre nos apoiam nessa busca e que muitas vezes abrem mão do convívio conosco por acreditarem que estamos construindo um mundo melhor, um mercado mais maduro e bem informado, com resultados positivos para todos.

O nosso MUITO OBRIGADO a todos!

SUMÁRIO

Agradecimentos	V
Prefácio	XIII
Depoimentos	XV
Introdução	**1**
1. Propósito do livro	1
1.1. Estrutura de capítulos e temas	3
Franchising	**7**
2. A essência do Franchising	7
3. Visão estrutural do sistema de Franquias	10
4. Franchising como canal de vendas	11
5. A Gestão Estratégica do Franchising	13
5.1. A cultura empresarial	16
6. O papel das partes na construção do sucesso	22
7. Os três papéis do gestor de sucesso	27
7.1. Avaliação: papéis do gestor de sucesso	32
Gestão Empresarial do Negócio	**37**
8. O que é gestão	37
9. Resultados	39
9.1. O que são os resultados	39
9.2. Definindo metas de resultados da unidade	40
9.3. A orientação para resultados	41
9.4. Como se avaliar o que é um bom resultado	42
10. Indicadores de desempenho da unidade	43
10.1. O que são	43
10.2. Como defini-los	43

10.3. Como apurá-los	44
10.4. Como interpretá-los e tomar decisões	44
10.5. A gestão da unidade por indicadores	45
11. Empreendedorismo	46
11.1. O que é	46
11.2. Principais características	46
11.3. A relação entre risco e retorno	47
11.4. Empreender com responsabilidade	48

Planejamento 49

12. Plano de negócio	49
12.1. O que é	49
12.2. Objetivo e importância	49
12.3. Principais elementos de um plano de negócios	50
12.4. Planejamento X realidade (previsto X realizado)	53
13. Processos	53
13.1. O que são	53
13.2. Importância de padrões no Franchising	53

Marketing 55

14. Marca	55
14.1. Importância da marca no negócio	55
14.2. Como preservá-la e valorizá-la	56
14.3. A construção local da marca numa unidade Franqueada	57
15. Cultura de serviços	58
16. Responsabilidade social e a relação com a sociedade	58
17. O varejo multicanal e o *omni-channel*	60
17.1. A prática do *showrooming* – quando o cliente vai à unidade física, mas compra pela internet	62
17.2. Como a internet e o comércio eletrônico podem ajudar o negócio	63
18. Marketing e divulgação no varejo	64
18.1. Quando fazer	65
18.2. Como definir um orçamento	66
18.3. Como avaliar resultados	66
18.4. Plano de marketing da Franqueadora – alinhamento e execução	68
18.5. Marketing local e nacional – principais diferenças	69
19. *Visual merchandising* – conceitos e importância	70
19.1. O que é	70
19.2. Importância	70
19.3. Manutenção e atualização	71

FINANÇAS

Finanças   75
    20. A importância da gestão financeira   75
    21. Regimes Financeiros   77
    22. Investimento inicial e reinvestimentos   79
    23. Gastos fixos X gastos variáveis   80
    24. Pró-labore X Distribuição de lucros   82
    25. Ponto de Equilíbrio (PE) – estudo de viabilidade econômica de uma unidade   83
    26. Demonstrativo de Resultados do Exercício - DRE   86
    27. Lucratividade   90
    28. Rentabilidade (R.O.I.)   91
    29. Prazo de Retorno (*payback*)   92
    30. CMV e *Mark Up*   93
    31. Gestão por categoria e mix de produtos   96
    32. Estoques e Curva ABC   97
    33. Formação do preço de venda   101
    34. Gestão do fluxo de caixa   104
    35. Provisões e decisões de caixa   105
    36. O custo do dinheiro no tempo   108
    37. *Valuation* – como calcular o valor de uma unidade   110
    38. Em resumo   112

PESSOAS

Pessoas   117
    39. Como gerenciar as pessoas na unidade   117
        39.1. Importância das pessoas no negócio   117
        39.2. Propósito, cultura e valores da empresa   118
        39.3. Gestão do capital humano   120
    40. Recrutamento e seleção de pessoas   122
    41. Integração e acolhimento na unidade   141
    42. Treinamento e desenvolvimento da equipe   142
        42.1. Formatos de treinamento   143
        42.2. Planejamento dos treinamentos   145

42.3. Desenvolvimento dos conteúdos	146
42.4. Aplicação dos treinamentos	148
42.5. Gestão dos resultados	154
42.6. Avaliação de desempenho	158
43. Engajamento das pessoas	164
43.1. Motivação e comunicação	166
43.2. Clima organizacional	166
43.3. Fundamentos da liderança	167
44. Crescimento	168
45. Desligamento: quando e como fazer	169
46. Conclusões sobre a gestão de pessoas na unidade	170

VENDAS

Vendas	**173**
47. Gestão de vendas e atendimento & vendas	173
47.1. Preparação da equipe	174
48. Gestão da unidade	177
48.1. As quatro dimensões do gestor de vendas de sucesso	177
49. Gestão de vendas X gestão operacional	179
50. Cronograma de atividades da unidade	181
51. Indicadores de performance	182
52. Ferramentas de acompanhamento dos Indicadores	185
53. Planos de ação da equipe de vendas	188
53.1. Indicador: *ticket* médio	188
53.2. Indicador: itens por *ticket*	189
53.3. Indicador: taxa de conversão baixa	189
54. MCV – Método Campeão em Vendas	193
54.1. Começar a aquecer	194
54.2. Atrair e abordar o cliente	198
54.3. Monitorar as necessidades	200
54.4. Proporcionar encantamento	201
54.5. Entender as oportunidades	202
54.6. Atenção às objeções	203
54.7. Olhar para o futuro	204

Experiência Prática — 205

55. Principais aprendizados de gente que construiu o sucesso na gestão de suas Franquias — 205

Conclusões — 223

Referências Bibliográficas — 225

Anexos — 227

Leitura Complementar — 243

Sobre a Praxis Business — 267

Currículo dos Autores — 269

PREFÁCIO

A grande invenção não patenteada de Henry Ford

A utilização da linha de produção seriada não foi a maior criação de Henry Ford. Entre as 161 patentes de produtos registradas em seu nome, a mais importante não foi registrada.

Ford criou o mercado de massa!

Ao produzir um carro que seus funcionários tivessem condições econômicas de comprá-lo, Ford inaugura a era dos produtos de massa e com isso, o marketing enquanto ciência ou técnicas que aproximam empresas e consumidores.

A partir daí uma sucessão de desafios se impõe à Ford de Henry: operários, fábricas, materias-primas, processos e rotinas, tempos e métodos, Taylorismo levado a sério, afinal, para baratear o produto e dar acesso a uma gama enorme de clientes, era preciso baixar custo, aumentar a produtividade e... vender.

O "*The best way*" de Frederick Taylor era o garantidor da produção, do baixo custo e a garantia de produzir um carro a cada 98 minutos. Era a contrafação entre o artesão e a indústria, o especialista *versus* o generalista, dividir tarefas era garantir o todo mais barato e em maior escala.

Mas o que não se podia fazer internamente era preciso terceirizar. Sim, já em 1912 quando o primeiro veículo saiu da linha de produção da fábrica da Ford em Dearborn, ele cria mais uma de suas invenções não patenteadas: o sistema de Franquia.

Foi assim que Ford, além de seus 12 sócios na indústria, passou a ter centenas de sócios na venda, distribuição, assistência técnica e revenda de seus veículos: as concessionárias ou o primeiro sistema de Franquias que se tem conta, devidamente formatado, exclusivo, manualizado, assistido pelo Franqueador. Um novo e moderno modelo de negócio vitorioso, que só fez crescer e permanece até os dias de hoje inovador, gerador de riqueza e uma fonte inesgotável de oportunidades para empreendedores e empreendedoras em todo o mundo.

Logo a seguir, Franquia foi a opção inteligente adotada por todas as petrolíferas do mundo para atender a necessidade de oferecer combustível à frota de automóveis que crescia vertiginosamente. Capilaridade era fundamental. Dividir risco, gestão e capital para esse crescimento encontrou no sistema de Franquias a grande solução.

Não por acaso, até hoje, várias marcas internacionais se utilizam da Franquia para expansão dos seus negócios.

Fica claro que o Brasil é um país de Franquias. Nosso território imenso e um mercado interno de mais de 200 milhões de consumidores ávidos por produtos e serviços de qualidade, nos credenciam como um dos maiores mercados do mundo para Franquias.

Alia-se a isso o caráter reconhecidamente empreendedor dos brasileiros que, em todas as pesquisas, apontam como um de seus maiores anseios ter seu próprio negócio.

Contudo, contrariando o dito popular, querer nem sempre é poder. O índice de insucesso na abertura de novas empresas no Brasil é extremamente alto e a razão principal é a falta de planejamento e conhecimento de gestão.

A saída não é certamente deixar de empreender. O remédio está no aprendizado das ferramentas e técnicas de adminsitração. Com certeza, um foco definitivo está em Finanças, Pessoas e Vendas. O que resumo, de maneira muito simples, à profundidade deste novo livro e à sua necessidade premente, pra você que quer empreender, para você que quer ser um Franqueado e, por que não, para Franqueadores que queiram melhor instrumentalizar seus próprios Franqueados.

Boa leitura, bom aprendizado e lembre-se que a teoria, na prática, funciona!

Carlos Alberto Júlio
Conselheiro de empresas, autor, professor e palestrante de negócios.
Colunista da Rádio CBN.

DEPOIMENTOS

"Vivemos um momento de pleno amadurecimento do Franchising brasileiro que consolida sua importante presença no cenário do varejo nacional.
Com isto aumentamos consideravelmente a base de pequenos, médios e grandes empresários atuando como Franqueados nos diferentes segmentos do Franchising. Assim, receber conhecimento cristalino de quem une os conceitos mais eficientes e modernos de varejo e Franchising com a vivência em inúmeras redes, focado na busca do desenvolvimento ainda maior de nossos Franqueados, é uma grande contribuição que o time da Praxis Business traz para perpetuidade de nossa indústria."

Cristina Franco – Presidente da ABF – Associação Brasileira de Franchising

"Para alcançar o sucesso desejado, é preciso planejamento, inovação e investimento na capacitação das pessoas envolvidas no negócio. Nesta linha, este livro oferece uma visão ampla do sistema de Franchising e varejo brasileiro. Ele prepara Franqueados e todos os envolvidos no sistema para um novo modelo de negócio, muito mais profissional e focado em resultados".

**Jerônimo José Merlo Dos Santos – Diretor de Varejo e Marketing –
Ipiranga Produtos de Petróleo S.A.**

"A rápida evolução do mercado obriga o Franqueador a promover mudanças profundas em curto espaço de tempo. Os Franqueados sofrem os impactos. O conflito instaura-se. 'Gestão do Ponto de Venda' aborda de maneira objetiva e assertiva essa situação. Sua linguagem é fluida, estruturada e clara, ampliando a visão do Franqueado que passa a entender o negócio como um todo, engajando-o à causa."

Carolina Pires – Diretora Comercial e Marketing – Lupo S.A.

"Neste mercado globalizado e de grandes mudanças é fundamental e vital que o empresário tenha foco em gestão. Uma boa gestão vai permitir que o empresário corrija e adapte o seu negócio às mudanças do mercado com velocidade. Num grupo de Franqueados, geralmente, heterogêneo, nem todos tiveram oportunidade de conhecer ferramentas de gestão numa faculdade ou em alguma empresa onde trabalharam, os sócios da Praxis Business conseguiram de maneira simples, pratica e didática passar todos os conceitos fundamentais de uma boa gestão neste livro. É ler e pôr em prática!"

Jae Ho Lee – Diretor Executivo – Grupo Ornatus

"Acredito que o livro 'Gestão de Ponto de Venda' tem tudo para tornar-se um manual de consulta diária para Franqueadoras e Franqueados.
Completo, de fácil leitura e super atualizado, esse livro cobre todos os mandamentos que devem ser seguidos por empreendedores que queiram ter sucesso.
E o mais bacana, foi escrito por pessoas que fazem a diferença e conhecem profundamente na prática sobre o temas que abordam.
É mandatório ser adquirido por todos que atuam no varejo de Franquia e que queiram obter posições de destaque em suas empresas."

Ronaldo Pereira Jr. – CEO – Óticas Carol

"Há 4 anos a Praxis Business é uma parceira importante da Rede Água Doce - Sabores do Brasil. Costumo comentar que a parceria foi um divisor de águas em nossa Franquia. Trabalhamos temas como Finanças, Vendas e Gestão de pessoas e também amadurecemos nossa visão estratégica quanto ao relacionamento com Franqueados e colaboradores. Os resultados foram imediatos, pois conquistamos alto desempenho em todos os níveis da rede.

Desejo aos nossos amigos da Praxis Business muito sucesso nesta nova empreitada. E terão em mim um leitor ávido deste livro, pois tenho convicção da sabedoria e riqueza de conhecimentos que suas páginas apresentarão."

Delfino Golfeto – Presidente – Água Doce Franchising

"O livro contribui imensamente para o entendimento das partes no que tange ao relacionamento entre Franqueado e Franqueador, mas, principalmente, no papel deste segundo na busca do sucesso dessa parceria. Ao decidir-se por investir em uma Franquia, o agora Franqueado, irá se deparar com novos desafios que dificilmente vivenciara trabalhando em outras corporações, independente do foco e tamanho da mesma, pois passará a atuar em diversas frentes e diferentes papéis que exigem conhecimento e competências divergentes e, ao mesmo tempo, complementares. Este livro se oferece como um guia prático para auxiliar esse Franqueado a ter a clara visão dos desafios que encontrará pela frente, além de ser uma obra que contribui, e muito, para o fortalecimento do Franchising Brasileiro."

Alexandre Sá Pereira – Diretor de Marcas – Richards & Salinas

"Poder conviver com esses 'meninos apaixonados' da Praxis Business é um privilégio e uma grande oportunidade. A forma como eles entendem e compartilham o conhecimento do que é o Franchising faz com que possamos entender que ser Franqueado, antes de tudo, é ter um propósito de vida e empreender com paixão e razão neste propósito. Buscar aprimoramento constante do conhecimento de gestão é o que faz o sucesso do seu negócio. Você pode ter a melhor marca para explorar, mas é necessário engajamento na sua proposta. Com isso é possível obter os resultados planejados."

Ubirajara José Pasquotto – Presidente – Cybelar

"Esse livro representa um manual de melhores práticas, repleto de exemplos da vida real. Ele provoca incômodas reflexões. **É ler hoje e hoje mesmo colocar em prática!**"

Bruno Andrade – Diretor Executivo – Localiza Franchising

"A gestão do ponto de venda é fundamental para o sucesso do negócio, para o atingimento dos resultados e principalmente na fidelização ao ponto de venda, temas que são abordados de forma direta e objetiva nesse livro pelos autores e sócios da Praxis Business. O livro 'Gestão do Ponto de Venda' está totalmente alinhado à missão da Rede PitStop: Transformar donos de lojas de autopeças em empresários do Segmento Automotivo."

Paulo Fabiano Navi – Diretor – Rede PitStop

"No mercado de Franquias, o Franqueado engajado com a marca e que opera com excelência é muito importante. O desafio é saber como operar com excelência, quais as ferramentas que devemos ter e por quais caminhos devemos caminhar para aprender as técnicas de gestão. Com teoria e prática, este excelente livro nos ajuda a refletir e guiar num ambiente cada vez mais complexo e competitivo, em como o Franqueado pode utilizar os diferentes chapéus de Finanças, Pessoas e Vendas para obter excelência e ter sucesso."

Ricardo Ribeiro – Diretor Comercial – Chilli Beans

"Acreditamos que o Franqueado de sucesso no mundo de hoje é aquele que além da inteligência emocional, desenvolve em seu negócio uma boa gestão financeira, o engajamento das pessoas com a missão da empresa e mantém o foco nas vendas. É por esse motivo que entendemos e apoiamos as ideias desse livro."

Dra. Carla Sarni e Cleber Soares – Presidência e Vice Presidência – Sorridents Clinicas Odontológicas

"A Mahogany, desde o seu início, sempre acreditou que o treinamento tem um papel fundamental, tanto para o conhecimento dos produtos como para o aprimoramento das técnicas de atendimento. Além disso, os movimentos para motivar e engajar são importantíssimos e complementam este trabalho de desenvolvimento de pessoas.

Os treinamentos e campanhas motivacionais sempre foram desenvolvidos e aplicados pela nossa equipe interna e direcionados à equipe de vendas, gerentes, supervisores de lojas e, em alguns casos, Franqueados, com bons resultados.

Nossa equipe de treinamento, porém, sentia que seria muito importante passar conhecimentos mais profundos direcionados aos Franqueados, com objetivo de dar ferramentas para que pudessem aprimorar sua gestão de Finanças, Pessoas e

Vendas, melhorando assim a operação das lojas.

Foi então montado um treinamento junto com a Praxis Business, destinado exclusivamente aos Franqueados, denominado 'Franqueado de Atitude', em que essas competências eram exploradas ao extremo.

Embora sempre tenhamos tido boas avaliações de nossos treinamentos, esse Programa de Gestão de Lojas (que é a base do livro) foi o mais elogiado de todos os ministrados. A primeira turma de participantes criou inclusive um grupo de relacionamento, onde são trocadas informações e sugestões para melhoria do desempenho das unidades Franqueadas. Com isso, nosso objetivo de melhoria e aprimoramento da gestão foi plenamente atingido."

Jaime Drummond – Presidente – Mahogany

mahogany

"Sabemos que o sistema de Franquias é uma das formas mais modernas e seguras para expansão de negócios e investimento de capital. Quando a conceituada equipe da Praxis Business didaticamente trata da gestão prática do ponto de venda e aprofunda nesse livro os 3 papéis vitais para um Franqueado ter sucesso, ou seja, cuidar de Finanças, gerir Pessoas e conquistar Vendas, está municiando esses valorosos empresários de poderosas ferramentas para crescimento pessoal e progresso nos negócios. Não tem como não dar certo."

Maurício Morgado | Professor MCD – Mercadologia – Fundação Getúlio Vargas – FGV

"Há alguns anos me encontrava de férias e ao abrir o jornal na praia, me deparei com uma notícia que indicava ser o Brasil um país de empreendedores.

Olhei ao redor e vi vários desses empreendimentos: a maioria deles, empreendimentos de sobrevivência e que demandavam trabalho duro, pura intuição e muito, muito esforço.

Nosso país, tão carente de educação, necessita de conhecimento relevante, que permita aos indivíduos que desejam empreender aumentar suas chances de sucesso, seu bem-estar e o bem-estar de nossa sociedade.

Nesse sentido, o livro 'Gestão do Ponto de Venda' contribui para preencher essa lacuna e indicar a Franqueados e também a empresários em geral caminhos para aumentar as chances de sucesso num país tão complexo e num cenário tão desafiador."

Sílvio Abrahão Laban Neto – Ph.D. – Consultor, Professor e Coordenador dos Programas de MBA do Insper

Insper

"Este livro reflete bem o estilo e propósito da Praxis Business, conforme já tive oportunidade e observar. Voltada para a realidade dos negócios no Brasil, olhando para o empresário e seus desafios usuais, com enfoque estritamente prático e baseado na vasta experiência direta dos autores com os negócios de Franchising, a obra foge tanto do academicismo quanto das receitas de autoajuda empresarial. Recebo este livro como um instrumento para apoiar a preparação de novos empreendedores, fornecendo conceitos, indicando os caminhos (os a seguir e os a evitar) e, principalmente, ajudando-os a formar uma mentalidade de empresário e de gestor."

Leandro Del Corona – Diretor de Mercado – Cia. Ultragaz S/A

"Este livro contribuirá de forma significativa para a difícil missão de realizar no ponto de venda a entrega da proposta de valor da marca, pois para isso ocorrer o franqueado e a equipe da loja deverão estar capacitados, totalmente alinhados com o propósito da marca e engajados.
Em Franchising, muito se fala de expansão, mas a boa gestão do ponto de venda é o que se bem trabalhado poderá aumentar significativamente o lucro de Franqueados e Franqueadores."

Juarez Leão – Fundador e Presidente – Leão Business Upgrade

INTRODUÇÃO

1. Propósito do livro

> *"Contribuir para a transformação de Franqueados em Empresários bem-sucedidos. Empresários que ajam de maneira alinhada às diretrizes e padrões da Franqueadora, proporcionem uma excelente experiência de marca para os clientes de cada ponto de venda (unidade Franqueada) e melhorem os resultados da Rede como um todo."*

O principal motivo da consolidação deste livro é contribuir, ainda mais, com a perenidade e avanço do sistema de Franchising e varejo brasileiro. Esta obra é de autoria dos sócios-diretores da Praxis Business, os quais têm se dedicado a estudar, investigar e vivenciar as relações entre Franqueadores e Franqueados, acompanhado e contribuído com o crescimento e amadurecimento do sistema, com a profissionalização das empresas Franqueadoras, bem como das Franquias e seus representantes, sejam Franqueados ou suas equipes, isto é, gerentes, supervisores, atendentes etc.

As empresas Franqueadoras estão em constante ritmo de evolução e mudanças, dadas as necessidades do mercado e dos consumidores, cada vez mais exigentes e informados, num cenário de aumento de custos diversos, como mão de obra, impostos, ocupação e insumos, entre outros, diminuindo sensivelmente as margens de negócio.

Com essa aceleração do ritmo das mudanças, o excesso de informações disponíveis e o uso de tecnologia em várias áreas dos negócios, podemos afirmar que os impactos são gigantescos para a preparação dos empresários Franqueados e suas equipes, exigindo, portanto, uma nova postura de todos os envolvidos no sistema, seja nos modelos de negócios mais inovadores e atualizados em relação ao contexto mercadológico, na prestação de serviços de suporte pelas Franqueadoras, nos programas de capacitação para os Franqueados e equipes da Rede, entre várias outras demandas.

A ideia de organizar **conhecimento PAR (Prático, Atualizado e Relevante)** sobre a gestão empresarial do ponto de venda (unidade Franqueada, seja unidade, revenda, escritório comercial, escola, prestação de serviços etc.) sempre motivou os programas de consultoria e capacitação da Praxis Business para várias redes brasileiras e, dessa maneira, cumprir o nosso Propósito Empresarial.

Não é a pretensão deste livro esgotar o assunto nem tampouco provocar discussões de metodologias ou aplicações, mas sim agregar valor ao dia a dia de quem opera uma Franquia (ou várias), e também para os Franqueadores cuja missão é contribuir para o desenvolvimento de sua rede e prestar suporte de visitas e treinamentos, entre tantos outros desafios.

Dessa forma, pretende-se:
- Fornecer conhecimento PAR (Prático, Atualizado e Relevante) para o Franchising & Varejo.
- Aliar prática e teoria na medida exata de operação de um negócio Franqueado.
- Provocar reflexões relevantes sobre a Gestão de uma Unidade Franqueada.
- Compartilhar conhecimento dos autores ao longo das experiências diferenciadas de cada um.
- Ser uma fonte de consultas e inspirações sobre assuntos pertinentes à operação e gestão de um ponto de venda (unidade Franqueada).
- Gerar resultados consistentes para os negócios e carreiras de todos os envolvidos.

Assim, gerar contribuições de maneira efetiva com o desenvolvimento dos sistemas de negócios em redes de Franquias e varejo de maneira geral, além de consolidar o Brasil, cada vez mais, no cenário internacional de Empreendedorismo, pois a Franquia tem na sua essência um caminho mais estruturado para esse progresso.

Obviamente, não há sucesso garantido no sistema de Franchising, mas sim muito trabalho de planejamento, análise de modelos de negócios, formatação da operação, construção de manuais e suporte aos Franqueados, para minimizar as taxas de insucesso.

Para que este livro pudesse ter sido concluído, agradecemos aos nossos clientes, parceiros de negócios, alunos e equipe, que confiaram (e confiam) nos serviços de consultoria, educação corporativa e implantação de redes de Franquias, pois, somente assim, nos mantemos conectados com a visão prática dos negócios e necessidades de um mercado cada vez mais exigente de inovações e soluções que, de fato, agreguem valor e gerem resultados consistentes e sustentáveis para toda a cadeia de valor dos negócios em redes (Franquias, varejo, canais de vendas etc.).

1.1. Estrutura de capítulos e temas

1.1.1. Visão geral do livro – Gestão do Ponto de Venda

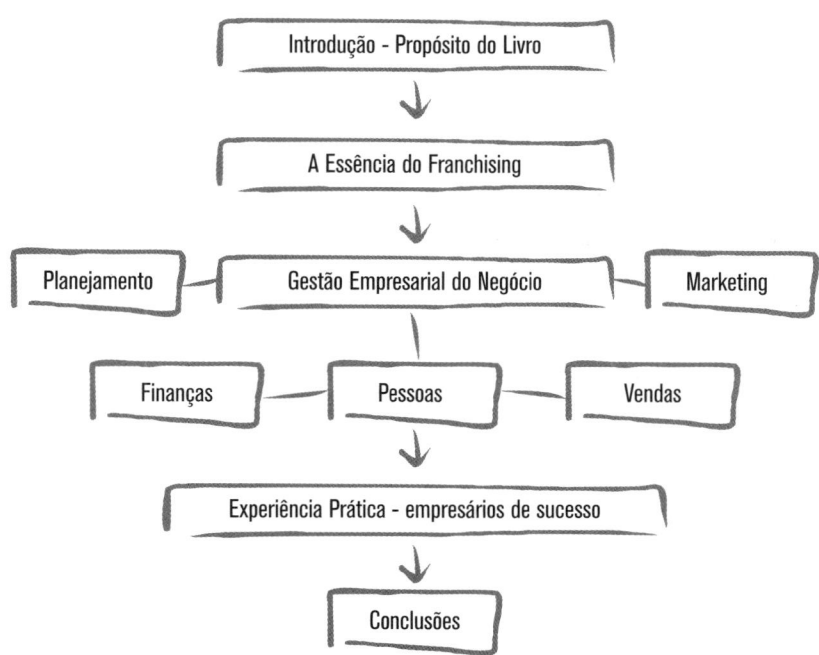

O livro está estruturado em temas e capítulos da seguinte maneira:

- **Introdução** – qual o propósito da obra e o que pretendemos abordar no seu conteúdo integral, focado em ampliar o conhecimento prático da gestão de um ponto de venda (seja uma unidade Franqueada, principal foco, ou uma unidade independente).

- **A Essência do Franchising** – para os negócios em redes de Franquias, há uma série de premissas e necessidade de alinhamento cultural e padrão operacional que precisa ser entendido para a gestão de uma loja, ponto de venda ou unidade Franqueada.

- **A Gestão Empresarial do negócio** – importância da gestão num mercado cada vez mais competitivo, abrangendo os aspectos de planejamento e de marketing, construção e reputação de uma marca no mercado.

- **Os papéis do Franqueado de Sucesso – Finanças, Pessoas e Vendas** – detalhamento de cada uma das principais competências (papéis) de um gestor de sucesso, envolvendo os aspectos financeiros (racional, controle, números), pessoais (contratação de equipes, engajamento, capacitação) e de vendas (gestão comercial da unidade).

- **Experiência prática de Franqueados de sucesso** – foram coletadas informações e depoimentos de quem construiu o sucesso, de maneira alinhada às diretrizes de uma rede Franqueadora, e atingiu maturidade empresarial elevada na gestão dos seus negócios.

- **Conclusões** – principais aspectos e *insights* da gestão prática de uma unidade comercial (ponto de venda), seja uma unidade Franqueada ou não, para gerar inspiração de melhoria de resultados nos negócios.

- **Bibliografia e Anexos** – toda a bibliografia consultada e pesquisada, anexos e ferramentas necessárias para maior compreensão do conteúdo.

Introdução

Agradecemos por compartilhar essa jornada conosco e esperamos que a leitura e reflexões deste livro possam contribuir, de maneira efetiva, com as suas decisões e conhecimento na gestão do seu negócio. Lembramos sempre a importância de estarmos abertos ao conhecimento, referendado por Gonzaguinha, nosso eterno músico brasileiro, em sua canção *O que é, o que é?*

"A beleza de ser um eterno Aprendiz."

Planejamento, disciplina, propósito, método, execução, sentido de pertencimento, engajamento, resultados e sucesso – são alguns dos nossos desejos para a sua realização pessoal e profissional.

Conte conosco, sempre!

**Adir Ribeiro, Maurício Galhardo, Leonardo Marchi,
Luís Gustavo Imperatore e Tonini Júnior**

FRANCHISING

2. A essência do Franchising

O Franchising tem conquistado muito destaque no mundo dos negócios e na mídia em função do seu significativo crescimento no Brasil e vem adquirindo maior espaço mundial também, em função de o Brasil estar entre os maiores países do mundo em número de marcas Franqueadoras e também de unidades Franqueadas. Isso demonstra claramente que o brasileiro tem vocação empreendedora e enxerga nas Franquias uma forma de iniciar ou prosperar nos negócios. Já as Franqueadoras, cada vez mais, aprofundam o conhecimento sobre o sistema como forma de expansão dos negócios e conquista de mercado e de melhores resultados.

Alguns termos serão bastante difundidos nesse livro, portanto, precisam ser alinhados para facilitar a compreensão:

- **Franqueadora:** Empresa que concede a Franquia, sendo considerada a detentora dos direitos sobre a marca, método e processos do negócio e que seleciona os seus Franqueados para poder representá-la por meio da Franquia.
- **Franqueado:** Aquele que adquire a Franquia, o proprietário de uma unidade Franqueada, podendo ser pessoa física ou mesmo uma pessoa jurídica.
- **Multifranqueado (ou Superfranqueado):** Aquele que investiu e gerencia várias unidades Franqueadas de uma mesma marca, ou de várias

marcas, e que tem um perfil mais empreendedor e empresarial, tendo equipes bem treinadas em suas unidades e gestores de negócios alinhados às diretrizes das Redes que representam.

- **Franquia:** É a unidade de negócio (estabelecimento) operado e gerido pelo Franqueado.
- **Ponto de Venda:** É o local onde é realizado o contato final com o cliente e a transação comercial em si (venda), caracterizado nesse livro como forma de abranger os diversos formatos de operações de negócios, como uma loja tradicional (venda de produtos ou serviços), uma escola de idiomas ou profissões, um escritório comercial de contatos com clientes, uma revenda de produtos, uma concessionária, um agente autorizado, seja Franquia ou não.
- **Taxa de Franquia:** Valor geralmente pago na concessão da Franquia que refere-se ao direito de fazer parte da rede e acessar todo o *know-how* desenvolvido pela Franqueadora, bem como uso da marca. Está ligada ao início dos negócios, à orientação e capacitação iniciais para que o Franqueado possa ser bem-sucedido na implantação de sua unidade.
- **Taxa de *Royalties*:** Taxa paga com uma periodicidade definida (em geral, mensalmente) pelo Franqueado à Franqueadora como retribuição ao acesso continuado de *know-how*, benefícios e uso da marca, bem como fornecedores homologados e programas de suporte e capacitação. Remunera a prestação de serviços, de maneira geral, concedida pela Franqueadora ao Franqueado.
- **Taxa de Marketing:** Também chamada de Taxa de Propaganda ou Publicidade. Segundo o nosso entendimento, a denominação marketing é ampla. Assim, para este livro, foi adotada aquela que se refere à taxa cobrada dos Franqueados para formar um fundo a ser gerenciado pela Franqueadora (pode até contar com o apoio dos Franqueados) para uso em campanhas de divulgação nacional, regional ou local, de acordo com o negócio e regulamento da rede de Franquias.
- **COF – Circular de Oferta de Franquia:** Documento legal bastante abrangente e que funciona como uma espécie de brochura (caderno) onde estão definidas diversas informações obrigatórias da Franqueadora no que se refere aos direitos e obrigações de cada parte no sistema de Franchising e que deve ser entregue no mínimo 10 dias antes da assina-

tura de qualquer contrato ou pré-contrato ou mesmo pagamento de qualquer taxa do sistema.
- **Contrato de Franquia:** Documento legal que deve fazer parte da Circular de Oferta de Franquia e que irá reger toda a relação entre Franqueadora e Franqueados, determinando todos os aspectos legais e comerciais do negócio.

Um dos maiores desafios do sistema de Franchising é garantir maior clareza dos papéis e responsabilidades de cada parte, ou seja, Franqueadores e Franqueados. De um lado temos a Franqueadora, proprietária da marca e do método de se fazer as coisas. Esta concede licenças (Franquias) a terceiros (Franqueados) interessados em operar negócios bem estruturados (e nunca de sucesso garantido, isso definitivamente não existe). Para que haja essa concessão, vários aspectos são avaliados para tornar um negócio em uma Franquia; ou seja, na linguagem do mercado adota-se a expressão "formatar um negócio em Franquia". É uma forma de replicar o sucesso de um negócio estabelecido, sendo considerado um Canal de Vendas bem efetivo para uso das empresas, mas, de fato, não é aplicável para qualquer negócio ou empresa.

A *International Franchise Association (IFA)* define Franchising como o contínuo relacionamento entre Franqueadora e Franqueados, no qual o universo total de conhecimentos da Franqueadora (imagem, sucesso, técnicas de produção e marketing) é fornecido ao Franqueado.

No fundo, a essência do Franchising está relacionada a uma forma de se fazer negócios envolvendo duas partes, Franqueadora e Franqueados, ressaltando a importância do relacionamento entre essas partes na construção e manutenção de negócios de sucesso.

3. Visão estrutural do sistema de Franquias

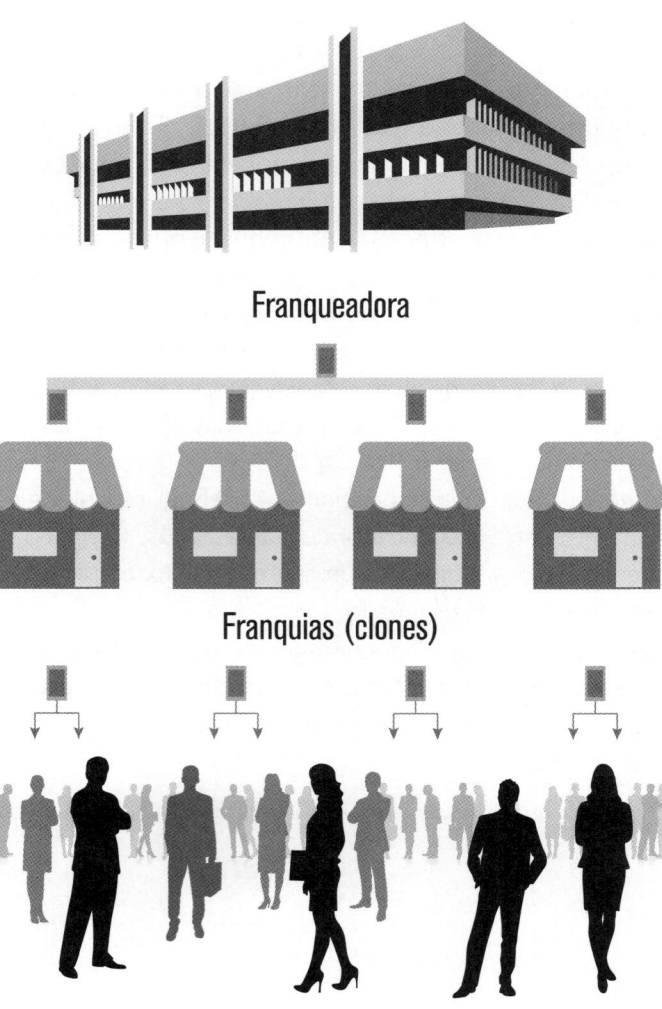

Conceitualmente, a Lei 8.955, de 15/12/1994, considerada a Lei de Franquias, define o Franchising da seguinte maneira:

> "Franquia empresarial é o sistema pelo qual um Franqueador cede ao Franqueado o direito de uso da marca ou patente, associado ao direito de distribuição exclusiva ou semiexclusiva de produtos ou serviços e, eventualmente, também ao direito de uso de tecnologia de implantação e administração de negócios ou sistema operacional desenvolvidos ou detidos pelo Franqueador, mediante remuneração direta ou indireta, sem que, no entanto, fique caracterizado vínculo empregatício."

A definição de **FRANCHISING** é:

> "É uma estratégia de expansão dos negócios e acesso ao mercado, que envolve a transferência de *know-how* (conhecimento), *know-why* (porque saber) e métodos (como fazer) entre duas partes, a Franqueadora (detentora do conhecimento, marca e produtos/serviços) e o Franqueado (terceiro interdependente que investe e opera o negócio), com foco na construção de uma relação de longo prazo visando resultados sustentáveis e duradouros e na ampliação de participação de mercado, de forma rentável e dentro de modelos de negócios em que o planejamento e a gestão estratégica são fundamentais para a consecução dos resultados esperados."

Fonte: Livro *Gestão Estratégica do Franchising – Como construir Redes de Franquias de Sucesso* (DVS Editora), atualizada para esse Livro.

4. Franchising como canal de vendas

Ano após ano, os números apresentam taxas de crescimento significativas, o que demonstra a importância do Franchising no contexto econômico, pois, acima de tudo, proporciona a geração de negócios e empregos de maneira relativamente estruturada, aliando os interesses da sociedade (menos negócios com possibilidade de quebra nos primeiros cinco anos), dos investidores (Franqueados dispostos a empreender de maneira mais organizada e em alguns casos até "comprando" os seus empregos) e, por fim, das Franqueadoras que concedem suas marcas e métodos de trabalho para ocuparem cada vez mais mercados e acessarem novos consumidores (ampliando o seu acesso ao mercado).

O sistema de Franchising está inserido no composto de marketing (Marketing Mix), também conhecido como os 4P's do marketing: um conjunto de variáveis controláveis que influenciam a forma como os consumidores respondem ao mercado e consiste naquilo que a empresa pode fazer no sentido de influenciar a procura pelo seu produto, visando alcançar o nível desejado de vendas junto do seu mercado-alvo. Esse conceito foi formulado inicialmente por Jerome McCarthy em seu livro *Basic Marketing* e amplamente difundido por Philip Kotler na sua contribuição genuína e duradoura para o marketing mundial.

Porém, é possível uma releitura desse composto de marketing, com uma visão mais contextual e atualizada, abrangendo os novos desafios das empresas para conquistarem sucesso no mercado, onde da mesma forma está inserido o Franchising (praça/acesso).

Em vez de **PRODUTO**	Pense na **SOLUÇÃO** Defina produtos ou serviços à luz de necessidades que satisfazem, não de características, funções ou superioridade tecnológica.	Em vez de **PREÇO**	Pense no **VALOR** Articule benefícios em relação ao preço, em vez de enfatizar a relação entre preço e custos de produção, margens de lucro ou preços de concorrentes.
Em vez de **PRAÇA**	Pense no **ACESSO** Crie uma presença integrada em canais distintos que considere a trajetória de compra inteira do cliente, em vez de enfatizar pontos de venda e canais isolados.	Em vez de **PROMOÇÃO**	Pense na **EDUCAÇÃO** Forneça informações relevantes para necessidades específicas do cliente em cada ponto do ciclo de compra, em vez de recorrer a publicidade, RP e venda pessoal com informações genéricas.

Fonte: Repense os 4 P´s (Richard Ettenson e Eduardo Conrado), publicado na revista *Harvard Business Review* (fev/2013)

Dessa forma, é importante lembrar que a Franquia é um dos canais de vendas que uma empresa tem à sua disposição para acessar mercado e consumidores, dentre vários outros canais, tais como: revendedores independentes, representantes comerciais, equipe própria (ou unidades próprias), distribuidores/atacadistas, *e-commerce* etc.

Vários temas e capítulos deste livro podem ser perfeitamente aplicados para outros formatos de distribuição de uma empresa (citados anteriormente), pois o conhecimento de gestão de uma unidade Franqueada ou ponto de venda deve estar focado na gestão empresarial de sucesso.

Obviamente, as regras e modelos de negócios dos vários canais de vendas são distintos e têm que ser avaliados com base nos 4 C´s da gestão de Canais de Vendas:

- **Cobertura** de mercado – abrangência, capilaridade, atuação regional, nacional, internacional etc.
- **Controle** da atuação do canal – premissas, regras, procedimentos e padronização.
- **Custo** – para servir e prestar suporte aos canais.
- **Convencimento** – estratégias de engajamento e mobilização da Rede.

Porém, se houver clareza de que na gestão do canal definido pela empresa existe a atuação de uma (ou mais) pessoa (s), que pode ser um empresário independente ou mesmo uma pessoa da Equipe (gerente, por exemplo), a capacitação em gestão de negócios será fundamental e o seu desenvolvimento constante.

5. A Gestão Estratégica do Franchising

O livro *Gestão Estratégica do Franchising* trouxe o conceito do BSC (Balanced Scorecard) para o sistema de Franchising. Esse conceito do BSC tem sido difundido por muitas organizações e pela essência do Franchising, em que uma parte central (a Franqueadora) define as principais diretrizes, e as demais (Franquias), mesmo sendo empresas independentes juridicamente, são interdependentes no conceito de rede e por isso deve ser usado de maneira a respeitar essa característica.

O **Balanced Scorecard** pode ser considerado como uma metodologia de medição e gestão de desempenho desenvolvida pelos professores da Harvard Business School, Robert Kaplan e David Norton, com ampla aplicação no mundo empresarial e se transformando na metodologia de Gestão Estratégica, de forma a contribuir de maneira integrada para a disseminação e comunicação da estratégia de negócios, de modo claro, por intermédio de quatro perspectivas: financeira, clientes, processos internos, aprendizado e crescimento (conforme figura a seguir), sendo que todos se interligam entre si, formando uma relação de causa e efeito.

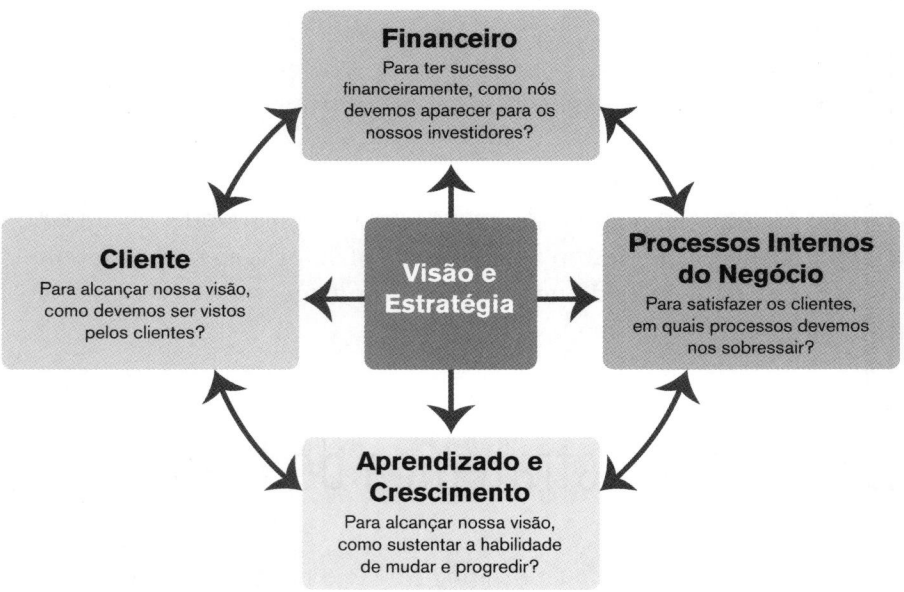

Fonte: http://pt.wikipedia.org/wiki/Balanced_scorecard

Dessa maneira, a nossa crença é que a Franqueadora deve ter uma missão e propósito consistentes e amplamente difundidos para os seus Franqueados, os quais, por sua vez, devem segui-los e executar a estratégia com excelência, focando nos resultados e objetivos definidos e acertados, integrando todas as dimensões da metodologia na própria Franqueadora, bem como em toda a rede de Franquias.

Claro que os Franqueados têm o seu DNA (identidade genética) como empresas independentes (ou interdependentes, como nós defendemos), têm uma cultura para fazer negócios, mas é preciso que haja um alinhamento fundamental nesse sentido, pois as partes serão fiéis na medida em que acreditarem nos princípios norteadores da unidade e esses forem vivenciados no decorrer da relação comercial.

Os integrantes da empresa Franqueadora passam a ter responsabilidade mais ampla como autênticos missionários, ou seja, pessoas que defendem um credo, uma missão organizacional e que buscam esse engajamento por meio de todas as medidas necessárias.

Na medida em que todas as pessoas estão comprometidas com objetivos e princípios específicos, reduz-se a necessidade de controles e o convencimento se torna mais efetivo e, por consequência, acreditamos que gere mais resultados efetivos e duradouros. Essa é uma premissa fundamental para buscar o engajamento de toda a rede de Franquias.

É grande o desafio de implantar essa cultura em todos os participantes do sistema de Franchising, pela crença de que as empresas e pessoas podem (e devem) se desenvolver consistente e continuamente.

Portanto, o aprendizado contínuo é a chave para a perenidade dos negócios. Para tanto, a empresa Franqueadora deve ter um propósito claro, estratégias conhecidas pela rede, voltadas para a aquisição de novas competências, e um efetivo compromisso com a experimentação e melhoria contínua. Mas, além de tudo isso, deve ter uma capacidade extraordinária de envolver todos num senso de pertencimento, na crença de fazer parte de algo maior, mais estruturado, e que juntos (Franqueadores e Franqueados) podem e devem buscar mais sinergia de negócios e operações.

De maneira resumida, podemos afirmar que a gestão estratégica do Franchising tem os seguintes elementos como parte fundamental de sua estrutura:

- Alinhamento à missão, visão, valores e diretrizes do negócio (cultura empresarial).
- Realização de um diagnóstico empresarial criterioso.
- Avaliação consistente de mercado.
- Análise sistemática da equipe.
- Definição dos principais indicadores de performance do negócio.
- Visão de futuro – aonde se pretende chegar?
- Construção de um plano de ações alinhado às estratégias e indicadores do negócio.
- Em resumo, consiste na elaboração do Plano de Gestão Estratégica do Negócio (GEN) – ferramenta de construção de planejamento do empresário franqueado, orientada pela Franqueadora e elaborada pelos Franqueados (também chamado de PGF – Plano de Gestão da Franquia ou PGL – Plano de Gestão de Loja, para algumas redes de varejo).

Assumir o papel de protagonista na construção de sucesso é um indicador relevante nas redes de Franquias bem estruturadas. Quando se tem clareza do papel de cada parte, a gestão estratégica passa a ter fundamental importância para a perenidade das redes de Franquias.

Em resumo, a Gestão Estratégica do Franchising visa assegurar o crescimento e sustentabilidade da empresa Franqueadora e dos seus Franqueados por meio da avaliação contínua de sua estratégia, estrutura e capacitação, envolvendo toda a sua rede de Franqueados e suas equipes, de suporte direto ou administração da rede, na construção de um futuro melhor e com resultados desejados.

5.1. A cultura empresarial

Temos nos dedicado nos últimos anos a investigar e estudar o impacto que a cultura organizacional (DNA da empresa) tem no relacionamento e na forma de fazer as coisas acontecerem num mundo em que o volume de informações transcende a realidade e a capacidade de assimilarmos tudo.

Dessa forma, as Franqueadoras de sucesso sabem captar a inteligência de toda a rede, disseminando-a de maneira efetiva para todos os participantes, e aliando a sua capacidade de planejamento no longo prazo (de 3 a 5 anos) e os seus Franqueados preparados para exercitar os seus planos de negócios para no mínimo 1 ano.

Disseminar conhecimento não é tarefa das mais complexas. Existem diversas formas e meios para se alcançar resultados efetivos, cada vez mais acessíveis para as empresas Franqueadoras. O desafio está em definir como transferir a cultura organizacional, a qual tem conquistado cada vez maior relevância no âmbito do Franchising.

A cultura organizacional pode ser entendida como um conjunto de hábitos, crenças, valores e atitudes defendidos pela empresa e que aparecem fortemente nas suas decisões de negócios e na forma de se relacionar com clientes, parceiros, Franqueados e demais integrantes da cadeia de valor da empresa.

Segundo nossa experiência, na convivência com diversos tipos de empresas Franqueadoras, acreditamos que esse DNA (identidade genética empresarial) tem tanto (ou até mais) impacto no sucesso na Franqueabilidade do negócio quanto fatores como processos, avaliações financeiras, modelos de negócios, logística, entre outros.

Defendemos a tese de que não é somente o perfil do Franqueado que precisa ser definido para uma formatação de negócios, mas o perfil da futura empresa Franqueadora também deve ser estudado e diagnosticado no processo de formatação do negócio. Este, obviamente, deve ser corrigido antes da implantação da rede de Franquias, ou pelo menos identificado, além de ser definido um plano de ações de melhorias da empresa na sua franqueabilidade.

"As organizações precisam consolidar e disseminar seus valores e princípios básicos de forma consistente, para que sejam incorporados pelas pessoas, tornando-se norteadores do seu comportamento e permitindo o direcionamento entre os objetivos e valores individuais e organizacionais, construindo-se assim a Identidade Cultural (DNA da empresa)."[1*]

No mundo altamente competitivo em que vivemos, o desafio de convergir todos os interesses com uma produção de conhecimento que não tem mais sequência lógica de origem, que está pautada na aplicação de fato e que gere resultados práticos para todos os envolvidos na cadeia, torna-se bastante complexo no sistema de Franchising.

Cabe ao Franqueador direcionar os parâmetros fundamentais a serem compreendidos por todos os envolvidos e que resulte na sustentabilidade do negócio,

---
1 * Marisa Eboli, autora do livro *Educação Corporativa no Brasil, Mitos e Verdades*.

ajudando-a a torná-la perene. Não só direcionar, mas inspirar todos os participantes do sistema.

Então, acreditamos nesta visão estruturada de pensar e agir:

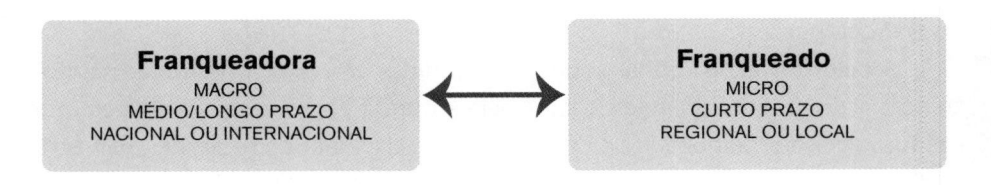

Franqueadora	Franqueado
MACRO	MICRO
MÉDIO/LONGO PRAZO	CURTO PRAZO
NACIONAL OU INTERNACIONAL	REGIONAL OU LOCAL

Macro. No contexto sugerido, significa pensar em um horizonte de 3 a 5 anos (médio ou longo prazo), com revisões sistemáticas do planejamento de negócios que a Franqueadora deve ter para o seu negócio e que seja compreendido por todos os integrantes da empresa Franqueadora. Essa perspectiva deve ser conhecida na sua essência pelos Franqueados que compõem a rede. A abrangência nacional ou internacional dá a dimensão exata de que a Franqueadora não deve estar preocupada somente com as ações locais e regionais, e sim avaliando o mercado como um todo e identificando oportunidades para gerar maior valor para os seus negócios.

Micro. Para o Franqueado significa atuação regional ou local, alinhado às estratégias e diretrizes da rede, estruturando os seus planos para o período mínimo de 6 meses a 1 ano. A atuação do Franqueado deve estar centrada na execução com excelência das diretrizes da Franqueadora, garantindo uma ótima experiência de consumo para os clientes.

Gregory Nathan, psicólogo australiano e reconhecida autoridade do Franchising mundial, em seu livro *Parcerias Lucrativas*, define que o **Franqueado de sucesso** deve fazer 3 (três) coisas muito bem:

- Operar negócios lucrativos.
- Criar uma base de clientes satisfeitos.
- Apoiar os valores da organização de Franquia e da marca (exemplo: qualidade, serviço, confiabilidade, vantagem competitiva, entre outros).

A cultura de planejamento deve ser difundida pela Franqueadora para que inspire seus Franqueados a agirem da mesma forma. Há um pensamento atribuído a Ralph Emerson, escritor, filósofo e poeta americano do século XVII, que nos influencia muito até hoje e provoca reflexões sobre a importância do papel de liderança que a Franqueadora deve exercer junto à sua rede:

> "Sua atitude fala tão alto que não consigo escutar as suas palavras."

Dessa forma, nós, autores, estruturamos questões relevantes para reflexão e debate pelas pessoas interessadas no desenvolvimento constante do sistema, sejam elas Franqueados, Franqueadores, fornecedores do sistema, em geral, tendo em vista que a gestão estratégica do Franchising se propõe a harmonizar e tornar mais perene essa relação:

1. Como conseguir o engajamento dos Franqueados na operação do dia a dia da Franquia?
2. Como disseminar uma cultura de valores na rede como um todo?
3. Como garantir o sentido de pertencimento e o alinhamento dos participantes da rede de Franquias?
4. Como ampliar o nível de satisfação e envolvimento de todos na busca de melhores resultados?
5. Como canalizar a energia para a descoberta de soluções e não de culpados ou responsáveis no relacionamento Franqueador-Franqueados?
6. Como gerenciar os conflitos de maneira produtiva e envolvente?
7. Como contribuir para que os Franqueados ajam de maneira proativa na busca de melhores resultados?
8. Como criar uma cultura de planejamento, execução e gestão em toda a rede?
9. Como transformar Franqueados em empresários, de fato?
10. Como ampliar a autoestima de todos os integrantes da rede?
11. Como garantir a aplicação dos padrões e processos definidos pela Franqueadora sem que haja a necessidade de auditorias ou supervisões constantes?
12. Como reduzir a taxa de mortalidade nas Franquias?
13. Como aliar crescimento rápido com sustentabilidade do sistema?

14. Como prestar suporte aos Franqueados de maneira individualizada e de acordo com o seu momento de vida na rede?
15. Como diminuir a necessidade de uso de *check-lists* na construção de unidades padronizadas e adequadas ao formato de negócios da Franqueadora?
16. Como construir um programa de excelência que estimule toda a rede para o seu cumprimento?
17. Como tratar os diferentes de maneira diferente?
18. Como construir uma cultura de meritocracia estimulante?
19. Como garantir que cada vez mais pessoas que procurem o sistema de Franquias para investir seus recursos não tenham em mente que é sucesso garantido?
20. Como criar uma cultura de gestão estratégica de Franchising em toda a Rede?

Definitivamente, não temos a resposta para todas essas indagações, que servem fortemente como reflexão para construir bases mais sólidas de desenvolvimento e maturação do sistema de Franchising. Acreditamos que vários caminhos e insights são fornecidos neste livro, os quais devem permear as ações dos leitores daqui para frente, tornando a relação mais estruturada e clara no que diz respeito ao papel de cada protagonista na construção do sucesso de todos.

Criar processos e métricas de avaliações de desempenho é fundamental. Nos ambientes em que há mais confiança, também há mais tolerância na relação. É uma relação direta entre esses dois aspectos: confiança e tolerância. O contrário é verdadeiro. Ambientes que sejam hostis ou que tenham muitos conflitos que não foram efetivamente resolvidos geram uma desconfiança muito grande e causam grandes transtornos na condução dos negócios. Isso, muitas vezes, supera a racionalidade dos negócios, por se tratar de relações humanas com terceiros (Franqueados) que juridicamente são independentes e que podem, a qualquer momento, questionar determinados posicionamentos e provocar desalinhamento entre todos os integrantes.

"Aprender é uma aventura simultaneamente dolorosa e prazerosa. Envolve o abandono de modelos que nos foram caros, desequilibra certezas e traz a ansiedade do novo."

Esse trecho foi escrito por Cláudia Costin, ex-ministra da Administração, e que foi extraído do prefácio do livro de Marisa Éboli (*Educação Corporativa no Brasil, Mitos e Verdades*). Ele reflete claramente os desafios do aprendizado e da transmissão de conhecimento pelas empresas Franqueadoras no Brasil, criando um ambiente propício para essa situação.

MISSÃO
Por que existimos

VALORES
O que é importante para nós

VISÃO
O que queremos ser

ESTRATÉGIA
Qual é o caminho a ser seguido

DIRETRIZES DA FRANQUEADORA

INDICADORES
Nossos objetivos, indicadores e metas

PLANO DE AÇÕES
Como executar a estratégia

ENGAJAMENTO DAS PESSOAS
O que eu preciso fazer

ALINHAMENTO COM OS FRANQUEADOS E EQUIPE (EXECUÇÃO)

Resultados

| Fraqueados Engajados | Clientes Encantados | Processos Eficazes | Pessoas motivadas e preparadas |

Fonte: Livro *Gestão Estratégica do Franchising – Como Construir Redes de Franquias de Sucesso*, DVS Editora (Autores: Adir Ribeiro, Maurício Galhardo, Leonardo Marchi e Luis Gustavo Imperatore).

6. O papel das partes na construção do sucesso

Uma das nossas principais contribuições para o Franchising nacional tem sido proporcionar maior clareza do papel da cada parte na construção de uma rede de Franquias bem-sucedida, alinhada e engajada. Dessa forma, entendemos que os papéis devem estar claros, definidos e cumpridos por cada parte, desde o início da relação (na aquisição de uma Franquia) e durante toda a fase de relacionamento comercial entre Franqueadora e Franqueados.

Franqueadora
1. Desenvolver continuamente o negócio e seu conceito.
2. Estabelecer padrões, normas de funcionamento e diretrizes básicas.
3. Selecionar e capacitar os seus Franqueados.
4. Autorizar o uso da marca e do sistema de negócios.
5. Oferecer apoio e orientações importantes sobre operação, vendas e gestão do negócio.
6. Supervisionar a rede para preservar o DNA (Identidade Genética) empresarial.
7. Aprimorar continuamente o modelo de negócios.
8. Pensar no médio e longo prazo (de 3 a 5 anos).
9. Definir o que chamamos de *brand statement* – posicionamento de marca e princípios do negócio.
10. Alinhar os seus Franqueados com a sua cultura organizacional – missão, visão e valores.
11. Apoiar a transformação dos Franqueados em empresários.
12. Fornecer liderança clara e positiva.
13. Ajudar os Franqueados a alcançarem os seus objetivos e resultados.
14. Proteger a posição estratégica da marca.
15. Inspirar os Franqueados num processo de aprendizado contínuo.

Franqueados
1. Investigar antes de investir em uma Franquia.

2. Investir e reinvestir na sua Franquia (as pessoas jurídicas "envelhecem" e, muitas vezes, ficam empobrecidas pela constante retirada dos sócios e o não reinvestimento).
3. Operar segundo os padrões e diretrizes da Franqueadora.
4. Pagar os valores devidos à Franqueadora e aos demais parceiros em geral (fornecedores, obrigações governamentais etc.).
5. Cuidar do dia a dia do negócio e fazer acontecer na sua região.
6. Garantir a execução dos planos e diretrizes elaborados pela Franqueadora (e seus próprios planos).
7. Estruturar seu próprio planejamento (anual) e executá-lo com excelência.
8. Proporcionar experiência de consumo relevante para os clientes atendidos em sua Franquia.
9. Participar de maneira efetiva e íntegra da rede, proporcionando o conhecimento local necessário para a manutenção do negócio.
10. Operar e gerenciar sua unidade de maneira empresarial.
11. Ampliar a base de clientes satisfeitos com a marca.
12. Respeitar e disseminar os princípios e valores da empresa e marca.
13. Manter sua equipe treinada e engajada na sua unidade Franqueada.
14. Representar a marca da Franqueadora de maneira única e efetiva na sua região (ações de marketing alinhadas com o posicionamento da marca).
15. Transformar-se em empresário de seu próprio negócio (e não simplesmente um Franqueado).

De maneira geral, nós encaramos o Franchising como uma orquestra, na qual o Franqueador é o regente e os Franqueados são os músicos que tocam os seus instrumentos, alinhados a uma composição de várias notas e seguindo o padrão musical adotado como verdadeiro e melhor para entregar ao público participante das apresentações (clientes). Essa relação se torna mais interessante ao se avaliar uma das citações de Peter Drucker:

"O protótipo da organização moderna é a orquestra sinfônica. Cada um dos seus 200 músicos é um especialista de alto nível. Contudo, sozinha, a tuba não faz a música: só a orquestra pode fazê-la. E isso só acontece porque todos os músicos têm a mesma partitura. E todos tocam uma peça musical de cada vez."

Na nossa atuação diária junto aos clientes, eles sempre trazem o conceito de que atrás de um CNPJ, há, no mínimo, um CPF envolvido no relacionamento. CNPJ´s não "tomam café"; quem toma café é um CPF, ou seja, um indivíduo que representa um CNPJ (empresa) e que toma decisões baseadas fortemente nas suas convicções e referências pessoais.

O psicólogo australiano Gregory Nathan tem uma definição bastante apropriada para essa situação:

> "Franchising é uma relação de forte interdependência entre as pessoas. Se prestarmos atenção somente em contratos, finanças e mercados e ignorarmos a dimensão humana do Franchising – os sentimentos, motivações e comportamento das pessoas –, ignoramos o núcleo da relação da Franquia. Trata-se de trabalhar com pessoas em um relacionamento altamente interdependente, quando há visões diferentes a conciliar. Esses são os desafios diários do Franchising ou de qualquer parceria de negócios".

Nós temos a visão de que bons relacionamentos podem produzir bons resultados, e vários fatores impulsionam isso, tais como ambientes de franca e aberta comunicação, colaborativos e de confiança mútua. Grande parte dessa conquista está nas mãos dos líderes (os principais executivos da Franqueadora, além de seu fundador), pois isso passa a fazer parte de seu DNA corporativo e transmite segurança na relação, sobretudo numa economia totalmente globalizada e ligada em rede.

Uma das referências mundiais do Franchising, Miguel Krigsner, fundador e presidente do Conselho de Administração do Grupo Boticário, certa vez, num evento da Associação Brasileira de Franchising (Convenção Anual de Franqueadores), afirmou:

> *"O ar que o Franqueador respira entra pelas narinas dos seus Franqueados!"*

A noção de interdependência e engajamento está amplamente clara nessa afirmação e estimula a reflexão sobre como buscar esse alinhamento constante e necessário para o sucesso do negócio. Portanto, não é possível ignorar a dimensão humana na busca da perenidade da empresa.

"A maneira mais eficaz de educar Franqueados a pensarem e se comportarem como empresários bem-sucedidos é tratá-los como tal – como parceiros de negócios que estão trabalhando com seus Franqueadores para alcançar resultados e sucesso mútuos!"[2*]

De fato, o lado humano do Franchising não pode ficar escondido em contratos, manuais e estratégias, pois esses são aspectos importantes e fundamentais, mas é o lado racional e lógico da gestão de um negócio. Dessa forma, segundo Gregory Nathan, há três estados emocionais que todas as pessoas compartilham e que têm relação direta com o Franchising:

- **Pertencimento** (*sense of belonging*) – para estarmos conectados e sermos aceitos pelas pessoas que consideramos importantes em nossas vidas;
- **Respeito** – queremos ser tratados com respeito, para sabermos que temos valor, e isso desenvolve a confiança e a autoestima;
- **Objetivo** – há a necessidade das pessoas terem um propósito em suas vidas, de descobrirem de fato um sentido para a sua existência, para direcionarem as suas ações num sentido mais amplo, mais missionário (defesa de uma missão, crença!).

Nesse sentido de propósito, a busca por essa realização é bastante individualizada e requer muita disciplina, atenção e estudo, além de autoconhecimento na jornada da vida. Isso tudo tem impacto relevante na gestão dos negócios.

Fonte de inspiração para que as pessoas encontrem mais sentido nas coisas que fazem, Viktor Frankl, psiquiatra sobrevivente do Holocausto, no seu livro *Man´s Search for Meaning*, descobriu, nesse traumático e aterrorizante momento da sua vida (e de tantas milhares de outras pessoas, infelizmente), que as pessoas que sobreviveram, incluindo ele mesmo, entre vários motivos, foram aquelas que mantiveram uma fé ou crença de que seu sofrimento possuía um objetivo maior, que mantiveram um senso de escolha e de autodeterminação incríveis.

---

2 * Citação de Gregory Nathan no livro *Parcerias Lucrativas*.

> *"Todos os seres humanos estão continuamente se movendo em direção aos objetivos que estabelecem a si próprios – de forma consciente ou inconsciente. As pessoas que possuem objetivos de longo prazo mais claros e que garantem que esses objetivos são consistentes com seus valores possuem mais significado em suas vidas e são mais saudáveis psicologicamente. Estabelecer metas permite que você capture as coisas que são importantes e coloque uma estrutura ao redor delas. Escrevendo seus objetivos você aumenta sua potência e torna-os mais prováveis de se tornarem realidade."*[3*]

Portanto, para que a Gestão do negócio ocorra de maneira bem-sucedida, alinhada e sustentável, acreditamos ser de profunda importância o conhecimento e alinhamento sobre as premissas de um sistema de Franchising bem estruturado e perene, os quais foram estabelecidos até essa parte do livro, antes propriamente de ser abordada a questão conceitual e prática da gestão da unidade (ponto de venda).

Acreditamos, ainda, que o sistema de Franchising é composto de cinco esferas fundamentais de serem compreendidas cada uma na sua essência e também a inter-relação das mesmas. Todas essas esferas são compostas de pessoas que representam a Franqueadora, o Franqueado ou o próprio cliente final, razão de existência de todo sistema de negócios.

A busca pelo engajamento por parte da Franqueadora e sua equipe deve ser constante e deve seguir essa lógica desde a origem do negócio, geralmente por meio de seus fundadores (ou, para alguns casos empresariais de sucesso no Brasil, por executivos contratados para substituir esses fundadores na perenidade do negócio), depois envolvendo toda a equipe da Franqueadora (suporte, capacitação, atendimento, operações, finanças etc.), chegando até o Franqueado (tratando-o como empresário, de fato, de sua unidade de negócios) e sua equipe inteira.

---

3 * Gregory Nathan no livro *Parcerias Lucrativas*.

Equipe da Franqueadora:
- Diretoria
- Consultoria de campo
- Atendimento
- Capacitação
- Marketing

Presidente/Fundador

Franqueado/Empresário
- Operador
- Investidor
- Multi Franqueado

Equipe do Franqueado
- Supervisor
- Gerente
- Vendedores

Cliente

Essa visão estruturada nos permite ampliar a perspectiva do sistema de Franchising e como cada parte envolvida pode e deve ser responsável na construção do sucesso da rede como um todo e das unidades Franqueadas (pontos de vendas).

7. Os três papéis do gestor de sucesso

Há muito temos treinado diversas redes de Franquias e outros canais de vendas no Brasil e convivido com empresários de sucesso, Franqueadoras ou indústrias, Franqueados ou representantes dos canais de vendas, como revendedores, agentes autorizados, representantes comerciais, entre outros.

Sempre procurando entender as características e competências em comum dos gestores de negócios de sucesso, nesse caso daqueles que estão na ponta (e não no centro – empresas Franqueadoras/indústrias), em contato direto com os clientes e mercado.

Já realizamos diversos estudos em relação à busca constante da melhoria dos métodos de trabalho. Dessa forma, apresentamos o agrupamento das competências do empresário de sucesso em 3 (três) papéis exercidos durante o dia a dia do negócio.

A ideia de "chapéu" é positiva, para um sentido figurado, e possibilita a visualização da troca dos chapéus ou o exercício de cada papel no momento adequado. Obviamente, não há a pretensão de criar uma metodologia científica, mas nem por isso desacreditamos na efetividade, pois a experiência tem nos mostrado que esse conceito tem muita aderência em nossa visão prática da gestão de uma unidade, Franqueada ou não (ponto de venda).

Os desafios são cada vez maiores, em que todos os segmentos de negócio estão envolvidos e a competitividade e concorrência imperam, exigindo dos participantes desse mercado maior capacidade na gestão de seus negócios.

Segundo o dicionário *Aurélio*, gestão é o ato de gerir, de ter gerência, administração. Já Clemente Nóbrega, no seu livro *A Ciência da Gestão*, traz uma visão bem pragmática:

> "Gestão é obter resultados, é fazer acontecer as coisas desejadas.
> É também intervir para manter as coisas em um rumo correto, tendo indicadores de performance do negócio e controlá-los efetivamente."

É saber com clareza, por exemplo, quantos clientes foram atendidos em determinado período, qual o total de vendas realizadas, quantos produtos por venda (itens por boleto), *ticket* médio, entre outros, ou mesmo para negócios B2B (*business to business*), quantos clientes foram visitados em determinado período, quais foram os resultados dessas visitas, qual foi o percentual de conversão (número de propostas comerciais fechadas ou vendas realizadas, dividido pela quantidade de visitas feitas), quantos clientes não foram visitados e quais os motivos; é ter a clara noção do desempenho individual de uma equipe de vendas, entre outras informações relevantes.

Trabalhar a gestão de maneira efetiva deve gerar a cultura de performance na empresa, na qual todos estarão envolvidos e engajados para a obtenção de resultados, amplificados em painéis denominados Gestão à Vista, constando os principais indicadores do negócio.

Portanto, conhecer cada papel na sua profundidade e complexidade se torna importante para realizar a gestão empresarial da sua unidade (ponto de venda), cuja imagem a seguir permite uma rápida visão deste tripé de sucesso:

FINANÇAS	PESSOAS	VENDAS
RAZÃO - INFORMAÇÃO	EMOÇÃO - INTUIÇÃO	ALMA DO NEGÓCIO

- **Finanças** – é ter visão de "*business*" (negócios), saber controlar os principais indicadores de desempenho do negócio, receitas, custos e despesas, margem, ponto de equilíbrio financeiro, fluxo de caixa, capital de giro necessário. É o lado frio, calculista e racional que toda empresa precisa ter para tomar decisões baseadas em fatos e métricas realmente verdadeiras, além de ter o sangue frio adequado para a condução dos negócios.

- **Pessoas** – é o papel voltado para as pessoas da unidade, responsáveis pela comunicação interna, alinhamento das pessoas, engajamento, treinamento, compartilhamento de resultados e metas, promoção de um ambiente saudável de trabalho entre a equipe e o ato de agir efetivamente como líder e facilitador em vez de somente dono. É o lado humano da gestão dos negócios, é o que se define como a parte mais emocional, mais coração na condução das empresas.

- **Vendas** – de nada adianta o negócio estar controlado e as pessoas alinhadas e treinadas se não existir clientes para realizar as vendas. É imprescindível a gestão dos indicadores comerciais, reuniões de *feedback* para a equipe e abordagem do método de atendimento e vendas. Destaca-se também a importância da realização de campanhas locais de propaganda e divulgação do negócio, cuidar do ambiente e imagem interna e externa do ponto de venda, cadastro de clientes, ações para trazer mais clientes etc.

Equilibrar todas essas funções não é tarefa das mais simples, mas deve ser encarada e trabalhada por todos os empresários com coragem e disciplina. Mais do que isso, realizar uma autoavaliação bastante crítica e sincera para identificar qual é a vocação de fato desse empresário. Descobrir em qual dessas três áreas o empresário se sente mais confortável e tem tido mais sucesso.

Ao identificar essa essência, é preciso saber que as outras duas partes (sim, porque acreditamos que as pessoas são muito boas em somente um dos três papéis e boas num segundo papel, mas dificilmente sejam excelentes nos três papéis) podem estar descobertas numa visão de todo, onde se revela a importância de ter pessoas na equipe (ou mesmo sócios) com competências complementares entre si, preenchendo as lacunas da não vocação ou especialização.

Se, por exemplo, a vocação desse empresário é financeira, provavelmente, ao conduzir reuniões de motivação com sua equipe, esse aspecto (de controle dos números, analítico) será destacado e poderá não gerar o resultado desejado. O contrário também é perigoso e verdadeiro. Um empresário com vocação para trabalhar com as pessoas, ao tomar decisões relevantes do negócio, pode ter a sua capacidade analítica prejudicada pela sua própria vocação. Isso se aplica aos três "papéis" e, por isso, a importância do equilíbrio na gestão dos negócios.

Todas as pessoas têm vocações específicas para determinadas coisas e é fato que quanto mais próximos de sua real vocação, mais felizes e realizadas estarão no dia a dia do trabalho; assim, melhores resultados poderão ser gerados para o sucesso e sustentabilidade da empresa.

Dessa maneira, os empresários devem refletir sobre o seu desempenho, fazer uma revisão de seus planos de negócios e metas (atrelando seus sonhos a essas metas), conciliando uma avaliação criteriosa de seus resultados, para então focar naquilo que realmente trará resultados consistentes para sua empresa.

Manter a persistência e disciplina é fundamental, e como já nos ensinou Aristóteles, o filósofo grego, "nós nos tornamos aquilo que repetidamente fazemos!". Dessa maneira, temos que tornar as ações mais pragmáticas e com foco em processos estruturados, sempre.

Neste livro, focado na gestão prática do ponto de venda (ou de uma unidade Franqueada), será aprofundado o conhecimento e ferramentas para que os três papéis do Franqueado de Sucesso (Finanças, Pessoas e Vendas) sejam bastante compreendidos por todos aqueles que fazem parte do sistema de negócios e gere, sempre, melhores resultados.

FINANÇAS	PESSOAS	VENDAS
Razão | Informação	**Emoção | Intuição**	**Alma do Negócio**
o Gestão Financeira	o Gestão do Capital Humano	o Gestão Comercial
o Resultados	o Fundamentos da Liderança	o Indicadores de Performance
o Planejamento do Negócio	o Recrutamento e Seleção	o Alinhamento com a Imagem da Rede
o Controle de Gastos e Perdas	o Integração de Novos Funcionários	o Ações de Marketing Local (micromarketing)
o Ponto de Equilíbrio	o Treinamento e Desenvolvimento	o Atendimento e Encantamento de Clientes (Experiência de Consumo)
o Fluxo de Caixa	o Motivação e Comunicação	o Método de Vendas
o Indicadores Financeiros	o Cultura e Engajamento	o Cadastro e Fidelização de Clientes
o Elaboração e Análises de DRE (Demonstrativos de Resultado do Exercício)	o Propósito e Valores	o Ações de Pós-Vendas
o Controle e Gestão do Estoque	o Clima Organizacional	o Produtividade e Resultados
o Lucratividade e Rentabilidade		

  Uma dúvida constante percebida nos nossos programas de capacitação, seja nas palestras em Convenções de Redes de Franquias (ou de outros canais de vendas, como unidades próprias, representantes comerciais e distribuidores, entre outros), ou nos Programas de Gestão de Lojas (Franquias) ministrados sobre os três papéis, é sobre como um empresário pode identificar o papel que tem mais proximidade com a sua essência, vocação, formação ou personalidade.

7.1. Avaliação: papéis do gestor de sucesso

Para cada afirmação da avaliação é necessário fazer um círculo no número que mais se aproximar sobre como você se sente. Considerar as respostas no contexto do momento atual da sua experiência como gestor e não projetando o futuro. Responder de maneira rápida – geralmente a primeira resposta que vem à mente retrata melhor a sua essência.

Vale ressaltar que essa avaliação não tem nenhum compromisso com testes psicológicos ou científicos que possam retratar a personalidade do indivíduo com profundidade e assertividade, mas somente permitir uma rápida reflexão sobre como a pessoa age no dia a dia. Geralmente, isso traz consequências importantes para o seu negócio na medida em que a pessoa toma conhecimento de sua essência na gestão do dia a dia de uma unidade de negócios (ponto de venda, Franquia etc.).

		Discorda fortemente				Concorda fortemente
1	Gosto de analisar os relatórios de indicadores de resultado do negócio e procuro fazê-lo sempre que possível.	1	2	3	4	5
2	Procuro oferecer treinamento aos colaboradores na medida do possível e acredito que as pessoas são a parte mais importante do negócio.	1	2	3	4	5
3	Quando penso em um produto ou serviço, já imagino como fazer para conseguir vendê-lo para os clientes.	1	2	3	4	5
4	Periodicamente eu analiso cada linha do relatório financeiro do negócio e procuro fazer essa atividade de forma criteriosa.	1	2	3	4	5

		Discorda fortemente				Concorda fortemente
5	Procuro conversar bastante com meus colaboradores e tento ajudar no que eles precisam tanto profissionalmente quanto pessoalmente.	1	2	3	4	5
6	Não meço esforços para gerar as vendas necessárias. Sempre que preciso, promovo ações para aumentar as vendas.	1	2	3	4	5
7	Procuro comparar os resultados do negócio com o resultado de outras unidades ou até mesmo com indicadores de mercado.	1	2	3	4	5
8	Tento relevar quando algum colaborador faz algo errado ou apresenta desempenho fraco, pois levo em conta todas as suas dificuldades.	1	2	3	4	5
9	Gosto de ficar no negócio e me relacionar com os clientes; procuro entender quais argumentos dão mais certo para efetivar uma venda.	1	2	3	4	5
10	A análise do resultado financeiro do negócio me orienta fortemente na decisão das futuras ações a serem implementadas no negócio.	1	2	3	4	5
11	Prezo muito pelo bom relacionamento entre todas as pessoas no negócio. Acredito que temos que ser uma grande família.	1	2	3	4	5
12	Procuro motivar a equipe para que se cumpram as metas de venda. Sempre que possível analiso o desempenho de cada um nas vendas.	1	2	3	4	5

		Discorda fortemente				Concorda fortemente
13	Eu entendo os conceitos e procuro acompanhar o ponto de equilíbrio, margem de contribuição e a lucratividade do negócio.	1	2	3	4	5
14	Acredito que o negócio resume-se a pessoas ajudando outras pessoas. Produtos, vendas e resultados são mera consequência.	1	2	3	4	5
15	Procuro sempre pensar em novas formas de divulgar e trazer mais clientes para o negócio.	1	2	3	4	5

Fonte: Método Praxis Business (MPB)

Para determinar o perfil predominante, coloque o número de 1 a 5 que representa sua pontuação para cada frase perto do número dessa frase.

FINANÇAS	PESSOAS	VENDAS
1 _____	2 _____	3 _____
4 _____	5 _____	6 _____
7 _____	8 _____	9 _____
10 _____	11 _____	12 _____
13 _____	14 _____	15 _____
Totais _____	_____	_____

Some o total de cada coluna. A soma dos números em cada coluna será entre 5 e 25 pontos. A coluna com a pontuação **mais alta indicará qual é o papel predominante em que você se sente mais confortável** como gestor. Isso, definitivamente, irá contribuir com o melhor entendimento sobre os três papéis do gestor de sucesso (Finanças, Pessoas e Vendas) e também, por meio do autoconhecimento, permitir agir de acordo com a necessidade da situação, pois isso se aplica a todo momento na gestão do ponto de venda.

Esse é o maior desafio da gestão empresarial, poder equilibrar os três papéis e saber o que cada papel representa em termos de responsabilidades irá ajudar, com certeza, na gestão mais profissional do ponto de venda, além de permitir uma evolução de desempenho de maneira sistemática.

GESTÃO EMPRESARIAL DO NEGÓCIO

8. O que é gestão

Todo negócio, por definição, tem um ou mais objetivos a alcançar. Os objetivos podem ser desde os mais óbvios, como o de gerar lucro ou renda para sustentar as pessoas envolvidas em sua operação, até os mais amplos, como o de proporcionar a satisfação dos desejos e necessidades do maior número possível de pessoas ao oferecer produtos e serviços que produzam utilidade para elas. Gestão é a forma de reunir, organizar e direcionar uma série de recursos para obter esses objetivos.

Na prática, a gestão de um negócio, seja ele de Franchising, varejo ou qualquer outro, envolve lidar com pessoas, dinheiro, máquinas e equipamentos, estoques de produtos (quando for o caso), além de outros insumos necessários como água, energia elétrica, telefonia, espaço físico etc. Diferentes recursos são menos tangíveis, como o conhecimento, a força de trabalho, o talento e a disposição das pessoas empregadas. Além desses recursos, outros fatores como as preferências dos clientes e seu comportamento de compra, a atuação da concorrência, a força reguladora das leis e o contexto geral da economia, também precisam ser levados em conta. A coordenação desses recursos internos sob a influência direta ou indireta dos fatores externos para atingir os objetivos da unidade é o que podemos chamar de gestão.

De uma maneira mais simples, podemos dividir a gestão de um negócio em três passos: (1) a definição dos recursos necessários, ou o planejamento dos recursos; (2) o acompanhamento ou avaliação do desempenho da unidade; e (3) a tomada de decisões, que pode levar à redefinição ou ao replanejamento de recursos, reiniciando o mesmo ciclo do passo 1 ao 3. Este ciclo de planejar, avaliar e tomar decisões deve ser contínuo. Mesmo quando o objetivo da unidade é alcançado, o ciclo precisa continuar para manter aquele resultado, ou mesmo buscar resultados ainda melhores.

Um exemplo prático: uma unidade de biscoitos de pequeno porte, localizada numa rua comercial e próxima a uma série de empresas e de restaurantes que servem principalmente ao pessoal que trabalha na região na hora do almoço, possui dois funcionários, além de seu proprietário, que se revezam entre atendimento e outras tarefas de arrumação da unidade e de reposição de produtos nos expositores, enquanto o proprietário se ocupa da maior parte das demais tarefas administrativas, como o pagamento de contas, pedidos de compras para os fornecedores dos produtos e controles financeiros da empresa. Em princípio, os dois funcionários são suficientes para o atendimento na maior parte do dia. Porém, no início da manhã, logo após a abertura da unidade, após o almoço e no final da tarde, períodos em que há maior fluxo de pessoas que estão chegando ou saindo do seu trabalho, e estão votando do almoço, o movimento da unidade de biscoitos aumenta de tal forma que os dois atendentes, por mais que se esforcem, não conseguem atender com rapidez todos os clientes. Durante muito tempo, era bastante comum observar que boa parte destes clientes acabava desistindo de esperar na fila que se formava no caixa, se desfazendo da compra antes de pagar, possivelmente porque estavam no limite do tempo para voltar ao trabalho, o que levava a unidade a perder um bom volume de vendas todos os dias. O proprietário, preocupado em mudar tal situação, conversou com alguns destes clientes, fez algumas contas e decidiu contratar um terceiro atendente, para reforçar a equipe da unidade e fazer um teste. Embora o terceiro funcionário representasse uma despesa adicional para a pequena unidade, atuando como um segundo caixa nos horários de pico, a fila imediatamente começou a diminuir e as vendas se elevaram a tal ponto que o proprietário resolveu manter o terceiro funcionário. Após um período de dois meses, os demonstrativos financeiros da unidade mostravam claramente que os lucros da unidade aumentaram, pois mesmo com uma folha de pagamentos maior, as vendas adicionais que passaram a existir mais do que compensaram o aumento de despesa, gerando um lucro adicional no negócio.

Nesse breve exemplo, relatando um caso simples e que pode ser bastante comum no dia a dia de uma unidade, vimos uma situação clara de gestão da unidade:
- A partir da observação de um problema, percebeu-se a oportunidade de melhoria do atendimento e do possível aumento de vendas e dos lucros. O objetivo, portanto, era o de atender mais clientes (que já estavam dentro da unidade) e aumentar as vendas;
- A partir do planejamento de recursos (passo 1), foi contratado um novo atendente;
- Com o acompanhamento do desempenho de vendas (passo 2), constatou-se que as vendas aumentaram significativamente naquele período. As vendas adicionais e o lucro que elas geraram superou a despesa total com o salário, encargos e benefícios do terceiro atendente;
- Diante desse cenário, a decisão (passo 3) foi pela manutenção do novo funcionário na equipe da unidade de biscoitos. Caso as vendas não aumentassem ou se o aumento fosse insuficiente para justificar as despesas com o terceiro funcionário, a decisão poderia ter sido por dispensá-lo ainda dentro do período de experiência do contrato de trabalho.

Esse ciclo então se repete continuamente, o que nos leva ao próximo item, que são os resultados.

9. Resultados

9.1. O que são os resultados

Resultado é o que todos os negócios buscam. Todo o trabalho realizado, organizado na forma de uma empresa, a dedicação e os esforços são voltados para se produzir resultados. Numa unidade não é diferente. É por meio de resultados positivos que será possível mantê-la saudável, oferecendo os seus produtos ou serviços, conforme cada caso, para os seus clientes, empregando pessoas e se perpetuando na sua atuação.

Na prática, o resultado da unidade é o valor remanescente na operação após a realização de todas as entradas e todas as saídas de dinheiro da unidade. As entradas são representadas principalmente pelo dinheiro recebido pela venda dos produtos, e as saídas por um conjunto de obrigações da empresa, como o pagamento de impostos, da folha de pagamentos dos funcionários, o pró-labore do empresário operador da unidade, o aluguel da unidade, as contas de água, energia e telefone, tarifas bancárias, despesas com máquinas e sistemas de informática, contabilidade, manutenção, entre outros. Numa Franquia, precisam ainda ser consideradas as taxas de *royalties* e de marketing, conforme cada rede. A diferença entre estas entradas e saídas de dinheiro é o lucro operacional da unidade. Caso a unidade também tenha financiamentos e dívidas a pagar, e se ainda houver distribuição de lucro para o dono da unidade, o resultado final naquele período considerado será o valor final que sobrar após estas últimas saídas.

Cada negócio possui custos e despesas que podem ser bem diferentes dos demais. O importante é que o empresário conheça muito bem as contas de sua unidade e tenha claramente calculado qual é o volume mínimo necessário de vendas, ou de entradas de dinheiro num determinado período, para que todas as contas sejam pagas, e ainda sobre o lucro esperado da unidade, que poderá ser guardado para a formação de reservas e provisão de despesas futuras, ou ser retirado como distribuição de lucro.

9.2. Definindo metas de resultados da unidade

Outro ponto importante é a definição de metas da unidade. Metas são necessárias para que todas as pessoas envolvidas diretamente com a formação de resultados da unidade saibam exatamente qual é o desempenho esperado. As metas podem ser de vendas ou de "faturamento", podem ser de lucros ou de resultados. Por definição, podemos assumir que a meta mínima de uma unidade é o equilíbrio das contas, ou seja, que todas as entradas de dinheiro num determinado período sejam suficientes para pagar todas as contas deste mesmo período. Mas, obviamente, como o objetivo de qualquer negócio deve ser o de gerar lucro, a meta de lucro ou resultado da unidade sempre deve ser acima de zero.

Numa rede de Franquias, os Franqueados podem buscar orientações da Franqueadora para a definição de metas. Em alguns casos, é possível que a própria Franqueadora defina metas para as Franquias de sua rede. Nestes casos, é importante entender as metas da Franqueadora como positivas e saudáveis para o negócio. Franqueados e Franqueadoras que trabalham em conjunto, procurando juntar forças e competências, cada parte conforme o seu papel e as suas responsabilidades, conseguem obter resultados melhores. Esta, aliás, é a essência do Franchising: a união e a cooperação de competências e esforços para a obtenção de resultados muito melhores do que se cada parte estivesse tocando o negócio de forma isolada.

Aqui cabe uma observação importante: de forma geral, uma nova unidade, quando aberta, pode levar algum tempo até que comece a ser capaz de gerar lucros, pois o mais usual é que uma nova unidade inaugure com vendas abaixo de seu potencial total, o qual acaba sendo atingido ao longo dos próximos meses. Esse comportamento de vendas varia muito de negócio para negócio. Há casos em que a unidade eventualmente atinge o seu potencial máximo logo no primeiro ou segundo mês, enquanto, provavelmente, na maioria dos casos, esse ponto máximo levará um tempo maior para ser alcançado, podendo passar de um ano.

9.3. A orientação para resultados

Toda unidade, por princípio, deve estar voltada para a produção de resultados. Não faz sentido investir e arriscar capital, dedicar tempo e muito trabalho, implantar um negócio, contratar e treinar colaboradores, atender os clientes e não ter todos esses recursos voltados para a obtenção de resultados positivos, que justifiquem todo o esforço.

A orientação para resultados não se limita ao simples desejo de obter resultados. Isso todas as unidades devem ter. O que diferencia o simples desejo da atitude voltada para resultados é a forma como o negócio está organizado e a qualidade de sua gestão e de sua operação. Resultados positivos não vêm por acaso, e talvez o maior propósito deste livro seja o de contribuir para que os varejistas de pequeno porte, empresários, independentes ou Franqueados, criem a cultura de gestão, busquem as competências necessárias para si próprios e para os seus colaboradores, e adotem a postura de empresário que os permitirão atingir resultados muito melhores e recompensadores.

9.4. Como se avaliar o que é um bom resultado

Para avaliar se um resultado é bom ou ruim, satisfatório ou insuficiente, há duas formas principais, ambas por meio de comparações com referências. A primeira, e mais óbvia, é comparar o resultado ou o lucro obtido na unidade com as metas previamente definidas. O bom resultado seria o alcance ou mesmo a superação das metas.

A segunda forma se dá por meio da comparação do resultado próprio com outras lojas da mesma rede, no caso de uma rede Franqueada, ou com lojas de concorrentes do mesmo segmento e atividade e mesmo posicionamento (público atendido, semelhança de produtos e de preços etc.). A dificuldade, no caso, é ter acesso a essa informação e, mesmo com a informação disponível, o nível de confiança que se pode ter de informações de terceiros. Desde que esses dados estejam disponíveis e sejam confiáveis, eles podem ser uma boa base de comparação, seja pelo negativo, quando as unidades de terceiros tiverem um resultado melhor que o da sua própria, ou pelo positivo, quando sua unidade tiver resultado melhor que as demais. Em ambos os casos é importante entender o que levou uma unidade a ter um resultado melhor ou pior que as demais, para que as decisões tomadas a partir daquele ponto levem à manutenção ou à melhoria dos resultados.

Há redes de Franquias que possuem ferramentas que permitem esse tipo de comparação de forma oficial e organizada. A ferramenta mais comum para esse tipo de avaliação são os chamados programas de excelência da rede, em que cada unidade é avaliada segundo um conjunto de indicadores de desempenho, e a atuação de cada unidade é então comparada com as das demais, de forma relativizada (a avaliação deve ser realizada em função do desempenho individual de cada unidade e não por seu porte ou valor absoluto de volume de vendas), permitindo a cada Franqueado se autoavaliar em relação ao *ranking* da mesma rede.

10. Indicadores de desempenho da unidade

10.1. O que são

Como o próprio nome já diz, os indicadores apontam se a unidade, ou partes específicas dela, estão indo bem ou não. Os indicadores são a expressão do andamento da unidade. Imagine que a unidade é um carro. Guardadas as devidas diferenças, no carro há um painel de indicadores para que seja possível controlar o que está acontecendo com ele, para que a pessoa seja conduzida até o destino de forma segura. Para simplificar, os dois indicadores mais importantes no painel do carro são a velocidade e o nível de combustível. A velocidade é importante para se evitar acidentes e o nível de combustível para evitar a interrupção do percurso antes de se chegar ao destino final. Ao dirigi-lo, é possível monitorar esses dois indicadores o tempo todo, e tomar decisões ao longo do percurso de modo que o destino final (objetivo) seja alcançado conforme o esperado e sem sobressaltos.

Dirigir um negócio é a mesma coisa. Olhar para os indicadores mais importantes e tomar as decisões que levem a atingir ou mesmo superar as suas metas de desempenho.

10.2. Como defini-los

Os indicadores de desempenho de um negócio devem ser definidos conforme a sua complexidade e a necessidade dos gestores. Eles devem ser relevantes para o negócio e precisam estar associados ao que gera valor – para a qualidade da gestão, para a própria empresa e seus proprietários, para os seus colaboradores e para os clientes. Por exemplo: numa unidade de sapatos, em que o atendimento e a atenção dada pelos vendedores é crucial para as vendas, pode ser mais importante observar qual é a taxa de conversão de vendas (número de vendas efetivas em relação ao número de clientes que entram na unidade) ou as vendas médias por vendedor (o quanto em média cada vendedor gera de receitas para a unidade), do que simplesmente olhar para a informação isolada do quanto cada vendedor custa para a unidade.

É importante tomar cuidado, pois o excesso de indicadores de desempenho também pode ser quase tão prejudicial quanto não ter nenhum. O excesso de informações pode atrapalhar a leitura da situação da unidade ou mesmo desviar o foco para o que é menos importante.

10.3. Como apurá-los

Ao definir um indicador de desempenho para a unidade, é necessário saber de onde virão os dados que o compõem. Há indicadores que são um número sozinho, como, por exemplo, o valor total de vendas no mês, enquanto outros são o resultado de uma divisão de dois números, tal como a média de vendas por vendedor no mês. Para ter e conseguir usar indicadores de desempenho na gestão da sua unidade, é fundamental possuir informações confiáveis. Um indicador de vendas por vendedor proveniente de informações incompletas das vendas do período, além de não dizer a verdade, pode levar à tomada de decisões equivocadas. Nem sempre as unidades de varejo conseguem manter uma rotina de controles que permita ter dados totalmente precisos. Na ausência de informações completas, a recomendação é olhar para os grandes números que dão uma visão da situação macro da unidade, além de se aprofundar nos pontos que estiverem fora do previsto.

10.4. Como interpretá-los e tomar decisões

Os indicadores de desempenho de uma unidade precisam ser corretamente interpretados para que apoiem a tomada de decisões na gestão da unidade. Um indicador de desempenho referente a um determinado período de tempo por si só pode ser uma informação útil para a gestão da unidade, porém, relembrando o que já foi discutido anteriormente, a comparação é uma das formas mais usuais para a avaliação de indicadores, por proporcionar uma visão mais ampla do comportamento da unidade, mostrando a sua evolução em um determinado aspecto naquele período considerado.

Mas, primeiramente, é importante entender que não se deve comparar maçãs com bananas. Em outras palavras, comparações inadequadas podem levar a interpretações equivocadas do comportamento dos indicadores, prejudicando a gestão da unidade. A forma correta para a comparação de indicadores de desempenho é considerar sempre os mesmos períodos de observação. Por exemplo, as vendas de janeiro de 2014 não devem ser comparadas com dezembro de 2013, e sim com as vendas de janeiro de 2013, de janeiro de 2012. As vendas de uma segunda-feira devem ser comparadas com as vendas da segunda-feira da semana anterior; o lucro apurado na campanha de Natal de um ano deve ser comparado com as campanhas de Natal dos anos anteriores, e não com as campanhas da Páscoa, e assim por diante. Isso porque cada período distinto considerado, possivelmente, tem um comportamento diferente, na maior parte das vezes influenciado por fatores externos de mercado, de hábitos dos clientes e da situação geral em que o segmento de atuação da unidade estiver ou mesmo da economia como um todo.

Olhando friamente para os indicadores, há somente três situações possíveis que podem ocorrer na comparação entre dois ou mais períodos: o indicador melhorou, continuou na mesma ou piorou. A interpretação da situação em cada um desses casos pode levar a decisões e ações diferentes, seja para buscar a melhoria dos resultados ou até mesmo para manter tudo como está se os resultados estiverem melhorando nos últimos períodos comparados.

10.5. A gestão da unidade por indicadores

A gestão da unidade por indicadores de desempenho significa a condução com base em informações que poderão ajudar na tomada de decisões, e não um voo no escuro.

Numa rede de Franquias existe a vantagem adicional da possibilidade de comparar indicadores (devidamente relativizados para eliminar as variáveis de porte da unidade e diferenças locais ou regionais entre as unidades da mesma rede) com outras unidades da rede.

Finalmente, também é importante entender que a gestão por indicadores não exclui a intuição nem reduz a importância da experiência e vivência do dono da unidade nas tomadas de decisões. Muitas vezes, a experiência por si só já aponta para a solução, enquanto os indicadores apenas confirmam que aquele era o caminho a ser seguido.

11. Empreendedorismo

11.1. O que é

Empreender é a ação de reunir os recursos mínimos necessários em torno de uma ideia para colocá-la em prática, coordenar o emprego destes recursos para a sua implantação e o atingimento dos objetivos. Assim, o empreendedorismo está sempre associado à ação e à prática. Ideias são importantes, mas se não forem implantadas, elas têm pouco ou nenhum valor.

Abrir uma unidade é empreender, pois envolve uma ideia principal (qual será o negócio, que tipo de produtos ou serviços vai vender, quem serão os clientes etc.), a tomada de algumas decisões (como, quando e onde a unidade será implantada) e a busca e coordenação de vários recursos (capital para investimento, pessoas para compor a equipe da unidade, conhecimento para a operação e a gestão da unidade, documentação legal da constituição e registro da empresa, cadastramento dos meios de pagamentos, fornecedores de mercadorias e de serviços, entre outros). No caso de uma Franquia, a diferença é que todo o modelo da unidade já estará previamente definido, o conhecimento fundamental para a operação e gestão da Franquia deve ser repassado pela Franqueadora por meio de treinamentos e outras formas de suporte, e a unidade atuará com uma marca existente. Tudo isso contribui para que as chances da unidade dar certo sejam maiores, embora não haja qualquer garantia de que o negócio vá dar certo. Boa parte do sucesso de uma unidade depende de muito trabalho e dedicação, mesmo se ela for uma Franquia de uma marca bem conhecida.

11.2. Principais características

A mais importante característica do empreendedorismo, mais até do que a da capacidade de reunir e organizar os recursos necessários, é correr riscos. No mundo dos negócios, o nível de aversão a riscos pode determinar a entrada ou não num novo negócio, a abertura ou não de uma nova unidade, a compra ou não de uma Franquia; embora, no último caso, possa haver eventualmente um pouco menos de risco pelo fato da marca previamente conhecida e da unidade terem sido testadas anteriormente, ainda que nada seja garantido, conforme já mencionado no item anterior.

A diferença de risco e perigo: risco está associado à incerteza sobre um evento futuro, perigo está associado a um fato conhecido que poderá acontecer e vir a prejudicar de alguma forma os planos traçados e/ou levar a resultados inferiores daqueles que são esperados.

11.3. A relação entre risco e retorno

Existe uma regra que se aplica ao mundo dos negócios que diz que quanto maior o risco, maior o potencial de retorno. Na essência, isso é verdadeiro, mas é importante não tomar tal pensamento como uma regra infalível. Um negócio mal gerenciado e/ou mal operado pode incorrer em um risco maior do que o esperado, e isso nem de longe quer dizer que o potencial resultado ou retorno será maior. Para que uma unidade tenha potencial de sucesso, são necessários alguns elementos fundamentais, como produtos ou serviços de qualidade adequada ao público que se pretende atender, o que é válido igualmente para a localização da unidade e preço dos produtos, pessoas preparadas para a operação da unidade, controles financeiros, mercado consumidor, dedicação e persistência. Se houver dúvidas muito grandes em relação a três ou mais destes elementos, talvez haja riscos demais e pouco ou nenhum potencial de sucesso. Portanto, ter a capacidade de assumir riscos é tão importante quanto a capacidade de reunir na unidade uma conjunção dos elementos fundamentais para o sucesso.

As pessoas que não se sentem à vontade com os riscos que um negócio envolve precisam refletir melhor se devem mesmo ter uma unidade. Talvez para a maioria a melhor opção seja a de trabalhar "para os outros" e ter a garantia de receber a sua renda mensalmente, e não há problema algum nisso.

Empreender implica assumir riscos de perder capital empregado. Numa economia de mercado e em situações normais, qualquer unidade corre o risco de não dar certo ou de dar menos certo do que se esperava. Assim como também tem a chance de dar certo e produzir um resultado que se traduz numa renda que pode ser acima da remuneração média dos trabalhadores nas empresas. Infelizmente, não é possível ficar somente com a chance de sucesso sem também assumir o risco de não dar certo.

11.4. Empreender com responsabilidade

Para o empreendedor, responsabilidade significa fazer tudo o que estiver ao alcance para que o negócio seja bem-sucedido. O risco fica por conta dos fatores externos e de tudo aquilo que não é gerenciável ou que se tenha um menor grau de gerenciamento. Numa Franquia, empreender com responsabilidade está associado a seguir as regras da unidade, seguir o que está nos manuais, participar dos treinamentos, observar as orientações da Franqueadora, além de se dedicar ao negócio da mesma forma caso não fosse uma Franquia.

A consciência de que uma marca forte, bons produtos e processos pré-definidos por si só não garantem o sucesso, e de que o planejamento, a dedicação pessoal, muito esforço, paciência e disciplina, enfim, a atitude de empresário, são componentes indispensáveis para o sucesso, é talvez a maior expressão de responsabilidade ao empreender.

PLANEJAMENTO

12. Plano de negócio

12.1. O que é

Em termos simples, um plano de negócio é pensar o negócio de forma organizada antes de implantá-lo, de modo a tomar decisões mais acertadas, e saber o caminho que deverá ser seguido para alcançar os objetivos.

12.2. Objetivo e importância

O plano de negócios existe para reduzir a incidência de erros, riscos e, portanto, aumentar o potencial de resultados. Um plano de negócios pode até mesmo levar à decisão de não entrar no negócio. O maior objetivo é este mesmo: avaliar sua viabilidade. Infelizmente, nenhum plano de negócios é infalível, por mais bem montado que seja. Mesmo com um bom plano de negócios, situações inesperadas poderão existir, mas o fato é que um bom plano pode evitar uma série de problemas futuros.

12.3. Principais elementos de um plano de negócios

12.3.1. Definição da loja – conceito

Este é o primeiro e mais fundamental: o que a loja será, ou o do que a loja será? Somente "uma loja" em si é muito genérico e pode não dizer nada. O mais importante é do que ela será, o que e como vai vender. Nesse ponto não se limita apenas ao tipo de produtos ou serviços que a unidade vai vender, mas sim ao conceito da unidade como um todo, envolvendo principalmente os seguintes itens:

- Listagem das linhas de produtos e/ou serviços.
- Modelo da unidade ou forma de atendimento aos clientes (atendimento com vendedores, autoatendimento, balcão ou mesa conforme o tipo de negócio, venda consultiva etc).
- Posicionamento de mercado, que envolve uma série de definições, como as listadas a seguir, e que se constituem por si só em um importante item do Plano de Negócios.

12.3.2. Posicionamento de mercado – o que se pretende oferecer e para quem

Os principais pontos relacionados ao posicionamento são:

- Público-alvo (clientes que a unidade pretende atender em termos de idade, sexo, nível de renda e momento de compra e de consumo. O mais importante nestes dois primeiros itens é ter muito claro quais são as necessidades ou desejos dos clientes que a unidade vai atender. Essa definição e a adequação de todos os demais componentes da unidade para tal orientação pode aumentar muito as chances de sucesso).
- Nível de preços dos produtos ou serviços (neste momento, somente a ideia geral, se serão produtos mais caros, ou de preços médios, ou mais baixos, conforme o público-alvo definido no item anterior).
- Perfil de localização da unidade (se em rua, shopping, galerias, dentro de

prédios corporativos ou outro local).
- Porte da unidade (tamanho físico, área de exposição dos produtos, atendimento aos clientes, escritório e área de estoques, entre outras, como cozinha, quando necessário).
- Caracterização da unidade (móveis, decoração, fachada etc.).
- E o nome da unidade, ou marca, não menos importante.

12.3.3. Como este mercado está estruturado, quem atua nele e como

Este item envolve um pouco de pesquisa e estudo do mercado no qual se pretende atuar, definidos nos dois itens anteriores do plano. O mais importante é levantar, já focando na cidade ou bairro em que se pretende ter a unidade, quais são os seus principais concorrentes (que possuam um posicionamento semelhante, e também aqueles com posicionamento diferente, mas que trabalhem com as mesmas categorias de produtos ou serviços – mesmo tipo de produto ou de serviços, contudo com preços e públicos diferentes).

Caso esse levantamento aponte que existem muitos concorrentes parecidos com o posicionamento da unidade que se pretende abrir, pode-se avaliar que a sua atuação e o seu crescimento poderão ser mais difíceis e até mesmo levar à mudança em alguns pontos da unidade, para que ela seja mais competitiva ou esteja mais bem preparada para enfrentar a concorrência. Por outro lado, se houver pouca ou eventualmente nenhuma unidade com o mesmo posicionamento que se pretende ter, pode ser o caso de uma oportunidade muito boa naquela cidade ou bairro, ou, ao contrário, pode não haver demanda suficiente para uma unidade com este posicionamento naquela localidade. Na dúvida, investigar um pouco mais e ter informações mais completas para a tomada de decisão é o melhor. Certa vez havia um aviso pregado na parede de uma grande empresa, dizendo: "Em Deus nós confiamos, para todo o resto, traga-nos dados (que comprovem o que você está dizendo)."

12.3.4. Que recursos serão necessários

São os recursos que permitirão tirar o plano do papel e das planilhas e colocá-lo no ar. Os principais são:

- Pessoas (equipe necessária para a unidade).
- Dinheiro.
- Conhecimento sobre o negócio (se já não for de domínio de quem pretende abrir a unidade, é preciso ir buscar pelo menos o básico para começar o negócio, seja com livros, cursos ou ao trazer profissionais que possuam esse conhecimento. No caso de uma Franquia, a Franqueadora terá a responsabilidade de repassar o conhecimento por meio de treinamentos, manuais da Franquia e outras formas de suporte ao Franqueado).
- Projeto da unidade.
- Fornecedores das mercadorias e de serviços que sejam necessários.
- Documentação jurídica (contrato social da empresa), registro na Junta Comercial e outros referentes à parte fiscal (procure orientação de um Contador).

12.3.5. Quais os resultados esperados – qual o volume de vendas necessário – é viável?

Este item é composto por duas partes: o quanto se espera da unidade e o quanto o negócio poderá produzir de resultados potenciais.

O primeiro, por princípio, é livre, e sonhar não custa nada, é emocional. Considerar também os sonhos e objetivos pessoais para dimensionar o quanto se espera da unidade. Mas como não se pode viver somente com a "cabeça nas nuvens", a segunda parte é racional, é "colocar os pés no chão", fazer contas.

O principal é fazer uma boa estimativa de quanto a unidade poderá vender, potencialmente. Não há como prever quanto vá vender com tanta precisão, nem em quanto tempo a unidade pode alcançar o nível máximo de vendas. Essa estimativa pode ser realizada por meio de levantamentos do fluxo de pessoas no local onde se pretende abrir a unidade, em diferentes dias da semana e nos finais de semana, em conversa com comerciantes da região etc. No caso de uma Franquia, a Franqueadora possivelmente poderá dar orientações de como fazer esta estimativa.

12.4. Planejamento X realidade (previsto X realizado)

Ao tirar o plano do papel e ao longo de sua execução, ajustes podem ser necessários. Nada mais natural. Assim, com as duas partes (sonho mais potencial da unidade), é hora de cruzar as expectativas para o negócio com a estimativa de vendas. Caso estejam muito distantes, ajustes podem ser necessários, de um ou mais lados, para evitar frustrações. Do lado do potencial de vendas da unidade não existe mágica. Uma estimativa fora da realidade pode iludir o empresário perigosamente, levando-o a uma insatisfação com o negócio. A questão é que parte do segredo de lidar bem com a realidade de um negócio é justamente a formação de uma expectativa mais "pé no chão".

13. Processos

13.1. O que são

Processos são formas organizadas de realizar as diversas tarefas na operação e na gestão de um negócio. Com processos bem definidos, uma unidade pode funcionar melhor, oferecer melhor atendimento aos clientes, reduzir despesas, melhorar resultados. De forma geral, um processo bem definido envolve o passo a passo das tarefas que o compõe, quem são os responsáveis por sua execução, as ferramentas de apoio necessárias, as orientações para a sua execução e os resultados que se espera daquele processo.

13.2. Importância de padrões no Franchising

Num negócio Franqueado, os padrões da operação são uma das bases do sucesso. Um dos fatores que mais caracterizam a identidade de uma rede, além da própria marca, é poder encontrar o mesmo atendimento, os mesmos produtos e o mesmo ambiente em qualquer unidade daquela rede. A melhor forma de garantir isso é a existência de regras e padrões, muitos dos quais estão baseados em processos pré-definidos pela Franqueadora. Franquia é a replicação de um negócio sendo operado e gerido por outras pessoas que não são os fundadores daquele negócio, ou indivíduos que originalmente conceberam e testaram o negócio, e o desenvolveram até o ponto em que se tornou possível e viável a sua replicação.

Em unidades independentes, processos bem definimos podem ajudar a capacitar a equipe e cada novo integrante que vier a fazer parte da equipe, reduzindo as perdas na transmissão do conhecimento.

MARKETING

14. Marca

Marca é a primeira identidade de um negócio, o nome público e comercial de uma empresa, um negócio, ou mesmo de um produto ou um serviço. Além da identidade, sobre a marca são associados diversos atributos e qualidades pelas pessoas que dela ouvem falar, com ela se relacionam de alguma forma e, principalmente, têm uma experiência pessoal com ela.

14.1. Importância da marca no negócio

A marca pode estabelecer uma relação de confiança com os seus clientes, podendo garantir longos períodos de fidelidade e boas vendas. Nos dias de hoje, basta olharmos para a marca dos nossos *smartphones* que entenderemos claramente a relação que cada um de nós estabelece com elas. Cada um tem as suas preferências e realmente não importa se um modelo de outra marca tem algum detalhe, característica ou desempenho que possa ser um pouco melhor do que o modelo da sua marca predileta. Em alguns casos, não queremos nem saber das qualidades dos produtos de outras marcas, porque já estamos muito satisfeitos com a nossa marca preferida e ela já nos basta. O mesmo pode acontecer com veículos, sapatos, restaurantes, salões de beleza, hotéis, bancos etc.

Numa rede de Franquias acontece o mesmo. Se a marca daquela rede possui uma imagem positiva diante de seus clientes e já tem uma tradição de bons produtos, serviços e de atendimento, em princípio qualquer nova unidade Franqueada que seja implantada daquela marca e rede também já vai nascer com a mesma imagem positiva. Além de toda a parte dos processos e do conhecimento prévio sobre a operação e gestão da unidade, e todos os demais elementos de suporte que podem ser oferecidos pela Franqueadora, que têm muito valor para o Franqueado, talvez o mais importante deles seja a marca.

A marca sozinha não garante o sucesso duradouro de nenhum negócio, é importante ter consciência disso. Mas abrir um negócio de uma marca conhecida e com boa reputação pode fazer muita diferença.

14.2. Como preservá-la e valorizá-la

O que faz a reputação de uma marca é a imagem e a percepção que as pessoas têm dela. A melhor forma de preservar e valorizar uma marca é o bom atendimento e relacionamento com os clientes. O investimento no atendimento pode economizar dinheiro e esforços na conquista ou recuperação de clientes. Toda unidade precisa de um plano de divulgação para que se torne conhecida do seu público e para que este conheça os seus produtos, novidades, promoções e ofertas especiais. Clientes satisfeitos se tornam divulgadores espontâneos da marca e da unidade, sendo influenciadores poderosos sobre a decisão de compra de parentes e amigos.

Outro ponto importante em relação à uma marca é que ela é o resultado dos esforços de construção de sua imagem ao longo de anos, até que fique consolidada. Ao longo deste trajeto, problemas e dificuldades podem surgir, e situações de descontentamento de clientes podem ocorrer. Por mais que se dedique e se esforce, não é possível evitar que vez por outra aconteçam. Não obstante, é importante entender que o que constrói a boa imagem de uma marca ou de uma unidade não é se esta nunca erra no atendimento e relacionamento com seus clientes, e sim a atitude que tem quando erros eventuais acontecem. O cliente, ao ser surpreendido pela atenção e esforços dedicados a resolver uma experiência negativa, pode ficar tão satisfeito que se lembrará e divulgará muito mais a solução que lhe foi dada a partir de um evento ruim do que a ocorrência desta experiência negativa. As pessoas até toleram as falhas, sabendo que nada é infalível, mas o que elas não suportam é o descaso seguido das falhas.

14.3. A construção local da marca numa unidade Franqueada

Uma questão que por vezes atormenta candidatos ou novos Franqueados que irão implantar sua unidade numa cidade ou região na qual aquela marca ainda seja desconhecida é: que vantagem haverá em abrir determinada Franquia se ninguém a conhece naquele local?

Em primeiro lugar, qualquer marca que seja desconhecida em algum lugar, e que queira estar presente no mesmo, precisa em algum momento começar esta construção. Numa rede de Franquias, tal tarefa, muitas vezes, cabe ao Franqueado pioneiro naquele bairro, cidade ou microrregião. A Franqueadora não tem condições de fazer um trabalho prévio de construção de marca em locais onde ainda não atua. De fato, o modelo de Franquias é o caminho que viabiliza a expansão da maioria das marcas por extensos territórios, e que de outra forma talvez nunca conseguissem chegar tão longe.

É importante entender que, mesmo no caso de ser o primeiro a entrar em mercados onde a marca ainda seja desconhecida, o Franqueado nunca está totalmente sozinho. As redes de Franquias fazem esforços de marketing que auxiliam o Franqueado a definir formas de divulgação e a desenvolver campanhas que ajudam a sua marca a se tornar conhecida. Porém, dificilmente haverá verba suficiente para realizar tudo o que se gostaria de fazer em termos de divulgação, pois, para conseguir uma boa exposição da marca, principalmente em cidades médias e grandes, em geral custa muito caro.

O lado positivo de fazer parte de uma rede de Franquias é que, provavelmente, haverá acesso a mais recursos de marketing do que uma unidade independente consegue ter, uma vez que numa rede todas as Franquias podem contribuir para a formação de fundos que, desde que bem administrados pela Franqueadora, podem produzir um resultado de divulgação maior do que apenas com ações isoladas. Como Franqueado, é preciso acreditar nisso e participar de todas as formas que forem possíveis das consultas e decisões de marketing da rede.

Além disso, é importante lembrar que, numa rede de Franquias, os esforços de marketing da Franqueadora têm o objetivo de ajudar à coletividade das unidades da rede, e não apenas unidades individualmente ou de forma isolada.

15. Cultura de serviços

A primeira coisa importante a entender é que não importa se uma unidade vende produtos ou serviços, todas vendem serviços. Isso mesmo, todas! O cliente, quando entra numa unidade, não compra apenas o produto em si (seja um produto físico ou a prestação de um serviço, como lavar o carro, cortar o cabelo, dar banho no animal de estimação ou levar uma encomenda para ser entregue para a sua tia que mora do outro lado do país), ele adquire o produto mais o atendimento, que é composto pelo ambiente e a organização da unidade, a comunicação visual, a decoração interna, a forma como os produtos estão expostos, o processo de atendimento e vendas, a disponibilidade e a variedade de produtos, o preço, as condições de pagamentos e, não menos importante, o próprio atendente ou vendedor.

Assim, quanto melhor esse conjunto de elementos e atributos estiver bem definido, mais preparada a unidade estará para prestar um atendimento cativante, o que se tornará um diferencial que poucos concorrentes serão capazes de copiar.

16. Responsabilidade social e a relação com a sociedade

O tema da responsabilidade social vem ganhando mais espaço e tem sido melhor disseminado no meio empresarial nos últimos anos. A consciência de que as empresas são entidades inseridas no contexto da sociedade, dela vivem e para ela trabalham, leva os empresários a compreender melhor a amplitude de sua atuação e de suas responsabilidades.

Porém, no dia a dia da condução da unidade, o empresário e seus colaboradores podem chegar ao ponto de pensar que estão ocupados demais cumprindo com as suas tarefas, que não sobra nenhum tempo para ser dedicado à responsabilidade social. Mas não é bem assim. Responsabilidade social não é ajudar os mais necessitados nem fazer doações de Natal para entidades sem fins lucrativos. Estas até podem ser ações benéficas e necessárias em muitas situações e para muita gente de nosso país. Mas responsabilidade social, de fato, vai bem além disso.

Primeiramente, devemos entender que o maior dever de responsabilidade social das empresas é quanto ao cumprimento de suas obrigações, seja em relação ao respeito às leis, ao pagamento dos impostos, ao pagamento de seus fornecedores, à remuneração justa de seus colaboradores e à distribuição de lucros aos seus proprietários ou acionistas. Também está incluído nesse contexto o respeito e o bom atendimento aos clientes, assim como a entrega de tudo o que lhe é prometido. A qualidade em tudo o que uma empresa faz ou oferece não deveria ser entendida como um diferencial, e sim como premissa de sua existência e atuação. A consciência, o esforço e a dedicação dos empresários e de seus colaboradores para cumprir com esses deveres já é talvez a maior expressão de responsabilidade social que as empresas podem ter.

Outra função social importantíssima que as empresas cumprem é a da geração de empregos e renda, dando oportunidade para que trabalhadores e suas famílias possam viver melhor, satisfaçam às suas necessidades e busquem os seus sonhos pessoais. Nada disso é pouca coisa, mas acabamos subvalorizando todo este conjunto de ações e benefícios que são gerados para as pessoas e para a sociedade como um todo.

Além disso, as empresas, representadas pela vontade coletiva dos seus proprietários e colaboradores também podem decidir contribuir além de suas responsabilidades originais. Qualquer tipo de ação que não esteja prevista no conjunto de obrigações, e que gere algum tipo de benefício para grupos específicos ou para a comunidade como um todo, que sejam gratuitas ou subsidiadas para os seus beneficiados, e sejam empreendidas de forma voluntária, são ações sociais e serão sempre bem-vindas.

Mas para que sejam valorizadas pelos beneficiados e gerem um valor real maior para a sociedade, as ações ou programas sociais devem estar vinculados ao objetivo maior de provocar ou de promover mudanças consistentes que elevem a capacidade dos beneficiados de mudar a sua situação econômica e tornarem-se menos dependentes. Este será o maior dos benefícios de longo prazo que qualquer ação social poderá gerar. Doações podem ser necessárias para a solução de questões emergenciais, além de que há muitas entidades que cumprem um papel social importantíssimo e que dependem totalmente de doações, pois não são geradoras de receitas próprias que garantam o seu sustento. Mas estas entidades não devem simplesmente repassar recursos doados para pessoas necessitadas, e sim empregá-los na geração de meios que permitirão mudar a realidade dos seus beneficiados de forma permanente.

  Por fim, gostaríamos de deixar a mensagem de que, mais do que dinheiro, recursos materiais ou serviços, o maior valor que as empresas podem doar para as suas comunidades é parte do conhecimento que detêm em sua área de atuação, naquilo que mais dominam. Um restaurante pode criar um programa simples de ensinar jovens carentes a organizar uma cozinha ou a conservar melhor os alimentos. Uma unidade de varejo de qualquer tipo de produtos ou serviços pode oferecer palestras sobre como aumentar as chances de conseguir um bom emprego, ou mesmo repassar noções básicas sobre atendimento e vendas. Qualquer empresário que já passou pelo menos uma vez pelo desafio de montar um negócio e superar dificuldades pode falar de sua experiência a jovens e adultos e, quem sabe, estimular o empreendedorismo consciente e responsável. Nenhum dinheiro ou doação pontual terá mais valor para o futuro dessas pessoas do que essas pequenas sementes lançadas no solo apropriado.

17. O varejo multicanal e o *omni-channel*

O relacionamento das empresas e das marcas com os seus clientes tem sido objeto de estudo já há muitas décadas, na contínua busca pela satisfação das necessidades dos consumidores, de modo a fidelizá-los e até torná-los seus defensores e divulgadores.

  A partir do advento da internet e, então, da popularização de dispositivos móveis, como *smartphones* e *tablets* conectados à internet, as formas de relacionamento e os pontos de contato entre as empresas e os seus clientes foram multiplicados. Mais do que isso, os consumidores passaram a ter maior acesso a informação e maior poder de comparação, de escolha e de decisão sobre o que é melhor para o contento de suas necessidades e preferências.

Nesse contexto, o próprio comportamento de compra dos consumidores vem se modificando, além de que as novas gerações, que já nascem conectadas ao mundo digital e com relações sociais estabelecidas e mantidas em plataformas digitais e de redes sociais, já fazem as suas buscas, comparações e tomam suas decisões de consumo primordialmente neste meio e com o uso conjunto e simultâneo de mais de um canal.

Para estabelecer um relacionamento que mantenha os clientes satisfeitos, consumindo e defendendo sua marca, produtos e serviços, o principal desafio das lojas de varejo é o de oferecer uma experiência de consumo que os cative e faça com que se sintam satisfeitos e seguros para voltar a consumir daquela marca e naquelas lojas.

Consideradas as questões de qualidade e preço dos produtos e serviços, o primeiro caminho dos varejistas para se fazer presente a consumidores cada vez mais conectados e em seus diversos momentos de consumo é a abordagem multicanal, na qual uma marca oferece mais de uma opção de canais de vendas, de relacionamento, de comunicação e de contato com os seus clientes. Entre esses canais podemos citar lojas físicas, loja de *e-commerce*, loja de *m-commerce* (*mobile commerce* – lojas virtuais, sites específicos ou aplicativos para dispositivos móveis conectados à Internet, como *smartphones* e *tablets*), teleatendimento e televendas, vendas porta a porta, entre outros.

Porém, oferecer várias opções de lojas e pontos de contato e estar presente onde o cliente estiver é apenas parte da solução. É preciso oferecer uma mesma experiência de consumo em todos os canais, sem emendas. O foco da abordagem *omni-channel* no varejo está em proporcionar a mesma experiência de marca nos diversos canais, em lugar de apenas ter vários canais de vendas de uma mesma marca. Na prática, significa ter a mesma qualidade de atendimento e de informações disponíveis em todos os canais de vendas da marca ou em que a marca estiver.

Nas redes de Franquias, as lojas físicas continuam tendo um papel importantíssimo no contexto dos desafios de *omni-channel* que suas marcas enfrentam, como o elo mais eficaz de contato, atendimento e relacionamento com clientes.

17.1. A prática do *showrooming* – quando o cliente vai à unidade física, mas compra pela Internet

Em multicanais, um comportamento que tem se desenvolvido é o do *showrooming*, prática do consumidor em visitar lojas físicas tradicionais para tocar, sentir os produtos, tirar dúvidas pessoalmente com vendedores, para então realizar a compra em lojas virtuais, seja para buscar eventuais preços menores, ou não, nos mesmos produtos. Embora as marcas e os varejistas não tenham o poder de mudar o comportamento dos consumidores, em suas estratégias de canais é possível ter produtos exclusivos em suas lojas, para combater a transferência de vendas para unidades virtuais de concorrentes. E, de fato, ao entender que o cliente do comércio eletrônico visita a loja física para ter algo que o comércio eletrônico não consegue lhe oferecer, é possível reconquistar pelo menos parte desses clientes. A regra de que quando um cliente entra na loja sempre há uma chance de que ele irá realizar uma compra continua verdadeira. Um atendimento cordial, informações corretas, orientação consultiva, argumentação técnica, contato humano. Nem todos esses componentes o comércio eletrônico conseguirá ter.

Proporcionar a mesma experiência de marca exige integração de sistemas e de bancos de dados, o redesenho de processos da operação e boa logística de entregas. Também um planejamento de marketing que envolva todos os canais da marca numa mesma abordagem de comunicação. Além disso, para fazer a engrenagem funcionar, é fundamental ter pessoas adequadamente treinadas e com a postura alinhada à cultura de atendimento e de experiência da marca.

Uma loja de varejo independente, principalmente as de menor porte, dificilmente tem condições de buscar ou desenvolver soluções que a coloque no universo do *omni-channel*, a menos que tenha um posicionamento de quase exclusividade de uma grande marca ou fabricante no seu mix de produtos e que haja uma parceria comercial e operacional que integre processos e sistemas. Na prática, é bastante difícil de acontecer. Nesse ponto, as redes de Franquias têm a vantagem de poder desenvolver estratégias e processos que serão implantados nas unidades da marca, com melhores condições de viabilizar todo esse processo. Não significa que será fácil, mas terá mais chances de funcionar bem e trazer melhores resultados.

Ainda nas redes de Franquias, o desafio também está em envolver os Franqueados e suas equipes no mesmo direcionamento da integração de canais, que se traduza na execução dos processos da operação, na postura diante dos clientes e no cumprimento de regras que proporcionem a mesma experiência de marca em cada uma das unidades da rede.

Na prática, ainda são poucas as marcas que têm conseguido adotar uma abordagem de *omni-channel* que realmente proporcione a experiência esperada pelos consumidores. A construção de uma estratégia bem-sucedida de canais de vendas pela abordagem *omni-channel* deve partir de uma investigação do comportamento de consumo e das preferências do público-alvo da marca e de uma avaliação do atendimento nos diversos canais de vendas desta marca pelo ponto de vista do cliente. Com base nessas referências, todos os processos, regras e o preparo das pessoas envolvidas na gestão e operação dos canais devem ser construídos ou revisados.

Em meio à pressão pelas mudanças nos modelos de negócios e os investimentos necessários, as dificuldades podem ser grandes, porém é o caminho a ser seguido para enfrentar os desafios nesta nova ordem que vem se estabelecendo no varejo.

Se antes os consumidores não tinham muitas opções de compra, cada vez menos haverá compras sem opção. Portanto, varejistas e redes de Franquias precisam se tornar a melhor opção para os seus clientes.

17.2. Como a internet e o comércio eletrônico podem ajudar o negócio

A internet e a popularização dos mecanismos de buscas facilitaram muito a pesquisa de informações para a compra de praticamente qualquer tipo de produtos e serviços. Se antes as pessoas tinham que sair na rua, invariavelmente visitar as lojas ou ligar para levantar preços, ou perguntar para quem já tinha comprado aquele produto, hoje, em poucos segundos, o consumidor descobre e compara preço, onde pode comprar, descobre se tem gente oferecendo o produto novo ou de segunda mão em sites de leilões, ofertas de compras coletivas, e ainda tem acesso à opinião de outros clientes que já adquiriram aquele produto ou serviço e sobre a qualidade do atendimento da unidade onde compraram.

Tudo isso, é verdade, cria mais concorrência, exige mais cuidado no atendimento e maior competência de vendas. Mas também cria oportunidades de mais vendas. É importante refletir sobre todos os clientes que não chegariam até sua loja se não fosse pela informação que obtiveram pela internet. De fato, a maior disponibilidade de informação gera mais interesse pelos produtos e serviços, aumenta sua divulgação espontânea e fomenta a demanda. Aqueles que estiverem melhor preparados para atrair e cativar essa demanda, oferecendo bom atendimento, já estarão mais na dianteira em relação aos concorrentes.

18. Marketing e divulgação no varejo

Num sentido amplo, marketing é a busca pela geração de valor para os clientes e de lucros para o negócio, por meio da concepção, planejamento e venda de produtos/serviços que atendam às necessidades e desejos das pessoas, criando e mantendo um relacionamento duradouro entre consumidores e as marcas.

Aqui, vamos nos limitar a comentar somente de uma parte do marketing, que é a da divulgação de uma marca, dos produtos e serviços de uma unidade ou de uma rede de unidades de varejo.

A divulgação no varejo é realizada por meio de propaganda nos diversos meios de comunicação ou mídias, cada qual com uma capacidade diferente de alcance e de potenciais públicos que pode atingir.

O ideal é fazer um planejamento de todas as ações que serão executadas ao longo de 6 ou 12 meses, estudando cuidadosamente todas as datas especiais e períodos que podem afetar positiva ou negativamente as vendas da unidade. Quando a data ou a época for favorável ao aumento de vendas, uma campanha de divulgação de produtos, novos lançamentos, preços promocionais, ou apenas divulgar a marca e a unidade, pode ajudar a aproveitar mais o aumento da demanda, que estará sendo disputado por todos os concorrentes diretos. Quando for uma época que historicamente há baixa de vendas, como, por exemplo, uma época de férias escolares em que a demanda migre temporariamente para outras cidades, a divulgação pode amenizar a queda e passar por aquele período com menos dificuldades de caixa.

Para cada época mapeada, um tipo específico de ação de divulgação ou um tipo de campanha pode ser mais efetivo do que outros. Conhecer as ações que levam a melhores resultados em cada caso pode levar algum tempo. Unidades mais maturadas já possuem um histórico de desempenho que pode ser bastante útil para decidir o que e quando fazer, e o que não fazer.

18.1. Quando fazer

Uma dúvida importante que o empresário sempre se depara é sobre quando deve fazer propaganda. Como divulgação quase sempre envolve despesas e o orçamento no varejo de forma geral passa por altos e baixos ao longo do ano, pode-se chegar à conclusão de que propaganda somente deve ser feita quando as vendas estiverem baixas. Porém essa regra confronta a situação da disponibilidade imediata de recursos. De fato, numa situação em que a unidade estiver com vendas baixas e o dinheiro contado para o pagamento de todas suas obrigações ou até mesmo faltando, precisando financiar capital de giro no banco, a disposição por assumir mais uma despesa pode ser nula.

Porém, é preciso enxergar a divulgação, o marketing, como um recurso que pode ajudar a unidade a vender mais em períodos ou momentos em que as vendas caírem. Vender mais significa aumento de vendas ou a manutenção do nível de vendas num período em que seria esperada uma queda conforme o histórico no mesmo período passado. Um dos objetivos da divulgação é buscar uma maior estabilidade de vendas, reduzindo a queda nas épocas típicas de baixas conforme a sazonalidade da unidade. Dessa forma, ações de marketing apropriadas e bem conduzidas podem resultar em vendas adicionais que possivelmente não existiriam se não houvesse divulgação.

Em redes de Franquias, o marketing costuma ser planejado pela Franqueadora, que repassa orientações sobre como executar as ações de divulgação. No Franchising é bastante comum que as Franquias contribuam com uma taxa de marketing que forma um fundo de recursos que serão empregados na criação de ações e campanhas a serem executadas pelos Franqueados, os quais, por sua vez, muitas vezes ainda assumem as despesas com a reprodução de peças de marketing e com a veiculação local da ação.

O marketing realizado em rede, de fato, acaba sendo mais efetivo, por contar com mais recursos para a criação de ações mais elaboradas e com maior alcance de veiculação.

18.2. Como definir um orçamento

Tendo entendido a importância do marketing no varejo, a questão sobre quanto investir em divulgação é a próxima preocupação. Em princípio, quanto mais divulgação, mais exposição da marca, dos produtos ou de condições especiais oferecidas naquela campanha, e possivelmente mais pessoas sendo atingidas pela comunicação e, desde que a oferta seja atrativa, as ações levariam naturalmente a mais vendas. Mas, na prática, não é bem assim, pois há uma série de fatores limitadores. Tanto a propaganda em si pode não ser tão efetiva, como há uma capacidade máxima de atendimento de clientes na unidade, a quantidade de produtos no estoque é limitada, além de que, em algum ponto da curva de retorno das propagandas, o valor gasto com marketing será maior do que as vendas adicionais ocorridas no período de influência das campanhas, fazendo com que qualquer Real a mais gasto com propaganda deverá gerar menos do que R$1,00 de vendas, tendendo a zero. Fazendo essa conta do ponto de vista do lucro gerado pelas vendas adicionais, a equação é bem mais apertada.

Nas operações de varejo de unidades físicas de pequeno até médio portes, os gastos médios para a manutenção de ações de marketing giram entre 4% a 6% do faturamento bruto mensal da unidade. Porém, essa é apenas uma referência, e a real necessidade *versus* a capacidade de cada negócio pode variar bastante. Para negócios com margens de lucro menores, a capacidade de investimento em marketing será menor. Enquanto outros negócios, como uma clínica odontológica, por exemplo, podem exigir um alto investimento em marketing para manter o fluxo de novos potenciais clientes, dado que o ciclo de compras por cliente é mais longo.

18.3. Como avaliar resultados

Avaliar resultados de ações de marketing não é algo tão simples. O aumento ou a queda de vendas é influenciado por uma série de fatores, o que torna a avaliação do efeito das ações de marketing mais difícil. Além disso, muitas vezes, o efeito de campanhas de divulgação pode se estender para além da própria veiculação de uma dada divulgação.

A avaliação pode ser feita aplicando pesquisas junto aos clientes, questionando sobre como soube da unidade, onde viu a promoção ou se foi indicação de amigos. É comum haver esse tipo de questionamento principalmente quando a compra exige a realização de um cadastro do cliente. Esse tipo de pesquisa pode gerar dados úteis para a avaliação sobre quais ações geram maior ou menor efeito sobre as vendas, mas também exige um processo de captura, compilação e análise da informação, considerando ainda que é preciso ter uma boa amostra de respostas para se tirar alguma conclusão confiável. Em unidades de menor porte, os recursos são mais limitados e pode ser menos viável fazer uma pesquisa assim.

Caso não haja condições ou mesmo o preparo adequado para fazer esse tipo de pesquisa, a avaliação de resultados da forma mais simples pode ser feita observando apenas o comportamento das vendas, podendo haver três cenários:

- Aumento de vendas
    - Este é o objetivo principal de se fazer divulgação. Havendo aumento a partir do início da veiculação de uma dada divulgação, pode-se concluir que a divulgação realizada foi pelo menos um dos fatores que contribuiu para o aumento, mesmo não havendo certeza sobre isso.
- Manutenção do mesmo nível de vendas
    - Esta é uma situação até bastante comum. Uma campanha é executada, a divulgação é feita e não se observa nenhum aumento nas vendas. Neste caso, é possível que a divulgação feita foi inócua, seja pelo motivo que for, ou as vendas cairiam naquele período por algum motivo, mas a divulgação trouxe vendas adicionais que fizeram o nível de vendas se manter.
- Queda de vendas
    - Neste, que é o pior dos casos, a situação pode ser semelhante ao caso anterior, com a diferença de que a divulgação não trouxe um aumento de vendas suficiente para neutralizar a queda que já ocorreria. Outra possibilidade é que a divulgação não ajudou a trazer vendas adicionais nem a manter o nível de vendas, ou até mesmo provocou um efeito contrário, se de alguma forma a comunicação foi equivocada ou envolveu algum tipo de má experiência para os clientes.

Em cada uma dessas hipóteses, o empresário precisa tomar uma decisão sobre mudar as ações de divulgação, seja para aumentá-las ou reduzi-las. Esta decisão é tomada com base nos objetivos de vendas, no orçamento disponível e na avaliação do resultado obtido por cada ação. Sempre que possível, o empresário deve buscar orientação e os serviços de agências de propaganda locais, que podem contribuir para melhores resultados nas campanhas. Nas redes de Franquias sempre é possível que este suporte de marketing seja conduzido pela Franqueadora, oferecendo orientações e planejando campanhas para a rede.

18.4. Plano de marketing da Franqueadora – alinhamento e execução

O plano de marketing de uma rede de Franquias é definido com base nas necessidades da marca e da rede. Com a contribuição das Franquias da rede por meio da taxa de marketing (existente na maioria delas), a Franqueadora consegue manter uma área de marketing mais estruturada ou contratar agências de propaganda que ajudarão a Franqueadora a promover um marketing mais efetivo para o negócio como um todo.

Porém, um bom marketing somente existe numa rede de Franquias se houver boa execução na ponta, em cada uma das unidades da rede. A boa execução parte do princípio de que cada uma das partes, a Franqueadora e as Franquias, tem o seu papel distinto, e o trabalho cooperado entre ambos levará a um resultado muito melhor.

À Franqueadora cabe a definição da estratégia geral de divulgação, a definição do planejamento de marketing para a rede e a gestão dos recursos arrecadados da rede por meio da taxa de marketing. Ainda nas tarefas da Franqueadora está a orientação de marketing aos Franqueados e o acompanhamento periódico pela Consultoria de Campo & Negócios.

Aos Franqueados cabe a implantação das ações conforme as orientações da Franqueadora. Este é um tema por vezes polêmico, pois nem sempre a aderência da rede às campanhas de marketing é total. Alguns Franqueados acabam rejeitando as ações definidas pela Franqueadora e criando as suas próprias. Não aderir a campanhas da rede é um tipo de desperdício de recursos já investidos pela Franqueadora e pela rede como um todo, além de que há uma perda da força da rede, por não haver a soma de esforços cooperados dos Franqueados.

18.5. Marketing local e nacional – principais diferenças

O marketing local se refere às ações de divulgação e promocionais realizadas no nível local, que são promovidas para gerar vendas em uma determinada unidade ou num conjunto de unidades da mesma marca ou rede que estejam localizadas num mesmo bairro, mesma cidade ou até em cidades próximas, quando é o caso, por exemplo, da veiculação de propagandas em rádio ou TV locais que tenham alcance em várias cidades daquela microrregião. A divulgação local é executada por uma unidade individualmente ou em conjunto com outras unidades da mesma rede, buscando o apoio de uma agência de propaganda.

Numa rede de Franquias, as regras e os processos de execução do marketing local podem variar de uma rede para outra, mas o mais comum é que as ações sejam executadas pela Franquia seguindo orientações passadas pela Franqueadora.

Já o marketing nacional tem o objetivo principal de divulgação da marca e da unidade como um todo, em âmbito nacional, ou pelo menos onde a rede já estiver presente. Também se ocupa de definir campanhas que são aplicadas coletivamente por toda a rede, e de construir um pacote de ações prédefinidas de divulgação local, assim como a criação dos materiais de apoio (ou peças de marketing), a serem aplicadas nas ações locais por cada unidade da rede.

Por exemplo, enquanto a Franqueadora, que cuida do marketing nacional, pode fazer anúncios em revistas de circulação nacional, participar de eventos do setor da atividade da unidade onde seja feita a promoção da marca da rede; as unidades Franqueadas fazem anúncios e ações promocionais que tenham alcance na área de influência da unidade, ou seja, dentro de um raio no qual possa haver pessoas interessadas e dispostas a se deslocar até a unidade, ou que a mesma esteja em seu caminho para outros destinos, para comprar seus produtos e serviços.

19. *Visual merchandising* – conceitos e importância

19.1. O que é

O *visual merchandising* é a composição, organização e o arranjo de uma série de elementos no visual interno da unidade, nas áreas de atendimento ao cliente, com o objetivo de atrair, gerar interesse, colocar produtos em evidência, comunicar mensagens, sejam diretas ou subliminares, que levem o cliente a comprar mais itens, dos mais caros, e com maior frequência. Apesar do *visual merchandising* estar na parte interna da unidade, sua ação de atração se inicia para as pessoas que estão de fora dela, principalmente por meio das vitrines, mas também pela abertura e possibilidade de se enxergar o seu interior, pelo menos em parte, criando o desejo de entrar na unidade.

O *visual merchandising* é composto principalmente por elementos de comunicação visual (placas, quadros, símbolos, fotografias, vídeos, materiais referentes a campanhas ou promoções etc.), pela cor do piso, paredes, teto, mobiliário e outros itens de decoração, assim como sua arrumação dentro da unidade e a iluminação. Além disso, a forma como os produtos são expostos, dispostos, destacados, iluminados, também fazem parte do *visual merchandising* da unidade.

19.2. Importância

O *visual merchandising* pode fazer muita diferença na capacidade de vendas da unidade. A adequação e a combinação dos diversos elementos podem ajudar a atrair e a manter os clientes por mais tempo dentro da unidade, criando melhores condições para a venda e aumentando suas chances. No caso de algumas unidades, principalmente naquelas que adotam o modelo de autoatendimento, o *visual merchandising* faz quase todo o trabalho da venda sozinho, dentro da unidade.

19.3. Manutenção e atualização

O *visual merchandising* deve ter uma conexão com o estilo da unidade e da marca e, claro, com os seus produtos ou serviços. Conforme o tipo de produtos, os seus modelos, cores, características, preços, entre outros atributos, mudam de tempos em tempos. O melhor exemplo é a indústria da moda, que lança novas coleções com bastante frequência. Além disso, as preferências do cliente também podem mudar de tempos em tempos, ou ele pode se cansar de um mesmo visual. O *visual merchandising*, portanto, precisa ser dinâmico naqueles negócios que têm uma frequência maior de lançamentos de novos produtos ou de variações em características dos produtos. Em unidades de roupas, calçados, acessórios, é comum ter vitrines que mudam a cada semana ou até antes disso.

Em uma rede de Franquias, todo o projeto da unidade (projeto geral, que deve ser adaptado ao ponto da unidade caso a caso) e as orientações para a composição do *visual merchandising* vêm da Franqueadora ou são realizados com o apoio de fornecedores definidos ou indicados por ela. Numa rede, o projeto de *visual merchandising* das unidades também ajuda a criar a identidade visual da marca.

FINANÇAS

Razão | Informação

- Gestão Financeira
- Resultados
- Planejamento do Negócio
- Controle de Gastos e Perdas
- Ponto de Equilíbrio
- Fluxo de Caixa
- Indicadores Financeiros
- Elaboração e Análises de DRE (Demonstrativos de Resultado do Exercício)
- Controle e Gestão do Estoque
- Lucratividade e Rentabilidade

FINANÇAS

20. A importância da gestão financeira

O tema Finanças é considerado complicado para muitos empresários, contudo de extrema importância no dia a dia de uma unidade. Exercer o papel do gestor de finanças significa entender os números da empresa: quanto é vendido, quanto é comprado, com o que se gasta, qual o faturamento mínimo para se obter lucro etc. É cuidar de informações que vão guiar o empresário para o caminho dos bons resultados e lhe permitir ter o controle dos rumos da empresa.

Há casos de empresários que gerenciam seus negócios com muita paixão, trabalham muitas horas por dia, inclusive aos finais de semana e, mesmo assim, não atingem bons resultados. Entender a causa é fundamental. Nesse capítulo do livro serão apresentados conceitos, caminhos e modelos para gerir as finanças da unidade. E o primeiro assunto é uma provocação à reflexão:

Segundo pesquisa realizada pelo Serviço de Proteção ao Crédito (SPC Brasil) e pela Confederação Nacional de Dirigentes Logísticos (CNDL), apresentada no *Valor Econômico* online em 28/janeiro/2014, 81% dos brasileiros têm pouco ou nenhum conhecimento sobre como fazer o controle das despesas pessoais. Para a economista do SPC Brasil, Luiza Rodrigues, os dados reforçam a ideia de que a educação financeira está ligada ao comportamento e não necessariamente à renda. "É uma questão de hábito. Mais dinheiro no bolso nem sempre significa melhor comportamento financeiro, incluindo pagamento de contas, uso do crédito e hábito de compras".

Nós acreditamos que há uma tendência da repetição de comportamentos de gestão financeira na pessoa jurídica dos comportamentos adquiridos na pessoa física. Por isso, o paralelo com a citação do parágrafo anterior. Deste modo, não raro há empresários que não sabem o custo da folha de pagamento de funcionários, os gastos administrativos ou mesmo quanto compra mensalmente em produtos. Ou o empresário sabe o grande número, mas não separa as receitas, desconhecendo quais linhas de produtos ou serviços trazem mais ou menos dinheiro ao negócio. Em resumo, desconhece o RESULTADO FINANCEIRO da unidade. Sendo assim, se o lucro da empresa for uma incógnita, é provável que a empresa esteja no prejuízo.

É neste cenário, somado à aversão que muitos têm à matemática (seja por desconhecimento do assunto, por "trauma" do período inflacionário ou qualquer outro motivo), que esta torna-se um dos principais "calcanhares de Aquiles" do empresário brasileiro – a **Gestão Financeira.**

Trata-se de um tema extremamente importante, pois é a partir da Gestão Financeira que o empresário conhecerá o lucro da empresa, quanto tem e quanto terá em caixa no futuro, se o negócio está recuperando o investimento realizado, entre outras perguntas que são feitas sobre o negócio.

Para se fazer a Gestão Financeira da unidade, recomendamos o uso do método AAA:

1 – ACESSAR/AGRUPAR Dados – ter as informações sobre o negócio é o ponto de partida para se fazer gestão. Sem dados reais e precisos, a gestão pode se tornar subjetiva e, com isso, aumentar as chances de erros. Ter os números da unidade, qual sua origem, se são confiáveis etc., são pontos cruciais para formar um banco de dados que permita fazer uma boa gestão.

2 – ANALISAR as informações – tabular os números de forma a facilitar as análises. Criar planilhas, indicadores e principalmente dedicar tempo para entender as causas de alterações nos números e as consequências de cada alteração. Analisar refere-se a Comparar. E comparação só pode ser feita quando há histórico, informações do mercado, do concorrente etc.

3 – AGIR – com base nas análises, tomar decisões do que fazer para melhorar o negócio: cortar gastos, criar uma nova campanha de marketing ou treinar a equipe para vender melhor são decisões que poderão ser tomadas a partir da avaliação dos números.

Vale lembrar que Decisão, neste contexto, está ligada à Ação. Isso porque será pouco eficaz criar um planejamento completo, com muitos números confiáveis, fazer boas análises e tomar boas decisões se as pessoas responsáveis por gerar as ações não o fizerem.

Finanças não é um "bicho de sete cabeças". Basta entender como funciona e colocar em prática no Ponto de Venda. Afinal de contas, quanto mais se pratica, mais é possível entender e aprender a respeito.

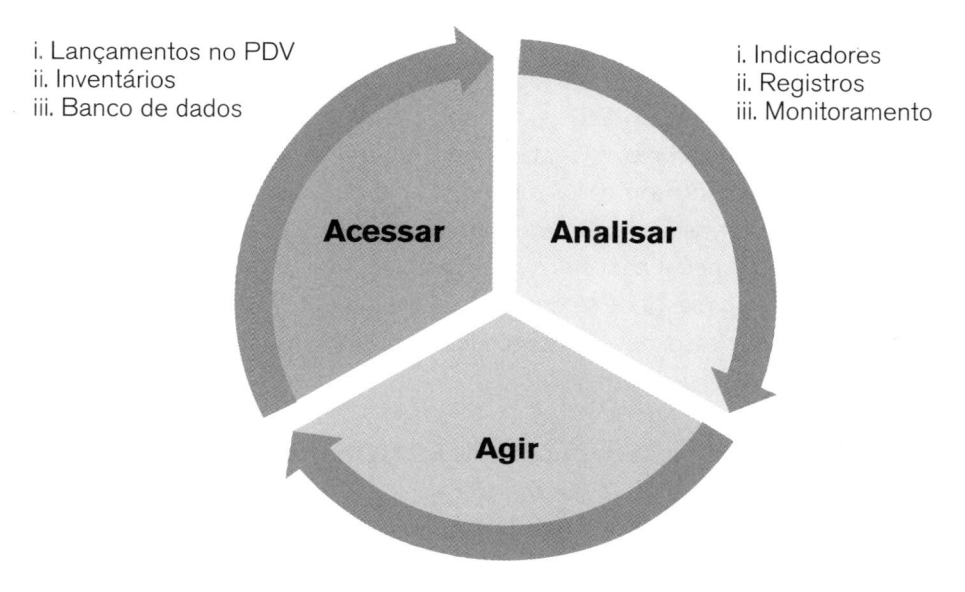

i. Lançamentos no PDV
ii. Inventários
iii. Banco de dados

i. Indicadores
ii. Registros
iii. Monitoramento

Acessar

Analisar

Agir

i. Plano de ação
ii. Reunião de Acompanhamento

21. Regimes financeiros

A forma de organizar os números pode gerar análises e resultados diferentes. Por isso, há dois relatórios financeiros muito utilizados: o DRE (Demonstrativo de Resultados do Exercício) – que trabalha em Regime de Competência, e o Fluxo de Caixa – que trabalha em Regime de Caixa. Para entender melhor:

Regime de Competência: registro dos números na data do fato gerador (ou seja, quando o documento foi emitido). Exemplo: Venda de mercadoria na data de hoje. Para montar um DRE será lançada a venda na data de hoje, independentemente de quando será feito o pagamento.

Regime de Caixa: registro de acordo com a data em que a movimentação financeira (pagamento ou recebimento) de fato acontece.

Exemplo 1 – venda de R$ 260, realizada no dia 15 de agosto, por cartão de crédito, em parcela única.

Para o lançamento no DRE, esta operação deverá ser lançada no mês de agosto, que é quando ocorreu a venda. Portanto, a transação foi gerada em agosto.

Para o lançamento numa planilha de Fluxo de Caixa, deve ser adotado o critério da movimentação financeira. Portanto, como a administradora de cartões fará a transferência financeira somente após 30 dias, esta operação deverá ser registrada para o dia 15 de setembro, que é a data prevista para a entrada do recebimento. Nesse caso, deve ser contemplado também o desconto da taxa de administração que foi gerada.

Exemplo 2 – compra em 05 de outubro de R$ 1.800 em produtos para revender. Condições da compra: ato + 2 parcelas fixas.

Regime de Competência – outubro, no valor total de R$ 1.800, pois é a data da compra.

Regime de Caixa – R$ 600 para 05 de outubro, R$ 600 pra 05 de novembro e R$ 600 para 05 de dezembro.

Entender a diferenciação dos dois regimes financeiros permitirá ao gestor fazer análises bem distintas. As análises em regime de competência, utilizando DRE ou outras ferramentas, normalmente indicam o resultado ou o "potencial" de resultado da unidade. As análises em regime de caixa mostram os fluxos de entrada e saída de dinheiro, portanto apresentam quando e quanto em saldo a empresa terá.

22. Investimento inicial e reinvestimentos

Para abertura de uma empresa ou negócio, em qualquer que seja o segmento de mercado, alguns investimentos precisam (ou podem) ser feitos:

1. Custos burocráticos – emissão de documentos, registros, alvarás, certificações etc.
2. Projeto arquitetônico.
3. Obra.
4. Mobiliário.
5. *Hardware* e *software*.
6. Estoque inicial (no caso de comércio).
7. Taxa de Franquia (no caso de Franquias).
8. Contratação da primeira equipe.
9. Marketing de abertura.
10. Ponto comercial.
11. Capital de giro.
12. Outros.

A soma desses números é importante, pois quantificará o valor aportado no negócio. Este número representa o Investimento Inicial.

O valor da **Taxa de Franquia** pode variar muito de acordo com cada marca Franqueadora. Ela dá ao Franqueado o direito de acessar know-how e de uso da marca em determinado local – bairro, cidade, estado – onde se instala a unidade Franqueada (ou de acordo com o que estiver contratado com a Franqueadora). Em muitos casos, pode englobar também treinamentos iniciais, projeto arquitetônico, acompanhamento do cronograma de implantação da unidade etc.

O valor do **Ponto Comercial** – ou Luvas, como também é chamado – costuma não ser considerado na soma de investimento inicial para o cálculo de retorno no caso de uma Franquia. Por ser um investimento "imobiliário", não há relação direta entre a performance da unidade Franqueada e os ganhos/perdas gerados pelo ponto comercial. Portanto, em geral, a prática é desvincular o ponto, tratando-se como um investimento à parte.

O **Capital de Giro**, mesmo não sendo utilizado, deve ser dimensionado e adicionado ao investimento. Isso porque, ao se abrir uma unidade, poderá ser necessário utilizar esse capital. Acreditar que a empresa já iniciará gerando bons resultados é um erro muito comum e que afeta muitas empresas logo no início. Mesmo que o planejamento aponte para retorno rápido, contar com um capital de giro é assegurar que, havendo qualquer contratempo, a empresa tenha um período para maturação e conquista de seu público. Esse valor deve ser dimensionado de acordo com as expectativas de resultados e estar disponível se houver necessidade.

Reinvestimentos são importantes ao negócio, tanto para manter a operação em bom funcionamento, quanto para modernizar a mesma. São considerados reinvestimentos a substituição de equipamentos, reforma da unidade, mudança de fachada etc.

Estes investimentos podem ser gerados por capital próprio ou de terceiros. No caso de investimento com capital de terceiros, vale estudar com cuidado as taxas de juros que serão cobradas, para que o empresário não se "sufoque" pagando a dívida e isso ou dificulte, ou mesmo inviabilize, o retorno do investimento gerado pelo negócio.

No Franchising brasileiro, muitas redes exigem que o capital para investimento inicial no negócio seja do próprio Franqueado e esteja disponível. As redes que permitem financiamento por capital de terceiros, normalmente, estabelecem um percentual máximo com base no valor total dos investimentos, que costuma ser em torno de 30%.

23. Gastos fixos X gastos variáveis

Além dos investimentos (iniciais ou pontuais), uma empresa tem gastos mensais que devem ser acompanhados. Separar os diversos gastos em fixos ou variáveis permitirá entender melhor como cada gasto se comporta e o que fazer para adequá-lo aos resultados desejados pelo dono do negócio.

Gastos Variáveis: Todos aqueles que sofrem alteração direta de acordo com o nível de faturamento (vendas) da unidade. São bons exemplos os impostos sobre vendas e comissões pagas à equipe de vendas. Nos dois casos, quanto mais o negócio vender, maior será o boleto a pagar para o Governo e a conta a ser acertada com a equipe comercial.

Gastos Fixos: Todos aqueles que não são impactados diretamente pelas vendas. Não necessariamente precisam ter seu valor (em R$) fixo todo mês. Gastos com eletricidade, por exemplo, numa unidade de moda, por mais que sofra variações no valor a cada mês, não possui uma relação direta com as vendas. Outros bons exemplos são os salários fixos de funcionários administrativos, mensalidade do escritório de contabilidade, aluguel (se assim for negociado) etc.

Quando há dúvida se um gasto é fixo ou variável, é possível avaliar o histórico do gasto, comparando com os respectivos faturamentos da unidade em cada mês para entender se há ou não variação proporcional no gasto. Outra forma, mais simples, de análise é utilizar as seguintes perguntas:

1. Se o faturamento da unidade dobrar em um determinado mês, o gasto (que está em análise) dobra também?
2. Se as vendas da unidade tiverem redução de 50%, o gasto terá seu valor também reduzido em aproximadamente 50%?

Se as respostas forem positivas, é porque se trata de um gasto variável. Se não, mesmo que exista alguma variação, será melhor classificar o gasto como fixo, pois um gasto fixo é mais fácil para ser controlado do que um gasto variável.

Para cada gasto fixo de uma unidade é possível associar um número, em Reais (R$). Por mais que haja variação, estabelecer um valor médio permitirá ao empresário acompanhar se em um determinado mês em questão o gasto foi mais alto ou não do que em meses anteriores. Exemplo: gastos com telefonia e internet – R$ 400 mensais. Para controle, basta acompanhar se a cada mês a conta vem em valores maiores ou menores do que o valor previsto.

Para gastos variáveis, como o valor muda a cada mês, visto que são diretamente impactados pelo faturamento, a melhor forma de se estabelecer bons parâmetros para controle será definir o percentual do faturamento (%) que o gasto representa. Exemplo: comissão paga à equipe de vendas no mês foi de R$ 5.345, sobre o faturamento da unidade no mesmo mês de R$ 127.250. Fazendo a divisão, é possível identificar que o comissionamento médio pago à equipe foi de 4,2% das vendas. Dessa forma, acompanhar o percentual do gasto a cada mês permitirá ao dono da unidade saber se determinado gasto variável vem subindo ou não. Essa métrica pode ser utilizada para outras contas variáveis, tais como comissão média paga para as administradoras de cartões, embalagens etc.

Ao comparar duas ou mais unidades, fica evidente quais gastos são mais altos em cada unidade e os porquês. Sobre as diferenças, poderão ser criados "Planos de Ação" (que será explicado adiante) para buscar os ajustes.

24. Pró-labore X distribuição de lucros

Todo negócio deve remunerar seus sócios. No entanto, vale estar atento a como e quando fazer essas remunerações.

Pró-Labore (PL) – pagamento feito da empresa ao sócio de acordo com as funções que o sócio desempenha. É como um salário estabelecido ao sócio, que deve ser pago mensalmente. A definição do valor a ser pago por mês pode ser estabelecida pelo valor de mercado, simulando o fato de ser feita a contratação de um funcionário para a função. Assim, o sócio que não trabalha no negócio não tem direito a pró-labore. Um erro comum na gestão de empresas é assumir um PL ao sócio de forma arbitrária, ou de acordo com as necessidades pessoais deste sócio. Há muitos casos em que a empresa gera bons resultados, mas como os sócios retiram mais do que é gerado, o final pode ser a falência da empresa.

Distribuição de Lucros – pagamento feito da empresa ao sócio na distribuição dos resultados da unidade durante um período, na proporção das "cotas" que cada sócio possui. Ou seja, se a empresa gera lucro, o valor pode ser distribuído entre os sócios. Se não gera, não há o que distribuir, e são justamente os sócios os responsáveis por aportar capital caso a empresa esteja "no vermelho". A periodicidade e formas de distribuição devem ser acordadas entre os sócios para minimizar conflitos logo no início das operações.

Pelas leis em vigor, toda empresa precisa designar pelo menos um sócio – chamado sócio administrador – que deverá declarar contabilmente o valor de seu pró-labore. Sobre esse valor, haverá incidência de INSS e, dependendo do montante, também de Imposto de Renda. Para entender melhor, sempre consulte o contador de sua confiança.

Em Franquias, há redes que orientam seus Franqueados com relação à determinação do valor ou à forma de retiradas do pró-labore. Algumas até aconselham um valor limite (máximo permitido), com intenção de preservar o bom andamento financeiro das unidades.

25. Ponto de Equilíbrio (PE) – estudo de viabilidade econômica de uma unidade

Antes da abertura de uma empresa, deve ser estudada a viabilidade econômica da mesma. A intenção é estimar, com base nos gastos (fixos e variáveis) que a empresa terá, qual seria a faixa de vendas (faturamento) mínima para suportar a operação em funcionamento. Para esse estudo, utiliza-se o cálculo do Ponto de Equilíbrio – ou em inglês, *breakeven point*:

Ponto de Equilíbrio – É o valor de faturamento (ou o número de unidades) mínimo que uma empresa deve atingir para pagar todos os seus gastos. Portanto, no ponto de equilíbrio a empresa não gera nem lucro e nem prejuízo – resultado igual a zero.

Para calcular:

$$P.E. = \frac{\text{Gastos Fixos}}{(100\% - \text{Gastos Variáveis})}$$

Gastos Fixos (em R$) – soma de todos os gastos fixos da unidade.

Gastos Variáveis (em % do Faturamento) – soma de todos os percentuais de cada gasto variável, inclusive gastos com a compra de produtos (no caso de comércio).

Supondo uma unidade com as seguintes informações financeiras mensais:

Gastos Fixos:	
Aluguel + Condomínio + Fd. Promoção	R$ 12.200
Salários Fixos + Encargos + Benefícios	R$ 15.350
Luz + Água + Internet + Telefone	R$ 3.490
Terceiros (contador, software, etc.)	R$ 2.230
Administrativos (papelaria, copa etc.)	R$ 1.290
Total	R$ 34.560

Gastos Variáveis:	
Custo da Mercadoria Vendida (CMV) *	42%
Impostos	8%
Comissões de Vendas	4%
Comissões com Cartões	3%
Embalagens	3%
Total	60%

* será detalhado adiante

Após obter os valores totais dos gastos fixos e variáveis de uma unidade, basta aplicar a fórmula do ponto de equilíbrio e será apurado o resultado de R$ 86.400. Portanto, essa unidade (fictícia) precisará vender R$ 86.400 por mês para conseguir pagar todos os gastos, não gerando lucro nem prejuízo.

Saber essa informação é importante, pois permitirá ao empresário definir se vale ou não a pena abrir o negócio. No caso de empresas já em operação, esse número servirá como uma "meta mínima" de vendas.

A fórmula do ponto de equilíbrio pode ser adaptada para encontrar o valor de vendas a serem atingidas, partindo-se de uma expectativa de lucro mensal para o negócio, desta forma:

$$\text{Faturamento para Lucro} = \frac{\text{Gastos Fixos} + \text{Lucro}}{(100\% - \text{Gastos Variáveis})}$$

Assim, estimando um lucro pretendido mensal de R$ 10.000, teremos:

$$\text{Faturamento para Lucro} = \frac{R\$\ 34.560 + R\$\ 10.000}{(100\% - 60\%)} = R\$\ 111.400$$

Então, é possível concluir que para se conseguir, neste caso, um lucro de R$ 10.000, a unidade precisará vender R$25.000 a mais (que é a diferença entre o P.E. e o Faturamento para lucro de R$ 10.000). Esta é uma informação importante, pois muitos empresários desavisados pensam que o volume de vendas que superar o ponto de equilíbrio será, automaticamente, lucro. Isso não é verdade, pois mesmo com faturamento superior ao ponto de equilíbrio, haverá necessidade de honrar os gastos variáveis gerados pelas vendas adicionais.

Sabendo-se o valor médio de cada produto (ou serviço), ou mesmo o valor médio de cada transação de vendas (*ticket* médio ou boleto médio), é possível chegar a informações adicionais simplesmente dividindo números.

Exemplo 1 – Para saber quantos produtos devem ser vendidos para atingir o ponto de equilíbrio, supondo valor médio do produto (ou serviço) de R$ 78,60:

$$\text{Quantidade de Produtos} = \frac{\text{Ponto de Equilíbrio (R\$)}}{\text{Valor médio do produto}} = \frac{\text{R\$ 86.400}}{\text{R\$ 78,60}} = 1.100 \text{ itens}$$

Esse mesmo cálculo pode ser feito com o valor de faturamento para ter um lucro de R$ 10.000, o que resultará em 1.418 itens. Portanto, neste exemplo, para se lucrar R$ 10.000, precisariam ser vendidos 318 itens a mais.

Exemplo 2 – Para saber o número de vendas (ou boletos) para atingir o ponto de equilíbrio, supondo o *ticket* médio da unidade em R$ 149,00:

$$\text{Quantidade de Boletos} = \frac{\text{Ponto de Equilíbrio (R\$)}}{\text{Ticket Médio}} = \frac{\text{R\$ 86.400}}{\text{R\$ 149}} = 580 \text{ boletos}$$

O mesmo cálculo pode ser feito com o valor de faturamento para se ter um lucro de R$ 10.000, o que resultará em 748 boletos. Portanto, neste exemplo, para se lucrar R$ 10.000 precisariam ser realizadas 168 vendas a mais.

Todos esses cálculos, quando efetuados e analisados, auxiliam o gestor a orientar sua equipe de vendas, buscando maior número de transações de vendas, mais itens por venda (também chamado de P.A. – peças por atendimento) e melhor *ticket* médio (ou boleto médio).

26. Demonstrativo de Resultados do Exercício - DRE

O Demonstrativo de Resultados do Exercício é um relatório que apresenta os valores de faturamento, gastos e investimentos feitos num período de tempo pela empresa. Apresentado em Regime de Competência, serve, como o próprio nome diz, para identificar o resultado da unidade. Para melhor entender, segue um modelo bem simples de uma unidade do segmento de alimentação:

	R$	% Fat.
Faturamento Total	95.900	100,0%
Gastos Variáveis	54.710	57,0%
Margem de Contribuição	41.190	43,0%
Gastos Fixos	30.640	31,9%
Resultado Operacional	10.550	11,0%
Gastos não Operacionais	9.090	9,5%
Resultado Final	1.460	1,5%

Margem de Contribuição – é a resultante da subtração dos gastos variáveis no faturamento (100% - G.V.). Note que este número, em percentual, é o denominador da fração utilizado na fórmula do ponto de equilíbrio. O termo margem mostra que é a "diferença", o que sobra. E o termo contribuição representa que o que sobra "contribui" para pagar os gastos fixos, que vem logo abaixo, e gerar resultados.

Resultado Operacional – é a resultante da subtração de todos os gastos da unidade no faturamento, ou seja, é o resultado da unidade. O Resultado Operacional mostra quanto o negócio gera no final do período, após pagar todas as contas.

Gastos Não Operacionais – são todos os gastos que não fazem parte da operação, tais como o pagamento de dívidas, investimentos, distribuição de lucros entre sócios etc. Esses valores são lançados após o lucro operacional para não distorcer o resultado da empresa.

Resultado Final – é resultado após o pagamento de gastos operacionais (GF + GV) e não operacionais.

Considerações importantes: alguns empresários, por não conhecerem como separar os gastos, acabam por incluir gastos não operacionais dentro de contas normais (fixas ou variáveis) da unidade. Com isso, o resultado gerado no DRE acaba não sendo real. Assim, sempre antes de montar uma planilha de DRE, entenda o Plano de Contas que a empresa (rede de Franquias, por exemplo) utiliza.

O **Plano de Contas** é a distribuição das diversas contas em GRUPOS pré-definidos. Assim, o empresário não corre o risco de cometer o erro de cadastrar um gasto na conta errada, o que geraria interpretação equivocada dos números.

Algumas contas muito comuns em DREs são as contas "Outros", "Outros Gastos Fixos", "Outros Gastos Variáveis", "Diversos", "Supérfluos", "Demais Gastos" etc. Sugerimos evitar estas contas, pois podem se tornar armadilhas na hora do lançamento das informações. Se mesmo assim houver a conta "outros", recomenda-se atenção especial a ela, para que somente gastos que de fato não se enquadrem em outros grupos sejam lançados. E quando um gasto for cadastrado todo mês na conta "outros", vale entender se não está na hora de criar um grupo para ele.

O DRE apresentado anteriormente pode ser detalhado com os grupos de gastos (contas) e assim refinar a análise quanto ao valor total de cada conta. Uma análise comum é o cálculo do percentual do valor de cada grupo (ou gasto) pelo faturamento. É a chamada "Análise Vertical", que é a coluna à direita, informando os percentuais, apresentada a seguir.

	R$	% Fat.
Faturamento Total	95.900	100,0%
Impostos	8.220	8,6%
CMV	38.020	39,6%
Comissões de Vendas	3.790	4,0%
Comissões de Cartões	2.730	2,8%
Embalagens	1.950	2,0%
Margem de Contribuição	41.190	43,0%
Ocupação	12.520	13,1%
Equipe	13.735	14,3%
Serviços Públicos	2.085	2,2%
Terceiros	1.880	2,0%
Administrativos	420	0,4%
Resultado Operacional	10.550	11,0%
Gastos não Operacionais	9.090	9,5%
Resultado Final	1.460	1,5%

Nesse exemplo, é possível observar o quanto representa cada conta dentro do valor total das vendas. No caso, o grupo com maior representatividade é o CMV- Custo de Mercadoria Vendida – 39,6%, seguido pelos gastos com a Equipe da unidade – 14,3% e da conta Ocupação – 13,1%. Utilizando-se um mesmo plano de contas e, consequentemente, um mesmo DRE numa rede de unidades próprias ou Franqueadas, podem ser estabelecidos parâmetros por conta.

Três formas para analisar um DRE:
1. <u>Análise Vertical</u> – entender quanto cada grupo representa percentualmente ao faturamento de negócio.
2. <u>Análise Horizontal</u> – comparar o negócio mensalmente e avaliar os percentuais de crescimento ou queda de cada conta. Uma forma interessante é medir percentualmente os números de um DRE mensal comparando com o DRE do mesmo mês, mas do ano anterior. Assim, fica minimizado o efeito da sazonalidade, pois a comparação é entre dois meses iguais, só avaliando a evolução – ou não – de cada conta.
3. <u>Análise comparativa entre duas ou mais unidades</u> – quanto maior for o número de unidades avaliadas, melhor será o entendimento quanto aos percentuais que cada conta deve representar. A comparação entre unidades, por mais que possam ser de cidades diferentes, com públicos distintos, permitirá a avaliação do que dá mais resultado ou não. Grandes redes, com muitas unidades, chegam a "clusterizar" (dividir as unidades por grupos de acordo com características de faturamento, ponto comercial, cidade etc.) para balizar comparações e definir parâmetros ideais e máximos de cada conta. Para um Franqueado novo, por exemplo, é excelente receber as informações dos limites que esse deveria gastar, em cada conta, por exemplo.

A seguir, o mesmo DRE, com maior detalhamento. Agora, alguns gastos são informados dentro de cada conta.

Finanças

		R$	% Fat.
Faturamento Total		95.900	100,0%
	Alimentos	67.455	70,3%
	Bebidas	21.090	22,0%
	Sobremesas	7.355	7,7%
Impostos		8.220	8,6%
	Simples Nacional	6.790	7,1%
	Outros tributos	1.430	1,5%
CMV		38.020	39,6%
	CMV–Alimentos	25.431	26,5%
	CMV–Bebidas	9.280	9,7%
	CMV–Sobremesas	3.310	3,5%
Comissões Vendas		3.790	4,0%
Comissões Cartões		2.730	2,8%
Embalagens		1.950	2,0%
Margem de Contribuição		41.190	43,0%
Ocupação		12.520	13,1%
	Aluguel	7.750	8,1%
	Condomínio	3.040	3,2%
	Fundo Promoção	1.500	1,6%
	Outras Taxas	230	0,2%
Equipe		13.735	14,3%
	Salário	9.470	9,9%
	Encargos	2.320	2,4%
	Benefícios	1.945	2,0%
Serviços Públicos		2.085	2,2%
	Água	275	0,3%
	Eletricidade	770	0,8%
	Gás	590	0,6%
	Internet	140	0,1%
	Telefone	310	0,3%
Terceiros		1.880	2,0%
	Contador	790	0,8%
	Advogado	290	0,3%
	Software	410	0,4%
	Limpeza	390	0,4%
Administrativos		420	0,4%
	Papelaria	220	0,2%
	Taxas Bancárias	110	0,1%
	Copa interna	90	0,1%
Resultado Operacional		10.550	11,0%
Investimentos		2.900	3,0%
Distribuição de lucros		4.790	5,0%
Pagto. de Dívidas		1.400	1,5%
Resultado Final		1.460	1,5%

À primeira vista, um DRE completo pode parecer confuso devido à quantidade de linhas e grupos. Alguns negócios têm DREs com mais de 200 linhas. O maior ou menor detalhamento vai depender muito da análise que o gestor queira fazer. Neste exemplo, no grupo Pessoal, poderia ser acrescentada a linha pró-labore – se houver. Da mesma forma, poderiam ser detalhados todos os encargos e benefícios concedidos à Equipe, tais como férias, 13º salário, INSS, FGTS, vale transporte, alimentação etc.

No entanto, o processo das melhores práticas mostra que vale sempre a visão MACRO do resultado, para depois, havendo necessidade, fazer o detalhamento de determinada linha ou conta para melhor entendimento.

Em Franquias é comum encontrar Franqueadores que padronizam o plano de contas e o DRE a ser utilizado pelos seus Franqueados. Dessa forma, com grupos de despesas padronizados e os Franqueados alimentando seus números nestas bases, surgem "parâmetros" que ajudam na comparação dos resultados das unidades. Com um mesmo padrão de apresentação e de análise, estabelecem-se as "melhores práticas" que, quando divulgadas à rede, orientam os Franqueados na busca por melhores números.

27. Lucratividade

Quando é analisado o DRE de uma unidade, uma informação importante a se extrair é o quanto este negócio gera de resultado. No caso, o Lucro Operacional.

No entanto, quando o Lucro Operacional é dividido pelo Faturamento da unidade, chega-se à Lucratividade de 11% ao mês (conforme exemplo do capítulo anterior).

Portanto, conforme o exemplo, temos:

$$\text{Lucratividade} = \frac{\text{Lucro Operacional}}{\text{Faturamento}}$$

Este número é um dos principais indicadores de uma unidade, pois é a medida do quanto a empresa gera de resultado, com relação ao faturamento, a cada mês. Estes percentuais variam muito de acordo com o segmento, tipo de produtos ou serviços que comercializam e mesmo o porte (tamanho) da unidade. Normalmente, empresas prestadoras de serviços costumam ter índices de lucratividade maiores, devido a não ter o custo de mercadoria (CMV). No entanto, isso não é uma regra.

Comparar a lucratividade de um supermercado com o de um carrinho de *hot dog* pode não nos dizer muita coisa. Isso porque não é somente o percentual de lucratividade que importa, mas sim o quanto este número representa em resultado (R$). No entanto, a comparação entre estes percentuais é extremamente válida quando avaliamos negócios similares. Em redes de Franquias, por exemplo, comparar a lucratividade das unidades é essencial para saber quais unidades estão tendo uma boa performance e quais precisam de mudanças.

28. Rentabilidade (R.O.I.)

Esse é um outro indicador importante, pois apresenta a relação do lucro operacional da unidade com o investimento inicial realizado para início do mesma. Em inglês, é chamado de R.O.I. - *Return On Investment*.

Seja:

$$\text{Rentabilidade} = \frac{\text{Lucro Operacional}}{\text{Investimento Inicial}}$$

Supondo, para este exemplo, um investimento inicial de R$ 400.000, teríamos:

$$\text{Rentabilidade} = \frac{\text{Lucro Operacional}}{\text{Investimento Inicial}} = \frac{R\$\ 10.550}{R\$\ 400.000} = 2{,}64\ \%\ \text{ao mês}$$

Para entender o quanto este número é bom ou não, a melhor comparação é com outros investimentos, tais como a Caderneta de Poupança, CDB, fundo DI etc. Como os investimentos bancários citados normalmente geram maior liquidez (velocidade para transformar o investimento em dinheiro) e menor risco, é esperado que o investimento em uma unidade supere – e bem – o patamar de rentabilidades desses outros investimentos. Assim, supondo uma caderneta de poupança com rendimento mensal de 0,5% ao mês, é normal se esperar de uma unidade uma rentabilidade superior a 2% ou 3% ao mês, devido ao risco que o negócio possui.

29. Prazo de retorno (payback)

Outro indicador importante é o Prazo de Retorno do investimento, também chamado, em inglês, de *payback*.

$$\text{Prazo de Retorno} = \frac{\text{Investimento Inicial}}{\text{Lucro Operacional}} = \frac{\text{R\$ 400.000}}{\text{R\$ 10.550}} = 38 \text{ meses}$$

Com os números, chega-se a 38 meses de retorno, ou seja, demorariam 38 meses para que os R$ 400 mil investidos retornassem.

Vale destacar que esses cálculos não utilizam matemática financeira (valorização do dinheiro no tempo), pois a intenção aqui é apresentar uma forma correta, simples e prática para entender se o negócio é viável. Mais à frente, neste mesmo capítulo, serão apresentadas noções de como efetuar este cálculo utilizando-se do custo do dinheiro no tempo.

Cabe ao empresário avaliar o perfil da unidade, potencial de vendas, gastos que o negócio vai gerar, resultados e comparar com o investimento inicial. Essa avaliação é o que se chama "estudo de viabilidade econômica de uma unidade".

Refazer esses cálculos a cada ano, pelo menos, dá ao empresário a visão de que sua empresa está ou não no caminho correto. Além disso, permite ao empresário identificar onde ajustar sua unidade para atingir melhores resultados e, consequentemente, *payback* em menor prazo.

30. CMV e *Mark Up*

Numa empresa, vale entender a relação entre os custos de compra de mercadorias e os valores de venda desses produtos. Essa relação é importante para diagnosticar o quanto de fato é gerado de margem em cada linha de produto ou em cada produto, especificamente.

Supondo um produto que custe – valor de compra – R$ 36,85. Supondo ainda que este mesmo produto seja vendido ao cliente final – valor de venda – por R$ 97,00. Efetuando a simples divisão do preço de custo pelo preço de venda, obtém-se R$ 36,85/R$ 97 = 38%. Este percentual é comumente chamado de **Custo da Mercadoria Vendida, ou CMV**. No exemplo, 38% é a representatividade do custo do produto em seu preço de venda. Em uma empresa de alimentação, por exemplo, o valor de custo de uma refeição será a somatória dos custos dos diversos ingredientes (nas suas devidas porções) que compõem o prato.

O cálculo inverso – divisão do valor de venda pelo valor de compra – é chamado de **Mark Up**. Usando os números anteriores, tem-se R$ 97/R$ 36,85 = 2,63. Ou seja, sobre o valor de compra, neste caso, aplica-se um multiplicador (fator de multiplicação) de 2,63 para se chegar ao preço de venda.

Os cálculos acima foram feitos com base na venda de somente um produto. Na avaliação dos resultados de uma unidade como um todo, o cálculo deve ser feito utilizando-se o valor de vendas total no período a ser analisado e o valor de custos dos produtos que geraram a venda. Exemplo: venda mensal numa unidade de perfumes de R$ 43.491,50. Saber quais foram os itens que geraram esse valor de venda e identificar o valor de custo (valor real de compra) desses itens. Supondo R$ 14.775, chega-se ao CMV de 34%. Portanto, 34% do valor das vendas mensais desta unidade são, de fato, custo dos produtos. Ou, ainda, que o *mark up* médio desta unidade neste período foi de 2,94. Quanto menor for o CMV (ou maior for o *mark up*), maior será a margem para honrar outros custos no negócio. Esse cálculo pode ser replicado por produto, por família de produtos ou pela unidade inteira. Os resultados mostrarão que alguns produtos ou linhas de produtos geram maiores ou menores margens do que outros.

Como o CMV representa o Custo da Mercadoria VENDIDA, os custos de compras de estoques só entrarão no cálculo quando os produtos forem realmente VENDIDOS. Assim, é comum encontrar empresários que, ao analisar o DRE de suas empresas, confundem-se com os resultados apresentados, pois eventuais aumentos de estoques (aumentos em compras) não aparecerão no DRE. O lucro aferido no DRE de uma unidade é, portanto, somente da mercadoria que foi vendida. As mercadorias que foram compradas e ainda não vendidas não aparecem no DRE, pois não geraram lucros ao negócio ainda.

A forma de calcular o CMV pode variar de empresa pra empresa, de acordo com a complexidade em obtenção dos dados e a forma que se deseja analisar as informações. Algumas empresas preferem calcular o custo de mercadorias com base no regime contábil (competência), lançando na linha de Compras todas as notas fiscais de compra geradas pelos fornecedores contra a unidade no período. Dessa forma, não usam o Custo da Mercadoria Vendida – CMV, mas sim Custo da Mercadoria "Comprada", ou simplesmente "Custos de Mercadorias".

O mesmo vale para empresas de Serviços, que utilizam o **CSP – Custo do Serviço Prestado**, lançando nesta linha do DRE os custos que compõe os serviços (mão de obra de terceiros, por exemplo) para entregar aos seus clientes.

O acompanhamento do CMV, mensalmente, permite ao empresário verificar se a relação entre compras e vendas está saudável. Alguns fatores podem influenciar o CMV:

a) Descontos – quando um produto é vendido com desconto, a margem de ganho no mesmo diminui. Usando o produto citado anteriormente, supondo aplicar um desconto de 20% sobre seu preço de venda (originalmente de R$ 97), obtém-se um novo preço de venda de R$ 77,60. Se o valor de custo foi de R$36,85, o novo CMV obtido aumentará para 47,5%, e o novo *mark up* cairá para 2,1. O aumento de CMV de 38% para 47,5% representa 9,5% na estrutura de custos, o que impactará diretamente na lucratividade da unidade. Portanto, a aplicação de descontos deve ser feita de forma consciente, no intuito de alavancar vendas e reduzir estoques. A aplicação desenfreada de descontos, promoções ou liquidações pode, mesmo com aumentos expressivos nas vendas, ocasionar resultados baixos ou mesmo negativos ao negócio.

b) Negociação no preço de compra ou melhor composição de custos – quando se compra melhor, com melhor valor de custo, aumenta-se a margem de ganho. Em alimentação, por exemplo, utilizar as quantidades necessárias para compor um produto, sem exageros, com baixas perdas, diminui o CMV (aumentando o *mark up*) e pode gerar maior potencial de ganhos.

c) Mix de produtos – numa unidade que venda produtos com *mark ups* diferentes (CMVs diferentes), explorar melhor a venda dos produtos que produzam maior margem gerará melhores resultados para o negócio como um todo.

Conforme exercício realizado anteriormente, para cálculo do Ponto de Equilíbrio e o valor de Faturamento para um Lucro Desejado, podemos inferir que o CMV (ou *mark up*) é um fator decisivo no resultado de uma empresa. Cuidar deste indicador é papel importante do empresário.

Questões relacionadas aos **descontos** (redução do preço de venda de algum item para incentivar a venda), **promoções** (campanhas que contemplem descontos ou não nos preços dos produtos, com o intuito de atrair mais clientes, alavancando vendas) e **liquidações** (redução mais acentuada nos preços, com intenção de eliminação de estoques) devem ser entendidas pelos empresários. Em muitas situações, mais vale o aumento do CMV (consequentemente a redução da lucratividade), desovando estoques e girando capital, do que manter um CMV baixo, com um estoque antigo, sem giro. Empresas de moda, principalmente, sabem que faz parte do negócio buscar um *mark up* alto (CMV baixo) durante boa parte das coleções, sabendo que precisarão sacrificar as margens na liquidação. Essa prática garante o sucesso do negócio desde que o CMV médio seja suficiente para gerar uma boa lucratividade.

Em Franquias, a política de descontos e promoções para as unidades deve ser estabelecida de forma criteriosa, visando não só o aumento de vendas, como também o giro dos estoques de mercadorias.

31. Gestão por categoria e *mix* de produtos

Segundo o Manual de Gerenciamento por Categorias – Metodologia Simplificada – ECR Brasil, edição 2007, páginas 11 e 12, pode se dividir os produtos de uma unidade por categorias para melhor geri-los da seguinte maneira:

- **Categoria Destino** – produtos ou serviços que geram fluxo, pelos quais os clientes procuram a empresa – fisicamente ou virtualmente – para comprar ou simplesmente para consulta. São produtos que, em algumas situações, se tornam sinônimos da marca, ou da unidade em si.
  Exemplos: pão francês, combustível etc.
- **Categoria Rotina** – produtos ou serviços que o cliente adquire com frequência, por necessidade ou não. Gera recorrência devido à necessidade do cliente.
  Exemplos: medicamento contra dor de cabeça, itens de papelaria etc.
- **Categoria Sazonal** – produtos ou serviços que, em determinada época do ano, têm sua demanda aumentada. Pode estar ligado a uma data específica (Natal, Páscoa, Dias das Mães, etc.), ao clima (calor, frio), ou outros fatores.
  Exemplos: protetor solar no período de verão, palhetas para limpeza de para-brisas do veículo em época de chuva, serviços de "dia da noiva" em maio etc.
- **Categoria Conveniência** – como o nome diz, produtos ou serviços que geram conveniência ao consumidor. Não necessariamente houve a procura pelo item, mas por ser uma oferta oportuna, no momento oportuno, gera a venda.
  Exemplos: serviço de engraxate em aeroportos, refrigerantes em farmácias etc.

As duas primeiras categorias citadas estão mais ligadas à necessidade do consumidor. Por serem compras efetuadas com maior frequência, a noção de preço é mais presente na mente do cliente. Consumidores são mais sensíveis às variações de preços em produtos destino ou rotina devido a essa frequência. No entanto, são produtos/serviços essenciais à empresa, pois geram fluxo, atraem o cliente.

Nas duas últimas categorias a noção de preço fica um pouco mais vaga, devido à baixa frequência de compra – no caso dos sazonais – ou à conveniência que proporcionam. Pagar R$ 5 por um refrigerante, por exemplo, assistindo a um filme no cinema, mesmo sabendo que esse mesmo refrigerante custa menos de R$ 3 num supermercado, não gera incômodo, pois o cliente tem a visão de que está pagando pela praticidade, pelo conforto, pelo prazer de desfrutar do produto em condições especiais, numa ocasião especial.

Com isso, quanto mais sazonal ou de conveniência forem os produtos ou serviços que uma empresa oferece, maior será a oportunidade de trabalhar com maiores *mark ups*.

Em uma unidade é comum encontrar dentre os vários itens oferecidos aos clientes produtos que possuam características diferentes. Vale entender o que é, para o cliente, produto destino. Ou seja, o que o faz procurar o seu negócio. Quais os produtos que giram mais – produtos rotina, quais os que são oferecidos em somente algumas épocas do ano e, finalmente, aqueles que os clientes não buscam, mas se estiverem na unidade, acabam comprando também, devido à conveniência. Entendendo isso, a exposição dos produtos na unidade, o volume de estoque de cada item, a formação de preço, a abordagem dos vendedores quanto a cada categoria etc., pode ser diferenciada, gerando o que se chama **Mix de Margens da unidade**. Ou seja, do total de produtos vendidos, qual a margem média que o negócio obterá com base no que foi vendido.

32. Estoques e Curva ABC

As empresas que trabalham com produtos (prontos ou não) precisam, inevitavelmente, possuir estoques para manter um nível de serviço saudável aos seus clientes. No entanto, estoques hiperdimensionados representam alto valor de investimento financeiro parado. Em contrapartida, estoques subdimensionados podem ocasionar perda de vendas, por falta de opções aos clientes. Assim, cabe ao empresário dimensionar e controlar os estoques de sua unidade em níveis adequados. O dimensionamento do estoque está ligado ao volume de vendas, à variedade de opções oferecidas, ao tempo e ao custo das reposições (compras de produtos), ao espaço para armazenamento das mercadorias, entre outros fatores.

Dimensionar estoques é uma tarefa importante e muitas vezes difícil. Isso porque o dimensionamento está ligado às previsões de vendas, ou seja, a algo esperado, previsto, que poderá ou não ocorrer. Assim, entender o histórico, o que seus clientes compram e desejam comprar mais e a sazonalidade do negócio são fatores que impactarão no dimensionamento do estoque da unidade.

O primeiro passo para o bom dimensionamento é saber o que tem no estoque. E essa ação tem a ver com inventário, com contagem de estoque, com o controle entre o que se tem fisicamente na unidade *versus* o que se tem registrado no *software*, planilha ou qualquer que seja o meio de acompanhamento. Para isso, existe a Contagem Diária de Estoque ou Inventário Rotativo, que é um processo bem utilizado no varejo brasileiro. É fazer a contagem (pode ser realizada pela própria equipe de vendas), de determinados itens aleatoriamente escolhidos ou não, para acompanhamento se as quantidades informadas no sistema de gestão correspondem às quantidades físicas. Esta prática permite ao empresário e à equipe identificar quais produtos precisam de reposição, quais são as ações de vendas mais efetivas etc. Além disso, as contagens de estoque diminuem furtos e aumentam a consciência da equipe quanto ao volume e variedade dos itens à disposição para a venda. É comum que vendedores que realizam a contagem dos estoques sejam mais rápidos em encontrar os produtos no estoque; com isso, gerando atendimento mais efetivo e dinâmico aos clientes.

Outro passo importante é fazer a avaliação do giro de estoque, ou seja, quais produtos são vendidos mais rapidamente e quais demoram mais. Uma ferramenta simples e prática para controle é a Curva ABC.

CURVA ABC – é uma análise que permite avaliar, dentre um *ranking* de produtos vendidos, produtos em estoque ou mesmo vendas por cliente, quais são os itens de maior destaque e sua representatividade.

Supondo as vendas (em R$) de uma escola de idiomas no início de um semestre escolar:

	Receita
English – Kids	R$ 4.350
English – Beginner	R$ 32.970
English – Intermediate	R$ 21.440
English – Advanced	R$ 2.490

	Receita
English – Businness	R$ 7.310
Espanhol 1	R$ 10.920
Espanhol 2	R$ 12.250
Espanhol 3	R$ 2.770
Francês 1	R$ 4.050
Francês 2	R$ 1.640
Alemão	R$ 940
Português para estrangeiros	R$ 4.780
	R$ 105.910

Na tabela, estão listados os grandes "produtos" do negócio. É fácil observar que o curso de inglês para iniciantes e intermediários, além dos cursos 1 e 2 de Espanhol, são os "carros-chefe".

Aprofundando a análise, segue a tabela:

	1	2	3	4	5
	Receita	%Receita	Acum. R$	Acum. %	ABC
English – Beginner	R$ 32.970	31,1 %	R$ 32.970	31,1%	A
English – Intermediate	R$ 21.440	20,2 %	R$ 54.410	51,4 %	A
Espanhol 2	R$ 12.250	11,6 %	R$ 66.660	62,9 %	B
Espanhol 1	R$ 10.920	10,3 %	R$ 77.580	73,3 %	B
English – Businness	R$ 7.310	6,9 %	R$ 84.890	80,2 %	B
Português para estrangeiros	R$ 4.780	4,5 %	R$ 89.670	84,7 %	C
English – Kids	R$ 4.350	4,1 %	R$ 94.020	88,8 %	C
Francês 1	R$ 4.050	3,8 %	R$ 98.070	92,6 %	C
Espanhol 3	R$ 2.770	2,6 %	R$ 100.840	95,2 %	C
English – Advanced	R$ 2.490	2,4 %	R$ 103.330	97,6 %	C
Francês 2	R$ 1.640	1,5 %	R$ 104.970	99,1 %	C
Alemão	R$ 940	0,9 %	R$ 105.910	100,0 %	C
	R$ 105.910	100%			

Foram criadas cinco colunas, para melhor entendimento:
- coluna 1 – os itens (produtos, neste exemplo) foram colocados em ordem de *ranking*, do maior para o menor.
- coluna 2 – calculado o percentual de representatividade de cada produto sobre as vendas totais (R$ 105.910). O produto "English Beginner", por exemplo, representou 31,1% do faturamento da empresa.
- coluna 3 – o acumulado das receitas de cada produto, sempre somando os valores anteriores.
- coluna 4 – o acumulado dos percentuais de representatividade de cada produto sobre as vendas totais, sempre somando os percentuais anteriores. Os dois primeiros produtos somados (English Beginner e Intermediate) representam mais de 50% das vendas desta escola no período da análise. Ou seja, a soma das receitas de todos os outros produtos juntos representa os 48,6% restantes.

Dessa forma, com os percentuais acumulados, podemos estabelecer parâmetros para dividir as vendas em grupos, criando a Curva ABC. Ou seja, nível A, nível B e nível C. Há várias formas de divisão, mas aqui será utilizado o modelo 50% - 80% - 100%. Portanto, para a somatória até atingir os 50%, denominaremos como produtos A. De 50% a 80% como B, e de 80% em diante como C.

A coluna 5 da tabela expressa esta divisão, gerando num total de 12 produtos analisados, 2 produtos A, 3 produtos B e 7 produtos C. Em uma análise macro, em uma unidade com uma variedade de produtos maior, é possível observar que "numa curva ABC, sempre teremos um número pequeno de itens com grande representatividade – itens A – e um número grande de itens com pouca representatividade – itens C".

Esta dispersão requer análise e estudo. Uma vez que os critérios da curva ABC podem ser utilizados para vários tipos de análises, vale entender se as vendas estão concentradas em poucos produtos ou em poucos clientes – desde que faça a análise por cliente. Vale entender se a curva ABC do estoque (extraída com base no inventário da unidade) está alinhada com o histórico de vendas por produto da unidade. Isso permitirá a melhor gestão não só dos produtos, mas das categorias de produtos, da equipe comercial, da unidade como um todo, ou mesmo de uma rede de negócios.

33. Formação do preço de venda

Para alguns canais de venda – Franquias, por exemplo – o preço de venda nas diversas unidades pode ser sugestão da Franqueadora, não havendo interferência pontual por parte do Franqueado. No entanto, em negócios onde o preço de venda dos produtos ou serviços é definido pela ponta, ou seja, quem opera o negócio, vale entender as lógicas utilizadas na precificação para que o preço de venda seja atrativo ao mercado e sejam mantidas boas margens de lucro.

Há três formas de precificar, que são:
1. **Precificação pela composição de custos:**

É calcular o valor de venda de um produto ou serviço usando como base os diversos gastos gerados para fabricação, comercialização ou prestação dos serviços, adicionando ainda certa margem de lucro. Normalmente, para esse cálculo, separa-se o preço de venda (a ser definido) em quatro partes:

a) Custo de produto (CMV) (em R$) – é o valor que se paga para se ter o produto pronto para ser vendido. No caso de comércio, é o custo de compra, mais frete, impostos ou outras taxas para se adquirir o produto. No caso da indústria, é soma dos custos para se produzir o item. No caso de serviços, refere-se à soma dos gastos para se prestar os serviços (CSP).

Exemplo: Compra de um produto por R$ 45, mais frete e impostos na compra de R$ 7. Portanto, custo do produto = **R$ 52**.

b) Gastos Fixos (G.F.) (em % do Fat.) – somatória de todos os gastos fixos divididos pelo faturamento médio da unidade. Exemplo: Gastos fixos = R$ 33.300. Faturamento médio = R$ 110.000. Chega-se ao gasto fixo de **30%**.
c) Gastos Variáveis (G.V.) (em % do Fat.) – os outros gastos variáveis de uma unidade, tais como comissões de vendas, impostos e outros. Supondo que esses cheguem a **15%** do Faturamento.
d) Lucratividade desejada (em % do Fat.) – Supondo uma Lucratividade desejada de **10%**.

Para calcular, assumindo a seguinte fórmula:
Valor Venda = CMV + G.F. + G.V. + Lucratividade desejada
Portanto, 100% = CMV + 30% + 15% + 10%
CMV = 45% do valor de venda

Como já temos o CMV em R$, basta calcularmos: $\dfrac{R\$\ 52,00}{45\%} = R\$\ 115,55$.

Ou seja, neste exemplo, R$ 115,55 é o valor calculado para venda do produto, partindo das premissas supostas. Qualquer alteração no valor real de venda (aumento ou desconto) desse produto impactará positivamente ou negativamente na lucratividade do mesmo.

2. Precificação pelo Mercado – análise de preços dos concorrentes

É estabelecer o preço de venda utilizando-se de pesquisa dos preços praticados pelos concorrentes. É saber o valor praticado.

A boa prática mostra que calcular preços de venda somente pela primeira forma (pelos custos) sem saber os preços que os concorrentes praticam pode ser perigoso. Isso pode fazer com que o preço calculado fique fora do mercado – muito acima – e, assim, não se desempenhe bem em vendas. Por outro lado, se o preço calculado ficar abaixo do mercado, vale entender se é o momento para aumentar os preços (aumentando a lucratividade) ou se vale permanecer no preço mais baixo, posicionando o negócio a preços mais acessíveis, em busca de maiores volumes de vendas.

Em contrapartida, utilizar somente a pesquisa de preços junto aos concorrentes, sem fazer o cálculo de qual seria o preço ideal com base nos custos que são gerados, também é arriscado. Isso porque uma empresa pode acabar vendendo produtos a preços competitivos ao mercado, mas não garantindo a lucratividade esperada – ou mesmo negativa.

Estrategicamente, há empresas que mesmo calculando o preço de seus produtos de forma bem criteriosa, optam por vender a preços abaixo do calculado para gerar fluxo, garantindo volume de vendas. Em alguns casos, como explicado anteriormente, compõe-se um *mix* de vendas onde produtos com margens menores chamam a atenção do cliente, mas a lucratividade vem de outros produtos, vendidos conjuntamente.

Exemplo: extrato de tomate em promoção num supermercado para atrair público. Próximo à gôndola do extrato de tomate são expostas massas italianas, vinhos chilenos e outros produtos de maior valor agregado – e maior margem. Aqui, a precificação e gestão por categorias caminham juntas, em busca de maiores vendas e melhores resultados financeiros.

3. **Precificação pela percepção de valor do cliente:**
Um terceiro método para cálculo de preços é o da percepção de valor do cliente.

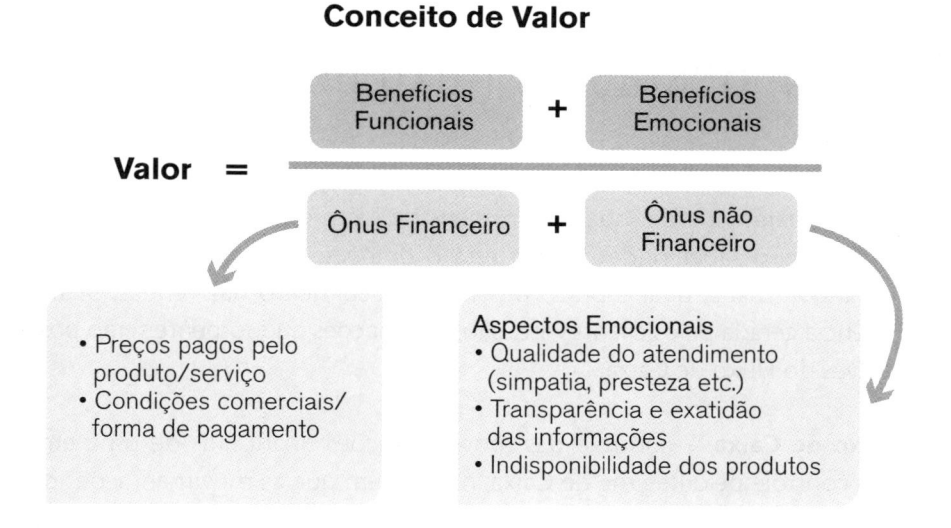

Conceito de Valor

$$Valor = \frac{Benefícios\ Funcionais + Benefícios\ Emocionais}{Ônus\ Financeiro + Ônus\ não\ Financeiro}$$

- Preços pagos pelo produto/serviço
- Condições comerciais/ forma de pagamento

Aspectos Emocionais
- Qualidade do atendimento (simpatia, presteza etc.)
- Transparência e exatidão das informações
- Indisponibilidade dos produtos

Fonte: Leonard Berry - "O Consumidor e as Experiências"

Buscando o conceito de valor em *O Consumidor e as Experiências*, de Leonard Berry, temos que valor é bem diferente de preço. Preço é a quantidade monetária (dinheiro) para se adquirir algo, enquanto valor vai bem além disso. Envolve questões funcionais (atender ou não às necessidades do comprador), os benefícios emocionais e questões ligadas à qualidade, atendimento, entrega etc. Portanto, entender o que de fato o cliente quer permitirá precificar de forma alinhada com suas necessidades e gerar os melhores resultados para o negócio. Por outro lado, preço é somente um dos componentes do "ônus". Isso porque condições comerciais que não atendam à necessidade do cliente, indisponibilidade do produto, atraso na entrega, entre outros, são fatores que contribuem para a perda da percepção de valor por parte do cliente.

Em muitos casos, ter o preço mais alto do que o concorrente não implica em menor volume de vendas. Se a qualidade dos serviços ou produto atender ou superar as expectativas do cliente, se o atendimento da equipe de vendas foi excelente, se houver disponibilidade para entrega do item, se o sistema e as condições de pagamento se encaixam com o potencial de compra do consumidor etc., esses podem ser diferenciais para não se preocupar com o preço simplesmente.

34. Gestão do fluxo de caixa

Acompanhar os números da unidade, elaborando o DRE da empresa a cada mês, é importante para entender quais as margens de lucro que a empresa gera. No entanto, é preciso saber onde de fato está o dinheiro. Quanto se pagou pela mercadoria comprada, qual o prazo médio de recebimento das vendas, qual a inadimplência gerada pelos clientes etc., são informações que somente serão possíveis através do Fluxo de Caixa.

Fluxo de Caixa – controle das movimentações financeiras de uma empresa. É o controle pelo Regime de Caixa, na data em que as movimentações de dinheiro realmente acontecem. É praticamente o "extrato bancário" da empresa.

Vender muito não significa, necessariamente, receber muito. Se o cliente compra, mas não paga, haverá uma quebra financeira que, no DRE, não seria notada (visto que no DRE são preenchidas informações de vendas, não de receitas).

Assim, o ideal é criar um fluxo de caixa da unidade com todas as movimentações que ocorrerem. Quando houver uma venda, por exemplo, será lançado no DRE o valor total da venda no mês em que ela ocorreu e no Fluxo de Caixa serão lançados os valores das parcelas – de acordo com o que for acordado com o cliente – nas datas em que esses pagamentos ficarem previstos para acontecer. Assim, se houver uma venda ou uma compra parcelada, no fluxo de caixa haverá as informações registradas nos meses em que o dinheiro for entrar na conta corrente da empresa.

Outra questão importante é que o Fluxo de Caixa pode – e deve – seguir o mesmo Plano de Contas utilizado na estruturação do DRE. Isso permitirá comparar o DRE com o Fluxo de Caixa e entender as diferenças existentes e os motivos das diferenças.

O fluxo de caixa é uma ferramenta (planilha) financeira que permite ao empresário acompanhar para onde vai o dinheiro da empresa, assim como prever o quanto terá em dinheiro em cada dia no futuro. Uma vez que as vendas e compras efetuadas geram previsões de entradas ou saídas de caixa no futuro, o empresário pode prever necessidade de aporte de caixa em determinados períodos ou mesmo a disponibilidade de caixa para reinvestimentos no negócio, investimentos financeiros ou mesmo distribuição de lucros aos sócios.

Conforme o ANEXO Financeiro 1, também disponível para *download* na área Conhecimento no site da Praxis Business, é possível avaliar o fluxo de caixa de uma unidade por 12 meses, a somatória do ano e suas médias mensais. Com o aprofundamento da análise, observando cada grupo de contas, observa-se a evolução de cada conta em cada mês. Essa planilha permitirá ao empresário fazer a gestão financeira da unidade, com maior controle dos números da empresa. Este exemplo – planilha com 12 meses – permite a visão macro (1 ano) da unidade. No entanto, é importante utilizar essa ferramenta diariamente. Para isso, cabe a disciplina de lançar toda e qualquer nova informação financeira na planilha de caixa no mesmo dia em que ela acontecer. Vale acompanhar se as previsões feitas – receitas, despesas e investimentos – para cada dia estão realmente se efetivando. No caso de um recebimento previsto, por exemplo, não acontecer, é necessário buscar a fonte pagadora e questionar os motivos. Só assim tem-se o acompanhamento e o controle sobre o caixa da empresa.

35. Provisões e decisões de caixa

Para minimizar impactos ou surpresas desagradáveis na gestão do caixa de uma empresa, é recomendada a criação de provisões.

Provisões – referem-se à preparação para o pagamento de um gasto que, em momento predefinido e conhecido, acontecerá. Provisionar é, sabendo que uma conta deverá ser paga no futuro, reservar a quantia financeira para o pagamento. Situações que requerem provisionamento:

- Férias de Funcionários
- 13º salário de Funcionários
- Rescisão de Funcionários
- Renovação do contrato e pagamento de Taxa de Franquia (se aplicável)
- Impostos trimestrais ou com maior periodicidade
- Atualização de Identidade Visual da unidade
- Etc.

O 13º salário é um bom exemplo. Todo empresário sabe quando deve pagá-lo, mas poucos se preparam para o pagamento. Se houver o dimensionamento do valor a ser pago e a reserva – 1/12 – todo o mês, é certo que quando chegar o momento de pagar, o valor existirá e estará disponível para este fim, sem gerar "sustos de caixa".

Outro bom exemplo é a rescisão de funcionários. Por mais que o empresário esteja satisfeito com sua equipe, é previsto, por uma questão normal de qualquer negócio, certo índice de *turnover* (volume de troca de funcionários no ano). Assim, com base no *turnover* da unidade, é possível prever o número de funcionários que serão desligados ou pedirão demissão da empresa. Com essa previsão, pode-se estimar o valor a ser gasto nas rescisões – de acordo com salários médios e tempo na empresa – e iniciar as provisões, reservando uma quantia mensalmente para, quando houver o desligamento (por parte da empresa ou do funcionário), haver disponibilidade financeira que não impacte no caixa da empresa.

As provisões e os seguros transmitem segurança para a empresa. No entanto, há uma importante diferença: os seguros são pagos na expectativa de não se usar, nunca. As provisões são pagas (ou reservadas) sabendo que o montante acumulado vai ser usado, e mais, há uma boa ideia de quando.

Se uma empresa tem provisões e controla o fluxo de caixa, a expectativa é de que esta esteja bem gerenciada e que consiga boa perenidade. No entanto, o mercado pode mudar, a concorrência aumentar, fatores internos e externos influenciarem o dia a dia da empresa e o empresário precisar, em algumas situações, para manter a empresa saudável financeiramente (com fluxo de caixa positivo) tomar decisões mais relevantes.

O fluxo de caixa de uma empresa pode apontar para períodos de baixa onde as reservas (capital de giro e provisões) não sejam suficientes. Em outras situações, pode haver a necessidade de expansão (abertura de uma nova fábrica, novas unidades etc.) que exijam investimento em curto prazo, sem haver reservas para isso. Nesses casos, o empresário pode recorrer a aportar capital na empresa ou a mudar a estratégia de negócio para se alavancar financeiramente.

Algumas opções:
1. Empréstimo com bancos e financeiras (crédito rotativo, empréstimos, financiamentos).
2. Aporte de capital próprio (se houver disponibilidade por parte do empresário).
3. Antecipação de recebíveis (venda de títulos ou duplicatas geradas por vendas a clientes).
4. Renegociação com fornecedores (busca por melhores condições – prazos e descontos).
5. Alteração na forma de venda (reduzir o parcelamento para clientes, com intuito de gerar mais caixa no curto prazo).

Essas decisões de caixa precisam ser tomadas sempre com muita análise e cautela, pois podem gerar consequências. A alteração na forma de venda, por exemplo, como a redução nos prazos de parcelamento ao cliente, com certeza tende a aumentar as entradas de caixa no curto prazo, mas não se pode deixar de medir o quanto se perderá ou não com as vendas. Se as vendas caem, mesmo que se resolva a situação de caixa no curto prazo, tem-se uma situação a ser resolvida no médio e longo prazo, pois é daí que as receitas serão reduzidas.

Outra decisão a ser estudada – a renegociação com Fornecedores – deve ser analisada também pelo ponto de vista do fornecedor. Buscar melhores opções de caixa para o negócio são importantes, mas não adianta "espremer" o fornecedor para que atenda às necessidades do empresário sem que se prime também pela perenidade dele, se a intenção é da relação comercial continuar.

Decisões que dependam da incidência de juros, tais como busca de empréstimos ou antecipação de recebíveis, requer dois pontos de atenção:

1 – se a taxa de juros aplicada é coerente, justa e a melhor conseguida pela empresa.

2 – se o fluxo de caixa futuro da empresa, quando lançadas as alterações (antecipações ou parcelas do empréstimo a pagar), equilibra-se no futuro. Buscar uma antecipação, por exemplo, sem prever se haverá dinheiro no futuro para honrar as contas, não faz sentido. É como resolver um problema no presente, criando outro para o futuro. O mesmo vale para empréstimos. Adquirir um financiamento, por exemplo, sem expectativa de conseguir pagá-lo, é assumir grandes riscos.

36. O custo do dinheiro no tempo

Devido à inflação, entende-se que o dinheiro perde valor com o tempo. R$ 1.000 na atual data não possibilita o mesmo poder de compra de R$ 1.000 daqui cinco anos, por exemplo. Embora nominalmente, R$ 1 mil será sempre R$ 1 mil, a quantidade de produtos que se pode adquirir com esse valor diminui com o tempo. É importante monitorar e avaliar os impactos no negócio para manter lucratividade. Dessa forma, buscar rendimento (rentabilidade) superior à inflação é uma premissa dos empresários para manter as empresas perenes.

Para melhor entendimento, ilustramos o poder dos juros de acordo com o tempo (exemplos com taxas hipotéticas):

Valor emprestado	Taxa de juros (a.m.)	Total após 1 ano
R$ 1.000,00	0,56% – Poupança	R$ 1.069,31
R$ 1.000,00	2,2% – Crédito consignado	R$ 1.298,41
R$ 1.000,00	5,4% – Cheque especial	R$ 1.879,69
R$ 1.000,00	8,9% – Cheque especial	R$ 2.781,86
R$ 1.000,00	13,7% – Cartão de crédito	R$ 4.667,97

Um importante fator que pode "depreciar" o dinheiro mais rapidamente é a inflação. Quanto maior essa for, mais o dinheiro perde valor; portanto, maior precisará ser o retorno dos empresários para compensar essa perda.

Nos cálculos de rentabilidade e de retorno de investimento realizados anteriormente, não foram utilizados os princípios de matemática financeira, pois a intenção era facilitar o entendimento. Não está errado calcular dessa forma, mas vale entender que o cálculo que será apresentado agora é mais preciso, pois mostra o impacto da perda de poder do dinheiro. Por ser um cálculo mais complexo, as fórmulas não serão mostradas, mas sugerimos aos interessados no detalhamento do assunto, um aperfeiçoamento adicional em livros ou cursos de Matemática Financeira.

A seguir, um exemplo de resultados (Lucro operacional, em R$) de uma unidade, em cinco anos:

Ano 1	Ano 2	Ano 3	Ano 4	Ano 5
18.800	49.200	62.340	69.260	84.200

Efetuando a soma dos retornos de cada ano, obtém-se o total de R$ 283.800. No entanto, esse cálculo não é correto, uma vez que esses valores foram originados em datas diferentes. A melhor forma para se fazer isso é trazer todos os valores para uma mesma data e depois somá-los. Supondo uma taxa de juros anual esperada de 12% ao ano e trazendo-se todos esses retornos para a data de abertura da unidade – Ano ZERO –, temos:

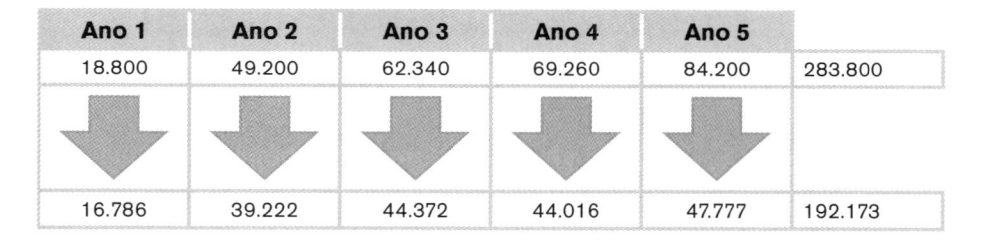

Ano 1	Ano 2	Ano 3	Ano 4	Ano 5	
18.800	49.200	62.340	69.260	84.200	283.800
↓	↓	↓	↓	↓	↓
16.786	39.222	44.372	44.016	47.777	192.173

Observe que o valor total calculado quando se traz a valor presente é de R$ 192.173. Ou seja, embora pareça que este negócio retornou R$ 283.800 – o que de fato aconteceu, mas em datas diferentes –, o retorno real, a ser comparado com o investimento feito no negócio (no ano zero), é de R$ 192.173. Esse cálculo, quando se traz várias parcelas de um fluxo de caixa para uma data inicial, é chamado de **Valor Presente Líquido (VPL).**

"O Valor Presente Líquido (sigla VPL, ou NPV em inglês) permite comparar investimentos iniciais com retornos futuros. É muito utilizado no estudo de viabilidade de um projeto ou novo negócio, a fim de indicar se vale a pena, ou seja, se é mais vantajoso do que simplesmente deixar o dinheiro investido" – definição extraída do Portal www.fazaconta.com.

Supondo que o investimento inicial para abertura dessa unidade tenha sido de R$ 200 mil, por mais que à primeira vista pareça que o negócio já se pagou, na verdade ainda falta um pouco para o retorno.

Outro cálculo interessante é o da Taxa de Retorno da unidade, usando-se da matemática financeira. É a chamada **Taxa Interna de Retorno (TIR)**.

"A Taxa Interna de Retorno (TIR), em inglês IRR (Internal Rate of Return), é a taxa necessária para igualar o valor de um investimento (valor presente) com os seus respectivos retornos futuros ou saldos de caixa. Sendo usada em análise de investimentos, significa a taxa de retorno de um projeto" – definição extraída do Portal www.administradores.com.br

Com os valores anuais (ou mensais) de retorno da unidade, assim como o valor total do investimento inicial, calcular a TIR permitirá saber se o negócio está "se pagando" a uma taxa maior ou menor do que outros investimentos.

Novamente, recomendamos o aprofundamento no estudo de Matemática Financeira para os interessados no assunto.

37. *Valuation* – como calcular o valor de uma unidade

Calcular o valor de uma unidade é importante não só para negociá-la (vendê-la, por exemplo). É uma forma de entender se o negócio vem ganhando ou perdendo valor a cada período. Descobrir quanto vale uma empresa no momento em que ela está em crise é, normalmente, a pior hora. Isso porque o dono atual sempre entenderá que ela vale mais do que o possível comprador. Portanto, vale criar critérios de mensuração para avaliar o valor da empresa de acordo com as diversas decisões que o gestor tomar.

Os principais métodos para cálculo do valor de uma unidade são:
1. **Avaliação pelo patrimônio** – é a soma dos bens que o negócio possui. Normalmente, é utilizado para negócios que possuem maquinários, instalações, veículos, imóveis etc. Para empresas de comércio, o princi-

pal bem físico é o estoque, que mesmo sendo bem dimensionado, não necessariamente tem o valor de mercado que foi pago pelo dono. Em empresas prestadoras de serviços, esse método é totalmente ineficiente, visto que o patrimônio é intelectual, está na capacidade e habilidade das pessoas, e não nos bens.

2. **Avaliação por múltiplo do Faturamento (Vendas)** – é muito utilizado, mas tem maior efetividade em unidades maturadas. O cálculo é feito pela média mensal de faturamento, considerado o período de pelo menos 12 meses, multiplicado por um fator (Esses parâmetros variam muito de segmento para segmento).

   O valor do ponto comercial, quando existente, é considerado à parte, pois esse é um ativo distinto da unidade em si.

3. **Avaliação por múltiplo do lucro anual** – a lógica de cálculo é semelhante ao método anterior, porém a base é o lucro operacional anual. Nesse caso, a conta é feita com o lucro operacional (antes de dívidas e investimentos), mas os valores de dívidas e investimentos devem ser descontados do valor total quando existentes.

   Este método tem a vantagem de considerar a capacidade de geração de valor real da unidade, e não apenas faturamento. Uma unidade pode ter um faturamento alto e não ser lucrativa. Um investidor mais atento vai preferir valorar uma unidade pela sua capacidade de geração de lucros em lugar apenas da capacidade de vendas.

4. **Avaliação pelo Fluxo de Caixa Descontado** – normalmente para unidades novas, ou pouco maturadas. Leva em conta o desempenho futuro que a unidade poderá ter, baseado numa dada expectativa de crescimento, levando a um valor maior do que se considerado o desempenho atual e o pequeno histórico da unidade.

   O cálculo é feito descontando a projeção do fluxo de caixa anual de 5 anos a uma determinada taxa de desconto anual, e mais um valor de perpetuidade da unidade. No fluxo de caixa que será utilizado, devem ser considerados os endividamentos.

   A maior discussão fica por conta de qual crescimento futuro de vendas e lucro a unidade terá, bem como qual taxa de desconto utilizar. Mas essas são questões mais complexas e em muitas situações requerem a ajuda de especialistas para o cálculo.

38. Em resumo

Ser dono de uma unidade é ter as rédeas à mão para assumir, controlar e agir sobre a empresa. Independente de gostar ou não do assunto, é entender que gestão financeira é importante, ou melhor dizendo, **vital** ao negócio. Sendo assim, ou o empresário aprende a gerir e assume para si essa responsabilidade, ou contrata alguém que o ajude (mas, mesmo nesse caso, ele – empresário – precisará ter noções básicas do que está acontecendo para poder acompanhar quem o estiver auxiliando). O que não dá para ficar é sem ninguém cuidando.

Cuidar das finanças requer disciplina e método. Saber instituir processos para as coisas acontecerem a contento é uma decisão sábia que o empresário deve tomar, criando padrões, regras e principalmente METAS para seguir e atingir.

Estabelecer e seguir alguns indicadores podem ajudar muito no controle financeiro da unidade. Destacamos os principais números que todo empresário deveria saber:

1. **CMV** ou **CSP** – saber o quanto o custo dos produtos (ou serviços) está pesando sobre os preços de venda. Esse indicador mostrará se os preços praticados estão proporcionando boa margem ao negócio, se os descontos estão excessivos etc.
2. **Equipe** – saber quanto custa a equipe relativamente ao que se vende dará ao empresário a visão clara se o time está dimensionado corretamente, ou mesmo se está atingindo a produtividade esperada.
3. **DRE** – ter o demonstrativo da unidade periodicamente ajudará a entender se o negócio mantém as margens e se os grandes grupos de gastos estão sob controle.
4. **Fluxo de Caixa** – prever entradas e saídas de caixa e acompanhar – diariamente – os saldos permitirá ao empresário entender se terá ou não problemas financeiros no futuro. Conseguir prever o saldo da empresa com alguns dias, ou semanas, ou mesmo meses de antecedência, dará segurança ao empresário e à sua equipe para focar no que é mais importante: vender. Portanto, acompanhar o caixa é imprescindível, pois a maioria das empresas quebra antes por falta de caixa do que por falta de lucro.

Nossa recomendação é começar aos poucos. Estruturar o DRE da unidade, entender como a empresa vende e como gasta (quanto em cada grupo de despesa), calcular o Ponto de Equilíbrio, descobrir a Lucratividade, a Rentabilidade e o Prazo de Retorno da unidade representará grandes passos. Num curto espaço de tempo é possível adquirir muito conhecimento das finanças do SEU negócio, e isso irá impulsioná-lo(a) a querer informações cada vez mais avançadas.

Boa gestão financeira e, consequentemente, bons lucros!

PESSOAS

Emoção | Intuição

- Gestão do Capital Humano
- Fundamentos da Liderança
- Recrutamento e Seleção
- Integração de Novos Funcionários
- Treinamento e Desenvolvimento
- Motivação e Comunicação
- Cultura e Engajamento
- Propósito e Valores
- Clima Organizacional

PESSOAS

39. Como gerenciar as pessoas na unidade

39.1. Importância das pessoas no negócio

Nos dias atuais, a grande maioria dos negócios de Franquias e Varejo apresenta algum grau de prestação de serviço. Quando existe um produto a ser transacionado, isso é feito por meio de uma apresentação e uma argumentação persuasiva no sentido de ajudar os clientes a tomar a melhor decisão no atendimento das suas necessidades e desejos. Essa simples explicação sobre o produto ou serviço, também conhecida como abordagem de vendas, é um serviço prestado ao cliente e deve ser realizada com excelência no negócio.

Partindo deste princípio, vemos que um dos grandes desafios das unidades de Franquias e Varejo no Brasil é contar com pessoas qualificadas para realizar todas as atividades necessárias para que a venda ocorra nos níveis adequados para que o negócio seja lucrativo e perene. Se estamos vendendo um produto ou serviço, é preciso que a equipe de vendas conheça e saiba explicar muito bem o que esse produto ou serviço faz, quais os benefícios que ele gera e o que ele pode fazer pelo cliente. Assim, as vendas são realizadas e a empresa prospera. Ao contrário, se existem pessoas que não conhecem o produto ou serviço que está sendo comercializado, o cliente não sente segurança em fazer a compra e acaba comprando na concorrência, colocando o negócio em risco.

Jan Carlzon, no seu livro *A Hora da Verdade*, define como "hora da verdade" o momento em que o cliente entra em contato com as pessoas da linha de frente do atendimento. É na soma das percepções destas diversas interações que o cliente forma a imagem da empresa. No varejo não é diferente. É preciso encantar o cliente sempre que ele se relacionar com a empresa, em qualquer ponto de contato e por qualquer meio, seja telefone, visita à loja ou em uma troca de e-mail. O fato importante é que essas interações são realizadas pelas pessoas; portanto, contar com pessoas empoderadas e preparadas para tomar boas decisões e realizar interações de qualidade com os clientes é determinante para o sucesso do negócio.

39.2. Propósito, cultura e valores da empresa

Um fator de suma importância em um negócio é conseguir fazer com que as pessoas que lá trabalham realizem suas atividades e tarefas da maneira correta e tratem o cliente de forma hospitaleira, proporcionando uma experiência de compra memorável. Isso pode ser conseguido por meio da disseminação dos valores da empresa para as pessoas, que orientarão quais são os comportamentos adequados a apresentar no dia a dia ao atender os clientes e se relacionar com os demais colegas de trabalho.

Mas para que os valores da empresa sejam disseminados, é preciso dar um passo atrás e entender que isso faz parte de uma abordagem maior, que vem desde o propósito da empresa, até as práticas de negócios do dia a dia, conforme sugere a figura a seguir.

Fonte: Propósito - Por que Ele Engaja Colaboradores, Constrói Marcas Fortes e Empresas Poderosas, Joey Reiman, Editora HSM, 2013 (adaptação Praxis Business).

No livro *Propósito*, de Joey Reiman, o círculo menor é chamado originalmente de Ethos, que vem a ser o caráter moral da empresa, apoiado e reforçado pelos seus líderes. Como esse termo tem alguma sobreposição com a definição de cultura, achamos por bem adaptá-lo para algo que o próprio autor sugere como uma das coisas mais importantes de uma empresa: que é o seu propósito. Vamos explicar cada termo da figura.

Propósito é o porquê da empresa existir. É a finalidade da empresa, e traz na sua essência a noção de como a mesma contribui para a sociedade como um todo. Portanto, o propósito deve ser algo profundo e nobre. A partir do momento em que os líderes da empresa têm, de forma clara, qual o propósito dela, fica mais fácil comunicar isso para os colaboradores. Para evitar que essa resolução seja desvirtuada e para facilitar o seu cumprimento, é necessário que a empresa tenha uma cultura organizacional aderente a tal decisão.

A cultura da empresa é composta por práticas, símbolos, hábitos, valores éticos e morais (ethos), além de princípios e crenças que direcionam as suas políticas internas e externas. Entretanto, é importante ressaltar que a cultura não se resume ao que os líderes da empresa definem ou desejam, uma vez que a cultura é o resultado das práticas reais que ocorrem no dia a dia da mesma. Explicando melhor, cultura é o que acontece de fato na empresa, e não o que se espera que aconteça. O fato é que os líderes e gestores podem influenciar para que a cultura se aproxime do que se espera, seja por meio do exemplo aos demais, seja por meio de ações corretivas de comportamentos não alinhados à cultura desejada. Importante ressaltar que nas redes de Franquias que já possuem os princípios e valores da marca, temos que saber qual é a cultura da Franquia, uma vez que cada Franqueado tem seu jeito e influência na cultura de suas unidades.

Os valores são crenças nucleares que formam os pilares que sustentam a cultura e informam às pessoas como se comportar no dia a dia. Segundo sugere Jack Welch no livro *Paixão por Vencer*, valores são sinônimos de comportamentos, ou seja, os valores, que algumas vezes podem ser subjetivos e confundir as pessoas, ficam bem claros e simples de serem entendidos quando fazemos sua leitura sob essa ótica. Para das um exemplo prático, quando falamos que um valor da empresa é colocar o cliente em primeiro lugar, estamos comunicando para as pessoas que nela trabalham que nas suas atividades diárias este princípio seja seguido, seja pela rapidez e qualidade do atendimento, seja por meio de uma troca de produto que o cliente deseje fazer (infelizmente, muitos vendedores de pontos de vendas mostram insatisfação ao realizar trocas de produtos).

Esses três conceitos básicos: propósito, cultura e valores, devem formar a essência de qualquer empresa que deseja ter perenidade no negócio. É por meio da crença no propósito da empresa que todas as partes interessadas – colaboradores, clientes, parceiros e sociedade no geral – irão se engajar, criando assim uma conexão emocional (não meramente transacional) que deve ser uma verdade atemporal.

39.3. Gestão do capital humano

Ao longo dos anos houve uma grande evolução no papel do departamento de recursos humanos nas empresas. No início do século XX, havia a visão de que seu papel era legal, tendo como função básica cumprir a legislação trabalhista. Já em meados do século XX, a visão já evoluiu para as primeiras visões do que seriam futuramente os subsistemas de RH, como recrutamento e seleção, treinamento, benefícios, cargos e salários, segurança no trabalho entre outros. Já no final do século XX, a visão evoluiu para uma abordagem administrativa, olhando as pessoas não mais como recursos, mas sim como indivíduos que precisam ter uma relação saudável com a empresa.

Atualmente, a visão predominante de uma empresa que deseja ter em seus colaboradores um verdadeiro diferencial competitivo é a visão da gestão do capital humano. No livro *Liderança Orientada para Resultados*, de Ulrich, Zender & Smallwood, os autores trazem o seguinte pensamento: "O capital humano é um dos poucos ativos capazes de aumentar de valor. A maioria dos demais ativos (como imóveis, veículos, tecnologias, etc.) começa a depreciar no momento da sua aquisição. Ao contrário, o valor do capital humano, recurso impregnado nas mentes e corações das pessoas, pode e deve crescer como condição essencial para a prosperidade da empresa".

Do ponto de vista do mercado, a ideia básica desta abordagem é de que ao investir nas pessoas, elas se tornam cada vez mais capazes de agregar valor para o negócio. Nas redes de varejo essa visão é muito clara, uma vez que em grande parte dos processos existentes ocorre interação com pessoas, onde a atuação dos colaboradores pode resultar em satisfação ou insatisfação do cliente.

Do ponto de vista da empresa, essa abordagem mostra que existe a necessidade de se executar com qualidade todos os processos de gestão de recursos humanos, também conhecidos como ciclo da gestão do capital humano, que consiste nos processos que devem ser realizados para que se tenha as pessoas certas devidamente capacitadas e agregando valor para o cliente e para o negócio. A seguir, temos a visão do ciclo da gestão do capital humano.

Ciclo da Gestão do Capital Humano

- Recrutamento e Seleção
- Integração e Acolhimento
- Capacitação e Desenvolvimento
- Avaliação de Desempenho
- Engajamento
- Desligamento
- Crescimento

É importante ressaltar que a responsabilidade pela gestão do capital humano nos negócios de varejo é do empresário que está à frente do negócio. Mesmo se não tiver muita afinidade com temas ligados à gestão de pessoas, é importante que o gestor monitore cada etapa desse ciclo e atue nos momentos em que verificar algum problema ou oportunidade de melhorar o desempenho das equipes do negócio.

40. Recrutamento e seleção de pessoas

"Sou capaz de controlar apenas aquilo de que tenho consciência. Aquilo sobre o que não estou consciente me controla. TORNAR-ME CONSCIENTE me dá poder!"
(John Whitmore, Coaching for Performance).

Acreditamos muito que os resultados vêm através de pessoas. Pensando nisso é que cada vez mais gestores que investem em entender de comportamento humano conseguem ter uma equipe mais engajada e orientada para os resultados.

Cada vez mais o gestor de hoje precisa inspirar os seus colaboradores. É muito importante entender que as pessoas possuem comportamentos, motivações e valores diferentes. Uma grande virtude é saber lidar com essas adversidades.

Não dá para vender bem se contratamos inadequadamente. Cada vez mais, o gestor precisa investir tempo no recrutamento e seleção. Contratar as pessoas por seus comportamentos muito mais por suas aptidões técnicas, nos parece ser o melhor caminho para ter equipes mais engajadas. Geralmente, o varejo faz o contrário. Contratam as pessoas pelas aptidões técnicas obtidas no currículo, e depois as demitem por falta do comportamento adequado. Atribui-se a Walt Disney o seguinte pensamento: "AQUI NA DISNEY CONTRATAMOS SORRISO E TREINAMOS APTIDÕES TÉCNICAS". É muito mais fácil treinar uma pessoa para fechar o caixa e receber uma mercadoria, do que treiná-la a sorrir, tratar bem e ser solícita com o cliente.

Mapear as equipes utilizando ferramentas de perfil comportamental (como DISC, PI, QUANTUM E E.TALENT) pode identificar comportamentos que levam a uma contratação mais assertiva. O teste de perfil psicométrico utilizado pelo IBC (Instituto Brasileiro de Coaching), que tem uma abordagem mais lúdica, no qual é feito uma correlação dos perfis com alguns animais, é uma boa opção. São apontados os comportamentos previstos, pontos fortes, pontos de melhoria, Motivações e Valores de cada perfil, para que o gestor possa, a partir desses dados, ser mas assertivo na escolha por novos colaboradores. A ferramenta também pode ser aplicada na equipe atual, para o gestor conhecer melhor os seus colaboradores e saber como lidar melhor com cada um deles. A seguir, a ferramenta na íntegra para que possa ser colocada em prática.

INSTRUÇÕES

Em cada uma das 25 questões a seguir, escolher uma alternativa (I, C, O ou A) e marcar no espaço correspondente.

1. Eu sou...

I - Idealista, criativo e visionário ( )

C - Divertido, espiritual e benéfico ( )

O - Confiável, meticuloso e previsível ( )

A - Focado, determinado e persistente ( )

2. Eu gosto de...

A - Ser piloto ( )

C - Conversar com os passageiros ( )

O - Planejar a viagem ( )

I - Explorar novas rotas ( )

3. Se você quiser se dar bem comigo...

I - Me dê liberdade ( )

O - Me deixe saber sua expectativa ( )

A - Lidere, siga ou saia do caminho ( )

C - Seja amigável, carinhoso e compreensivo ( )

4. Para conseguir obter bons resultados é preciso...

I - Ter incertezas	( )
O - Controlar o essencial	( )
C - Diversão e celebração	( )
A - Planejar e obter recursos	( )

5. Eu me divirto quando...

A - Estou me exercitando	( )
I - Tenho novidades	( )
C - Estou com os outros	( )
O - Determino as regras	( )

6. Eu penso que...

C - Unidos venceremos, divididos perderemos	( )
A - O ataque é melhor que a defesa	( )
I - É bom ser manso, mas andar com um porrete	( )
O - Um homem prevenido vale por dois	( )

7. Minha preocupação é...

I - Gerar a ideia global	( )
C - Fazer com que as pessoas gostem	( )
O - Fazer com que funcione	( )
A - Fazer com que aconteça	( )

8. Eu prefiro...

I - Perguntas a respostas	( )
O - Ter todos os detalhes	( )
A - Vantagens a meu favor	( )
C - Que todos tenham a chance de serem ouvidos	( )

9. Eu gosto de...

A - Fazer progresso ( )

C - Construir memórias ( )

O - Fazer sentido ( )

I - Tornar as pessoas confortáveis ( )

10. Eu gosto de chegar...

A - Na frente ( )

C - Junto ( )

O - Na hora ( )

I - Em outro lugar ( )

11. Um ótimo dia para mim é quando...

A - Consigo fazer muitas coisas ( )

C - Me divirto com meus amigos ( )

O - Tudo segue conforme planejado ( )

I - Desfruto de coisas novas e estimulantes ( )

12. Eu vejo a morte como...

I - Uma grande aventura misteriosa ( )

C - Oportunidade para rever os falecidos ( )

O - Um modo de receber recompensas ( )

A - Algo que sempre chega muito cedo ( )

13. Minha filosofia de vida é...

A - Há ganhadores e perdedores, e eu acredito ser um ganhador ( )

C - Para eu ganhar, ninguém precisa perder ( )

O - Para ganhar é preciso seguir as regras ( )

I - Para ganhar, é necessário inventar novas regras ( )

14. Eu sempre gostei de...

I - Explorar ( )

O - Evitar surpresas ( )

A - Focalizar a meta ( )

C - Realizar uma abordagem natural ( )

15. Eu gosto de mudanças se...

A - Me der uma vantagem competitiva ( )

C - For divertido e puder ser compartilhado ( )

I - Me der mais liberdade e variedade ( )

O - Melhorar ou me der mais controle ( )

16. Não existe nada de errado em...

A - Se colocar na frente ( )

C - Colocar os outros na frente ( )

I - Mudar de ideia ( )

O - Ser consistente ( )

17. Eu gosto de buscar conselhos de...

A - Pessoas bem-sucedidas ( )

C - Anciões e conselheiros ( )

O - Autoridades no assunto ( )

I - Lugares, os mais estranhos ( )

18. Meu lema é...

I - Fazer o que precisa ser feito ( )

O - Fazer bem feito ( )

C - Fazer junto com o grupo ( )

A - Simplesmente fazer ( )

19. Eu gosto de...

I - Complexidade, mesmo se confuso ( )

O - Ordem e sistematização ( )

C - Calor humano e animação ( )

A - Coisas claras e simples ( )

20. Tempo para mim é...

A - Algo que detesto desperdiçar ( )

C - Um grande ciclo ( )

O - Uma flecha que leva ao inevitável ( )

I - Irrelevante ( )

21. Se eu fosse bilionário...

C - Faria doações para muitas entidades ( )

O - Criaria uma poupança avantajada ( )

I - Faria o que desse na cabeça ( )

A - Exibiria bastante com algumas pessoas ( )

22. Eu acredito que...

A - O destino é mais importante que a jornada ( )

C - A jornada é mais importante que o destino ( )

O - Um centavo economizado é um centavo ganho ( )

I - Bastam um navio e uma estrela para navegar ( )

23. Eu acredito também que...

A - Aquele que hesita está perdido ( )

O - De grão em grão a galinha enche o papo ( )

C - O que vai, volta ( )

I - Um sorriso ou uma careta é o mesmo para quem é cego ( )

24. Eu acredito ainda que...

O - É melhor prudência do que arrependimento ( )
I - A autoridade deve ser desafiada ( )
A - Ganhar é fundamental ( )
C - O coletivo é mais importante do que o individual ( )

25. Eu penso que...

I - Não é fácil ficar encurralado ( )
O - É preferível olhar, antes de pular ( )
C - Duas cabeças pensam melhor que do que uma ( )
A - Se você não tem condições de competir, não compita ( )

CÁLCULO DO RESULTADO:

QUANTIDADE DE RESPOSTAS COM A LETRA "I" x 4 = _____ %

QUANTIDADE DE RESPOSTAS COM A LETRA "C" x 4 = _____ %

QUANTIDADE DE RESPOSTAS COM A LETRA "A" x 4 = _____ %

QUANTIDADE DE RESPOSTAS COM A LETRA "O" x 4 = _____ %

Cada letra corresponde a um determinado animal da natureza. Essa correspondência tem apenas o objetivo de tornar o teste mais lúdico. Segue a correspondência de cada letra com os respectivos animais da natureza.

Pessoas

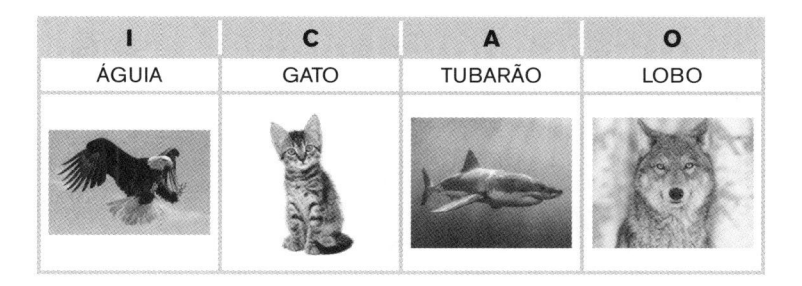

I	C	A	O
ÁGUIA	GATO	TUBARÃO	LOBO

A letra que deu o maior percentual no resultado do teste corresponde ao animal que a pessoa mais se identifica em termos de perfil pessoal e comportamentos. Vamos detalhar cada um deles para melhor entendimento.

I — ÁGUIA

COMPORTAMENTOS	PONTOS FORTES	PONTOS DE MELHORIA	MOTIVAÇÃO	VALORES O QUE TE MOVE
"FAZER DIFERENTE". Criativo. Intuitivo. Foco no futuro. Distraído. Curioso. Informal/Casual. Flexível.	Idealização. Provoca mudanças radicais. Antecipar o futuro. Criatividade.	Idealização. Falta de atenção para o aqui e agora. Impaciência e rebeldia. Defender o novo pelo novo.	Liberdade de expressão. Ausência de controle rígido. Ambiente de trabalho descentralizado. Liberdade para fazer exceções. Oportunidade para delegar tarefas e detelhes.	Criatividade e liberdade (inspira ideais).

129

	C
	GATO

COMPORTAMENTOS	PONTOS FORTES	PONTOS DE MELHORIA	MOTIVAÇÃO	VALORES O QUE TE MOVE
"FAZER JUNTO". Sensível. Relacionamentos. Time. Tradicionalista. Contribuição. Busca harmonia. Delega autoridade.	Comunicação. Manter comunicação harmoniosa. Desenvolver e manter a cultura empresarial. Comunicação aberta.	Comunicação. Esconder conflitos. Felicidade acima dos resultados. Manipulação através dos sentimentos.	Segurança. Aceitação social. Construir e consenso. Reconhecimento da equipe. Supervisão compreensiva. Ambiente harmônico. Trabalho em grupo.	Felicidade e igualdade (cultura da empresa– pensa nos outros).

A
TUBARÃO

COMPORTAMENTOS	PONTOS FORTES	PONTOS DE MELHORIA	MOTIVAÇÃO	VALORES O QUE TE MOVE
"FAZER RÁPIDO". Senso de urgência. Ação, iniciativa, impulsivo, prático. Vencer desafios. Aqui e agora. Autossuficiente. Não gosta de delegar poder.	Ação. Fazer que ocorra. Para com a burocracia. Motivação.	Ação. Socialmente um desastre. Faz do modo mais fácil. Relacionamento complicado.	Liberdade para agir individualmente. Controle das próprias atividades. Resolver os problemas do seus jeito. Competição individual. Variedade de atividades. Não ter de repetir tarefas.	Resultados.

	O	
	LOBO	

COMPORTAMENTOS	PONTOS FORTES	PONTOS DE MELHORIA	MOTIVAÇÃO	VALORES O QUE TE MOVE
"FAZER CERTO". Detalhista. Organizado. Estrategista. Busca conhecimento. Pontual. Conservador. Previsível.	Organização. Passado, Presente e Futuro. Consistência, conformidade e qualidade. Lealdade e segurança. Regras e responsabilidades.	Organização. Dificuldades de se adaptar às mudanças. Pode impedir o progresso. Detalhista, estruturado e demasiadamente sistemático.	Certeza, compreensão exata de quais são as regras. Conhecimento específico do trabalho. Ausência de riscos e erros. Ver o produto acabado – começo, meio e fim.	Ordem e Controle.

Todas essas informações serão muito importantes para que o gestor possa direcionar seus planos de desenvolvimento individual para cada membro da equipe. Os fatores que levam as pessoas a se motivar mudam de acordo com o seu perfil. A sabedoria está em saber lidar com adversidades e, a partir daí, engajá-las para que obtenham os melhores resultados.

É importante ter essas informações de perfil da pessoa no momento do recrutamento, pois para cada função existe um aspecto mais adequado. Ter a informação de perfil da pessoa antes de contratá-la poderá reforçar uma possível contratação devido à adequação de perfil, ou então evitar a contratação de alguém com o perfil inadequado, o que poderá gerar rotatividade no curto prazo. Em ambos os casos, é desejável ter essa informação de perfil no momento de trazer novas pessoas para a equipe, assim como ter essa informação para os colaboradores que já atuam no negócio ajuda o gestor a fazer a gestão das pessoas de uma forma mais correta e individualizada.

Não existe um perfil correto ou errado para cada função, mas existem aqueles que podem facilitar o bom desempenho dos colaboradores por apresentar pontos fortes importantes para aquela função específica. Vamos dar alguns exemplos de funções que combinam bem com alguns perfis comportamentais, desde que os pontos de melhoria de cada perfil sejam observados e evitados:

Gerentes de unidade:
- Pessoas com o perfil de Tubarão podem ser bons gerentes por apresentar na sua essência o foco no cumprimento dos resultados.
- Pessoas com o perfil de Lobo também podem ser bons gerentes por apresentar na sua essência o foco de fazer as coisas corretamente e de serem atentas aos detalhes.

Vendedores:
- Pessoas com o perfil de Tubarão podem ser bons vendedores por apresentar na sua essência o foco no cumprimento dos resultados.
- Pessoas com o perfil de Gato também podem ser bons vendedores por apresentar na sua essência o foco de se relacionar muito bem com pessoas e criar vínculos emocionais.

Equipe administrativa
- Pessoas com o perfil de Lobo também podem ser bons administrativos por apresentar na sua essência o foco de fazer as coisas corretamente e serem bastante atentas aos detalhes.
- Pessoas com o perfil de Gato também podem ser bons administrativos por apresentar na sua essência o foco de se comunicar muito bem com pessoas e desenvolver e zelar pela cultura da empresa.

Faz parte do Recrutamento também a coleta de currículos em quantidade suficiente para selecionar o profissional com as competências desejadas e preestabelecidas no perfil da função. Para que esse processo seja considerado adequado, ele deve ser:

- Preventivo
- Seguro
- Constante
- Privilegiar os contatos "Boca a boca"
- Gerar um "banco" de candidatos
- Deixar o negócio sempre preparado para uma eventual "falta de pessoas"

O recrutamento pode ser necessário de imediato ou a médio e longo prazo. O recrutamento imediato ocorre quando o empresário abre o negócio e precisa contratar a primeira equipe do negócio, ou quando existe alguma vaga em aberto e é necessário preenchê-la com urgência, também chamado de recrutamento reativo. Salvo essas duas situações, a necessidade de recrutamento passa a ser de médio e longo prazo, consistindo em uma ação preventiva no intuito de formar um banco de talentos para prevenir futuras necessidades de pessoas em determinadas funções.

Sabemos que na atual circunstância do varejo brasileiro existe uma certa dificuldade de se recrutar pessoas, porém ressaltamos que essa dificuldade existe para o recrutamento imediato. Ocorre que o recrutamento de médio e longo prazo é pouco utilizado pelos empresários do varejo, que acabam sendo surpreendidos por colaboradores que pedem desligamento e acabam tendo que fazer sempre o recrutamento imediato, que possui um senso de urgência maior e muitas vezes faz com que a empresa não espere pela pessoa ideal, e preenche a vaga para aquele candidato que se mostra suficiente para cumprir o básico de sua futura função. É importante lembrar sempre que o recrutamento de médio e longo prazo é uma alternativa interessante e sem custo (só tem investimento de tempo) para minimizar o impacto do *turnover* no negócio.

Apontamos a seguir os principais perigos do recrutamento reativo para o negócio:

- Torna o processo menos criterioso, quando está com a equipe incompleta e tem horários descobertos.
- Ser forçado a abrir mão de considerações importantes e valiosas, tais como diversidade e harmonia da equipe.
- Membros de sua equipe atual acabam "preenchendo o vazio" durante o período em que se está com a equipe desfalcada, e isso tem seu preço,

quer seja em energia despendida, ressentimento crescente ou negligência de outras responsabilidades.
- Prender-se a pessoas com desempenho inferior por não estar preparado para substituí-las.

A fim de realizar um rápido diagnóstico, propomos que as perguntas na sequência sejam respondidas para que seja feita uma autoavaliação de como está sendo abordada a questão do recrutamento no seu negócio, se ele está sendo reativo ou preventivo:

1. Quantas pessoas fazem parte da equipe neste exato momento?
2. Quantos funcionários foi preciso substituir nos últimos três anos?
3. Em determinados meses/épocas do ano, a rotatividade é maior, fazendo com que exista pouca mão de obra? Caso afirmativo, que períodos são esses?
4. Existem épocas do ano em que é preciso contratar mais funcionários? Quando? Qual é o procedimento aplicado para encontrá-los?
5. Como o negócio seria afetado se os melhores funcionários saíssem da empresa amanhã?
6. O que está sendo feito hoje para evitar essa situação?

Ao responder essas perguntas, ficará mais claro como a questão do recrutamento está sendo abordada. Se na análise das respostas for verificado que a falta de pessoas causará um grande impacto negativo no negócio, o ideal é intensificar o recrutamento preventivo.

Com o objetivo de atrair pessoas com perfil aderente à vaga disponível no negócio, é importante saber previamente o que se espera do indivíduo que virá a preencher esta posição. Para facilitar o processo, pode-se utilizar uma ferramenta de descrição e perfil de cargo. É a partir dessas informações que serão redigidos os anúncios de vaga nas fontes de captação de pessoas do mercado.

A seguir, um modelo básico de formulário de descrição e perfil de cargo:

DESCRIÇÃO E PERFIL DE CARGO

1. IDENTIFICAÇÃO

Título do cargo: Gerente da loja	Cargo do Superior imediato: Empresário

2. DESCRIÇÃO SUMÁRIA DO CARGO
- Gerenciar a equipe e as habilidades de vendas, viabilizando as diretrizes para comercialização dos produtos.
- Desenvolver estudos sobre potencial de vendas, visando a ampliação do volume de negócios.
- Acompanhar ações dos concorrentes para recomendar alterações dos objetivos e políticas de vendas.

3. PRINCIPAIS RESPONSABILIDADES DO CARGO
- Responsável por manter um layout adequado na unidade;
- Responsável por desenvolver e ampliar planos e ações necessárias para o alcance das metas projetadas pela hierarquia superior;
- Responsável pela evolução dos colaboradores, plano de capacitação, identificação de potenciais.;
- Responsável pela expansão e fidelização dos clientes, satisfação dos mesmos e ações de pós-vendas;
- Recrutamento, seleção e integração de novos colaboradores;
- Auxiliar na gestão financeira da entidade (minimizando as despesas da operação);
- Auxiliar na gestão de estoque (auxiliando na reposição de produtos);
- Motivação da equipe.

4. CONHECIMENTOS NECESSÁRIOS

4.1 Escolaridade	NÍVEL
( ) 1° Grau Incompleto (de 4ª a 7ª série)	
( ) 1° Grau Completo	
( ) 1° Grau Completo com especialização SENAI. Cite:	
( ) 2° Grau Incompleto	
( ) 2° Grau Completo	
( ) 2° Grau Técnico Completo. Curso:	
(X) Curso Superior Cursando. Curso: Administração de Empresas	
(X) Curso Superior Completo. Curso: Administração de Empresas	
( ) Curso Pós-Graduação. Curso:	

4.2 Experiência

Tempo de Experiência	Nível	Tempo de Experiência	Nível	Tempo de Experiência	Nível
( ) até 6 meses		(X) de 1 a 2 anos		( ) de 4 a 6 anos	
( ) até 6/12 meses		( ) de 2 a 4 anos		( ) mais de 6 anos	

4.3 Conhecimentos complementares:
Bons conhecimentos no segmento, facilidade de redação (portugês correto), conhecimento de informática (facilidade no uso do pacote Office e gerenciador de estilos).

4.4 Comportamento Desejado:
Liderança; Eficiência no trabalho; Capacidade de persuasão; Criatividade; Flexibilidade; Iniciativa; Assertividade; Boa Comunicação; Senso de responsabilidade; Agente de mudança; Organização.

4.5 Perfil Comportamental:
Tubarão e Águia

5. NÍVEL SALARIAL
Conforme comparativo de salário da região

6. APROVAÇÃO DO SUPERIOR IMEDITATO	Data: ____/____/____

Para encontrar pessoas com perfil aderente à vaga, é importante divulgar as informações contidas no formulário de descrição de perfil da mesma no formato de anúncios nas principais fontes de captação de pessoas disponíveis no mercado, as quais são descritas a seguir:

- Anúncio interno de vaga para a equipe (no mural, por exemplo).
- Anúncio em jornais de grande circulação ou jornais específicos.
- Divulgação nos murais das Faculdades.
- Divulgação em agências de empregos.
- Mídias sociais especializadas (exemplo: LinkedIn).
- Sites de divulgação de vagas (exemplo: Catho, Vagas.com, Infojobs etc.).
- Cartazes de oportunidade e Ficha de Solicitação de Emprego disponível na própria unidade.

FICHA DE SOLICITAÇÃO DE EMPREGO

Data: ____/____/____

Indicado por: _____

Nome:		
Fone para contato:		Celular:
Tempo de Experiência na vaga solicitada:		
Naturalidade:	Data de Nascimento: ___/___/___	
Estado Civil:	Nome da esposa:	
Endereço:		Nº
Bairro:	Cidade:	UF:
CEP:	Tempo de residência:	Escolaridade:

DOCUMENTAÇÃO		
CPF:	RG:	
Pis nº:	CPTPS nº:	Série:

TREINAMENTO E CURSOS	
1)	2)

REFERÊNCIAS PESSOAIS	
Nome:	Parentesco:
Fones:	Cidade:
Nome:	Parentesco:
Fones:	Cidade:

Empregos Anteriores (preenchimento obrigatório de todos os itens)	
Empresas:	Telefone:
Contato:	Setor:
Cargo que exerceu:	
Endereço da empresa:	
Data de admissão: _____/_____/_____	Data de saída: _____/_____/_____
Último salário: R$	Motivo da saída:

Um fator de sucesso para atrair pessoas para o seu negócio é fazer um anúncio atrativo e que chame a atenção do público interessado. As principais dicas para redigir um anúncio atrativo são:

- Utilizar o nome da empresa em destaque.
- Destacar claramente a função.
- Informar os requisitos necessários.
- Informar sobre benefícios específicos.
- Não economizar no tamanho do anúncio.
- Publicar o anúncio no dia de maior circulação (no caso de jornais).
- Colocar um contato para os candidatos enviarem currículo e marcarem entrevista.

A partir do momento que se conseguiu um bom número de currículos de candidatos interessados na vaga, é necessário iniciar a etapa de seleção. Podemos definir que o processo de seleção consiste em escolher os melhores dentre os candidatos que vieram do recrutamento.

Nenhuma função requer tanto cuidado e preocupação quanto a tarefa de escolher pessoas. Ela determina a capacidade de desempenho da empresa. Portanto, é melhor tomar boas decisões nessa área. Pessoas inadequadas ao cargo causam problemas à gerência, à equipe e desgastam a imagem da empresa frente ao cliente.

A partir do momento que os currículos dos candidatos interessados foram captados, é hora de fazer a triagem. O primeiro passo a se fazer nesta etapa é analisar o currículo do candidato e ver se todas as exigências do cargo estão atendidas. Logo após essa análise, sugerimos verificar se o candidato tem um perfil ativo nas principais mídias sociais e, caso positivo, navegar e verificar que tipo de informações ele posta. Essa não chega a ser uma etapa eliminatória, mas ao examinar o perfil do candidato nas mídias sociais já é possível obter mais informações e detectar eventuais posturas inadequadas que podem ser questionadas em uma eventual entrevista presencial.

Após a análise de currículo e perfil nas mídias sociais, é desejável que as pessoas que aparentarem estar mais adequadas à posição sejam triadas como as de maior potencial. Mesmo nesta etapa inicial, já é necessário descartar algumas pessoas cujo perfil não satisfaz a descrição e perfil do cargo.

O próximo passo é a realização de entrevistas presenciais com os candidatos com o objetivo de conhecê-los com maior profundidade, sendo que aqueles de maior potencial devem ser os primeiros a serem entrevistados. Existem algumas tarefas que devem ser realizadas antes, durante e depois da entrevista:

ANTES
- Preparar-se para entrevista.
- Escolher um lugar reservado para a entrevista, desligar o celular e evitar interrupções.
- Conferir as referências que os candidatos fornecem, nem sempre as informações são confiáveis.
- Questionar sobre as funções e atividades que o candidato desempenhou nos empregos anteriores. Não se ater apenas ao nome do cargo.
- Checar com cuidado o motivo de saída de cada empresa, elas são ricas fontes de informação.

DURANTE
- Quebrar o gelo: procurar deixar o candidato à vontade e observar seu comportamento.
- Deixar o candidato falar e ouvir com atenção. Não ter pressa.
- Ser cordial e atencioso.
- Buscar conhecer as experiências anteriores do candidato, pedindo exemplos que vivenciou com perguntas abertas. Exemplo: "Conte-me um pouco sobre…".
- Apresentar a vaga, explicar as atividades envolvidas, deixar claro sobre o salário e os benefícios. Abrir espaço para esclarecer dúvidas.
- Observar as reações do candidato. Observar demonstrações de desânimo, decepção ou entusiasmo.

- Abrir espaço para o candidato se manifestar e, no caso dele apresentar dúvidas, esclareça-as.

DEPOIS
- Mandar uma comunicação agradecendo pela entrevista.
- Posicionar o candidato acerca do processo seletivo.
- Independente da pessoa selecionada, comunicar todos os candidatos entrevistados quando a vaga for preenchida. Isso mostra respeito pelo indivíduo.

É evidente que existem diversas questões que podem e devem ser feitas para conhecer bem o perfil do candidato. Mas para garantir que pelo menos o básico seja perguntado e conhecido pelo entrevistador, colocamos a seguir algumas sugestões de perguntas para uma entrevista produtiva:

- Qual é o seu objetivo profissional no longo prazo? Como você acha que nossa empresa pode ajudar você a chegar a este objetivo?
- Como você acha que pode contribuir com nossa empresa?
- Conte-me sobre seu último (ou atual) emprego. Por que você saiu (ou quer sair)?
- De que emprego anterior você mais gostou? Por quê?
- De que emprego anterior você menos gostou? Por quê?
- Conte-me uma ocasião em que você atingiu sua meta ou foi elogiado.
- Como você se sentia em relação a seu último gestor?
- Você tem disponibilidade para trabalhar nos horários e escalas exigidos (especificar)?

O ideal é que o entrevistador faça anotações no currículo ou na ficha do candidato sobre cada resposta para não se esquecer, pois, se houver muitos candidatos entrevistados, alguma informação pode se perder. Após a entrevista, é possível fazer uma análise mais completa do perfil do candidato para que seja tomada uma boa decisão de contratação.

Após escolher o candidato selecionado, é hora de fazer a oferta do emprego e negociar as condições de contratação. É importante tirar todas as dúvidas do candidato selecionado antes da contratação, para, assim, evitar problemas futuros. Sugerimos que não se negocie somente o salário, mas sim a remuneração total, composta de salário, benefícios e oportunidade de carreira.

Para apoiar essa etapa de contratação, o ideal é que a empresa tenha um regulamento interno por escrito com as questões práticas do dia a dia. As informações básicas que esse regulamento interno deve conter são:

- Horário de entrada e saída.
- Horários de almoço e intervalos.
- Quais são os dias de folga.
- Necessidade de utilizar uniforme.
- Postura e apresentação pessoal (asseio) desejados.
- Outras informações de ordem prática do dia a dia.

41. Integração e acolhimento na unidade

Após a contratação de um novo colaborador, é necessário introduzi-lo no ambiente de trabalho de uma forma organizada. Do ponto de vista do colaborador, é frustrante iniciar um novo trabalho já tendo que executar tarefas do dia a dia sem que se tenha tido primeiramente as informações básicas acerca da empresa e das pessoas para quem se está trabalhando.

O processo de integração tem por finalidade integrar o novo colaborador à equipe atual de forma gradual, gregária e alinhando as expectativas de ambos os lados para que todos os objetivos e metas sejam cumpridos. Um bom roteiro de integração de um novo colaborador passa pelas seguintes apresentações:

- Histórico do negócio desde a sua fundação.
- Produtos e serviços comercializados.
- Institucional da empresa (propósito, crenças, missão, visão e valores).
- Apresentação do novo colaborador a seu gestor direto (caso não tenha sido ele o entrevistador no processo seletivo).

- Apresentação das pessoas que compõem a equipe.
- Apresentação das áreas e sessões da unidade.
- Apresentação das próximas atividades (visita à fábrica ou fornecedores, treinamentos etc.).

Após receber as informações da empresa e da equipe, é necessário que o novo colaborador seja apresentado ao seu local de trabalho, para já ir se familiarizando. O ideal é que essa integração com as suas atividades rotineiras ocorra de forma gradual e dando a oportunidade da pessoa tirar todas as suas dúvidas, para evitar ansiedade e comunicando o objetivo e propósito de cada parte de suas tarefas. Esta abordagem de comunicar o contexto e dar os "porquês" de cada detalhe do trabalho é crucial para gerar o engajamento do novo colaborador.

É importante que o novo colaborador seja inserido na sua nova função aos poucos, cuidando para que ele tenha o mínimo de treinamento necessário e que ocorra uma supervisão de perto quando este novo colaborador lidar diretamente com o público, para que não ocorram problemas de insatisfação nem sejam dadas informações incorretas para os clientes. O ideal é que o novo colaborador vá ganhando confiança aos poucos no seu trabalho, até atingir sua capacidade máxima de produtividade.

42. Treinamento e desenvolvimento da equipe

Sabemos que a dinâmica do varejo muda constantemente e que o nível de exigência dos clientes aumenta cada vez mais ao longo do tempo.

Os clientes se aproveitam do cenário de ampla opção de produtos, serviços e informação sobre as empresas para procurar a melhor oferta para eles, ou seja, a oferta com os atributos que eles mais valorizam. Com isso, conquistar novos clientes e conseguir que esses sejam fiéis à marca está cada vez mais difícil para os varejistas.

Por isso, a capacitação constante se faz necessária para as equipes. Aqui podemos enfatizar duas necessidades básicas que devem ser observadas:

A primeira necessidade é manter a equipe capaz de atender às necessidades dos clientes para alcançar um nível de vendas adequado para o sucesso do negócio.

A segunda necessidade é apoiar os líderes (empresários e gerentes) a serem bons gestores de negócio, a fim de torná-los capazes de conhecer e lidar bem com os fatores críticos de sucesso do negócio, tendo a ciência das necessidades de investimento que devem fazer e sejam capazes de realizar as ações de gestão necessárias para manter o negócio rumo ao sucesso. Isso requer que esses líderes dominem (ou ao menos conheçam e reconheçam a importância) as melhores práticas na gestão de finanças, pessoas e vendas, que são os três papéis do gestor de sucesso no varejo.

Capacitação, portanto, deve ser vista fundamentalmente para tornar os líderes mais preparados para gerir o negócio e tornar a equipe mais produtiva e assertiva, visando um melhor desempenho.

O desafio da etapa de treinamento é tornar as pessoas da equipe capazes de realizar suas tarefas com excelência. Uma equipe treinada deve ser capaz de desempenhar suas funções com independência, de modo a satisfazer a empresa e os clientes.

As pessoas querem ter sucesso. O treinamento é recurso que a empresa tem para ajudá-las a serem bem-sucedidas. Se o gestor não as desenvolver, elas buscarão o sucesso em outro lugar! Colaboradores de qualidade querem trabalhar em negócios que os apoiem em desenvolver suas habilidades.

Caso o negócio seja parte de uma rede de Franquias, é importante o empresário se informar se a sua Franqueadora oferece treinamentos tanto para ele, Franqueado, como para sua equipe.

42.1. Formatos de treinamento

Para definir como proceder em um treinamento, é preciso conhecer os formatos de capacitação existentes. Basicamente, existem três formas de treinamento:

- Presencial.
- Ensino a distância (EAD).

- Capacitação combinada (combinação entre a capacitação presencial e o EAD. O termo é uma proposta de tradução dos autores para o termo em inglês *Blended Learning*).

42.1.1. Presencial

A capacitação presencial é aquela em que um treinador e os alunos estão fisicamente no mesmo local para a realização das atividades de aprendizagem. É a forma mais efetiva de aprendizado, por possibilitar um alto grau de interação entre o facilitador e os alunos, pois o facilitador pode usar diversas ferramentas de aprendizagem, além de poder atuar imediatamente para garantir a efetividade do aprendizado para a equipe.

Essa forma também é a mais recomendada quando é preciso gerar, além de aprendizado de conteúdo, uma mudança de mentalidade ou consciência sobre um determinado assunto para possibilitar uma mudança de atitude, devido à possibilidade de se trabalhar com atividades comportamentais e motivacionais.

42.1.2. EAD — Ensino a Distância

O EAD é uma forma de ensino que permite que os alunos não estejam fisicamente presentes em um ambiente formal de aprendizagem, além de possibilitar que os mesmos estudem de forma autônoma e em horários distintos.

Nessa modalidade de ensino, pode ou não haver comunicação entre treinador e aluno. Caso haja essa comunicação, ela ocorre por meio de tecnologias da informação, principalmente Internet, televisão, vídeo e CD-ROM. A comunicação facilitador-aluno pode acontecer em tempo real (EAD no formato síncrono), ou não (EAD no formato assíncrono).

42.1.3. Capacitação combinada

De acordo com Chris Procter, professor da Salford Business School da Inglaterra, a definição deste tipo de capacitação (*Blended Learning*) é a seguinte: "Combinação efetiva de diferentes formatos de entrega e modelos de ensino para disseminar o aprendizado e a informação".

A capacitação combinada permite que se consiga obter os benefícios de cada formato de capacitação, pois são previstos encontros presenciais em que a interação permite que se aprenda conteúdos mais complexos, bem como são endereçadas as necessidades comportamentais. Nesse modelo também são previstas ações em EAD, o que possibilita que a empresa consiga ensinar conteúdos mais básicos sem maiores custos de deslocamento e hospedagem de participantes.

Para que seja implantada uma iniciativa de capacitação combinada em negócios de varejo é preciso que seja gerenciado um processo de mudança cultural. Primeiro, para que a empresa perceba os benefícios dessa ferramenta e decida investir nesse modelo. Segundo, para que as equipes percebam os benefícios desse tipo e ferramenta e criem o hábito de utilizar esse tipo de capacitação para se desenvolver em suas atividades.

Visando ao sucesso e perenidade do negócio, é necessário que todos os aspectos importantes para manter os colaboradores treinados sejam observados. Por isso, devem ser verificados todos os processos necessários para desenvolver e oferecer um programa estruturado de capacitação, conforme relacionamos na sequência:

- Planejamento dos treinamentos.
- Desenvolvimento dos conteúdos.
- Aplicação dos treinamentos.
- Gestão dos resultados.

42.2. Planejamento dos treinamentos

Para que seja possível desenvolver um treinamento bem prático e assertivo, é importante observar *in loco* a dinâmica do negócio com a finalidade de entender bem o que acontece de fato na prática. A partir dessa análise e do levantamento de informações, é possível definir com propriedade o que cada pessoa precisa aprender.

É possível organizar essas informações em uma grade de treinamento a ser realizada, conforme o exemplo para a equipe das unidades de uma rede de Franquias e Varejo.

FOCO	TEMA TREINAMENTO	Empresário	Supervisor de unidade	Gerente de unidade	Vendedor	Caixa	Estoquista	Administrativo
Operações	Compras e Estoque na Unidade	✔	✔	✔			✔	✔
Operações	Técnicas de Exposição de Produtos e Visual Merchandising	✔	✔	✔	✔			
Vendas	Marketing e Divulgação Local de Unidade	✔	✔	✔				
Vendas	Atendimento e Vendas	✔	✔	✔	✔	✔		
Gestão	Gestão Financeira da Unidade	✔	✔	✔				✔
Gestão	Gestão de Pessoas e Liderança	✔	✔	✔				
Gestão	Gestão de Vendas	✔	✔	✔				

Para negócios de maior porte com diversas unidades, sugerimos a criação de um cronograma de aplicação de treinamentos formais, prevendo a formação de turmas em que os colaboradores devem comparecer ao local de treinamento, se esse não for na sua unidade.

42.3. Desenvolvimento dos conteúdos

Após a etapa de planejamento, é possível construir os treinamentos previstos visando que as pessoas que participarão dos mesmos recebam um conteúdo relevante para suas respectivas funções e que consigam reter grande parte do conhecimento apresentado.

Para que um alto índice de retenção de conhecimento seja alcançado, é necessário que a construção dos conteúdos leve em conta os conceitos de andragogia. Andragogia, segundo Malcom Knowles, é a arte e a ciência de ajudar os adultos a aprender. O verbo "ajudar" na frase anterior é importante, isso porque, segundo essa teoria, o adulto aprende por meio da interação com o conteúdo apresentado e com as demais pessoas.

A seguir, estão descritos os princípios da andragogia:

- Autonomia: O adulto sente-se capaz de tomar sua própria decisão, ou seja, se autogerir.
- Experiência: Fonte rica de aprendizado, oferece base para o aprendizado de conceitos e novas habilidades.
- Prontidão para aprendizagem: O adulto tem mais interesse em aprender aquilo que está relacionado a situações reais de sua vida.
- Aplicação da aprendizagem: O senso de urgência nos leva ao interesse pela aprendizagem de aplicação imediata.
- Motivação para aprender: Motivações internas – ligadas a valores e objetivos pessoais.

Esses princípios devem nortear o desenvolvimento dos treinamentos, pois a retenção do conhecimento é maior, além de tornar a aula mais prática e divertida, uma vez que se faz necessário utilizar atividades vivenciais e exercícios práticos para que o adulto consiga participar ativamente do processo de aprendizagem.

É necessário que os principais conceitos sejam discutidos nos treinamentos, para que os colaboradores efetivamente melhorem seu desempenho no negócio. A seguir, sugerimos o conteúdo de alguns treinamentos essenciais.

FOCO	TEMA TREINAMENTO	CONTEÚDO SUGERIDO
Operações	Compras e Estoque na Unidade	• Processo de Compras • Organização de estoque • Inventário • Controles Internos
Vendas	Técnicas de Exposição de Produtos e Visual Merchandising	• Organização dos equipamentos de exposição • Como padronizar a exposição com planogramas • Técnicas de Visual Merchandising
Vendas	Marketing e Divulgação Local de Unidade	• Como divulgar o negócio na região • Ações de marketing local • Gestão de cadastro e mailing de clientes • Relacionamento com os clientes
Vendas	Atendimento e Vendas	• Perfil do cliente de varejo • Perfil e comportamentos do vendedor de sucesso • Técnicas de atendimento e vendas • Fidelização de clientes por meio do pós-vendas

FOCO	TEMA TREINAMENTO	CONTEÚDO SUGERIDO
Gestão	Gestão Financeira da Unidade	• Conceito básico de finanças • Regimes financeiros • Demonstrativos de resultados do exercício • Análise vertical e ações de melhoria do resultado
	Gestão de Pessoas e Liderança	• Recrutamento e seleção de pessoas • Treinamento e desenvolvimento da equipe • Avaliação de desenvolvimento • Plano de desenvolvimento individual
	Gestão de Vendas	• Definição e gestão das metas de vendas • Gestão dos indicadores de vendas • Orientação dos indicadores de acordo com os resultados

42.4. Aplicação dos treinamentos

Após planejar e desenvolver o conteúdo dos treinamentos é hora de transmiti-los para a equipe, alcançando, assim, a desejada melhoria nas competências da equipe para cumprir suas atividades da melhor forma possível, com maior produtividade e eficiência.

A melhor maneira de aplicar esses treinamentos depende da realidade do negócio de cada varejo. Para gerar melhor resultado prático, vamos abordar esse tema para duas realidades diferentes. A primeira, para os empresários que possuem uma unidade, o que gera a necessidade de realizar esses treinamentos de forma mais individualizada, uma vez que a quantidade de colaboradores ainda não permite a formação de turmas de treinamento. A segunda será focada para os empresários que têm várias lojas, e que já possuem uma quantidade de colaboradores onde é possível a formação de turmas de treinamento. Para ter um parâmetro em qual realidade o negócio se encontra, podemos definir que um empresário com mais de 30 colaboradores na equipe de vendas já pode se enquadrar nesta segunda realidade.

42.4.1. Aplicação dos treinamentos para uma unidade

Neste tipo de situação, recomendamos que os empresários definam uma pessoa da sua equipe interna como sendo o responsável pela capacitação das equipes. Normalmente, esta função fica a cargo do gerente de unidade, que já conhece o negócio e está bem familiarizado com o produto e com o segmento. É importante também que essa pessoa se identifique com o papel de transmitir conhecimento.

Esse indivíduo terá a função de multiplicador de treinamento, além da sua função usual. Não existe uma obrigação de diferenciar esta pessoa com ganhos financeiros por essa atividade adicional, mas é prática de mercado que essa pessoa tenha um reconhecimento diferenciado por exercer essa função. Portanto, o ganho para a pessoa é mais em *status* dentro do negócio do que financeiro propriamente dito, embora o ganho financeiro possa também ser utilizado.

Criados os materiais de treinamento e definido o seu multiplicador, é hora de partir para a aplicação. Essa pessoa deve criar um roteiro de encontros com a equipe, obedecendo a realidade da unidade. O ideal é que os encontros de treinamento sejam de curta duração (uma hora, por exemplo) e focados em um único tema em cada dia. Isso porque ele deverá ser aplicado ou fora do horário de funcionamento da unidade (mas não fora do horário de trabalho, para não configurar hora extra), ou na primeira hora de funcionamento, que na maioria dos negócios é um horário de movimento ainda fraco, abrindo a possibilidade para focar a equipe nessa tarefa (é importante deixar pelo menos um colaborador, ou até mesmo o gerente da respectiva unidade para atender os clientes). Os momentos mais utilizados para esses treinamentos são a abertura da unidade e a troca de turno, onde os colaboradores acabaram de chegar para trabalhar e estão com a mente propícia para a absorção de conhecimento.

O multiplicador de treinamento deve providenciar um material de estudo para cada pessoa da equipe e entregá-lo com antecedência, solicitando que as pessoas leiam a parte do conteúdo do primeiro encontro, o que já deve estar especificado nessa comunicação. No dia e horário planejado, ele deve reunir a equipe e perguntar a todos o que entenderam do material. Procedendo dessa forma, o multiplicador já terá uma ideia de quais colaboradores são mais engajados no treinamento, pois serão aqueles que realmente procederam à leitura e participaram mais respondendo às questões propostas. Esses colaboradores que se destacaram positivamente merecem algum tipo de reconhecimento, mesmo que verbal (o multiplicador não deve economizar frases do tipo "parabéns por ter se empenhado neste treinamento"). Ao final, é combinado qual conteúdo será abordado no segundo encontro e qual será a data deste encontro, que deve obedecer ao mesmo formato. E assim sucessivamente, devem ocorrer todos os encontros definidos.

Sugerimos que o multiplicador tenha um cronograma completo dos encontros, mas ele pode escolher divulgar o cronograma todo ou apenas o próximo encontro para a equipe. Isso porque o varejo é muito dinâmico e pode ocorrer algum imprevisto que mude as datas propostas. Comunicando apenas a próxima data, o multiplicador pode ajustar seu cronograma da melhor forma possível, de maneira alinhada ao que é solicitado em relação a eventuais mudanças de prioridade de trabalho.

É importante que os encontros sejam no formato de um diálogo com a equipe, onde não somente o multiplicador fala, mas todos participam com suas experiências e suas opiniões, pois quanto maior a participação, maior a retenção de conhecimento.

42.4.2. Aplicação dos treinamentos para várias unidades

Os negócios que contam com várias unidades normalmente possuem a figura do supervisor de unidade, que é um profissional responsável por visitar e supervisionar um determinado número delas, bem como de auxiliar os gerentes das mesmas a atingir os resultados esperados. Esses supervisores podem auxiliar no processo de treinamento das equipes das unidades.

Nesse tipo de situação, recomendamos a formação de turmas de treinamento para que a aplicação dos conteúdos ocorra de forma organizada e alinhada entre toda equipe. Fazendo com a equipe própria, ou contratando uma empresa especializada nesse tipo de serviço, é importante que o processo de treinamento seja seguido na íntegra para se obter o máximo de sucesso nessa jornada. Ressaltamos que é importante deixar a aplicação da capacitação a cargo de uma pessoa preparada e que tenha familiaridade com os conceitos de andragogia (citados anteriormente) e da técnica de facilitação de grupos.

A técnica de facilitação de grupos é o processo de geração da aprendizagem por meio do posicionamento ativo dos participantes, em que os conceitos a serem trabalhados são construídos a partir do conhecimento de cada um, possibilitando que os participantes consigam participar ativamente da capacitação, uma vez que o principal papel do treinador é manter a discussão entre as pessoas e provocar as reflexões que são importantes para a assimilação do conteúdo que está sendo tratado.

É importante trabalhar com um treinador devidamente capacitado a cumprir o seu papel para realizar um treinamento de qualidade. Veja, a seguir, quais são os seus principais papéis:

- Reconhecer Pessoas: Como capazes de contribuir, valorizando sempre as contribuições, sem pré-julgamentos e com postura positiva.
- Saber Ouvir: Manter contato visual, não interromper a fala do outro.
- Saber Administrar o Tempo: Manter o foco para garantir que o objetivo seja atingido.
- Estimular a Participação: Sem expor ninguém e estimular a criatividade. Desafiar, quando possível. Reconhecer toda contribuição como importante.
- Promover o Entendimento: Perceber e manifestar verbal e não verbalmente se todos entenderam. Investigar, fazer boas perguntas, parafrasear para verificar o aprendizado.
- Administrar os Conflitos: Nunca entrar em jogo de poder, não confrontar.
- Obter Consenso: Certificar-se para que haja um perfeito entendimento do que está sendo tratado e, quando necessário, tomar decisões através de consenso.

O treinador questiona, fala, envolve, mostra o caminho e encoraja perguntas. Ele ajuda o grupo nos seus objetivos e, apesar de saber as respostas, prefere que o grupo pense e, após ouvir as respostas de cada um, integra a informação e consolida o conhecimento.

Além de ter o perfil correto e conhecer bem o seu papel, é preciso que o treinador esteja muito familiarizado com o conteúdo que irá disseminar. De preferência, ele deve ser um especialista no tema, com vasta experiência e conhecimento da realidade.

Se o negócio fizer parte de uma rede de Franquias, é importante verificar se a Franqueadora já tem prontos e pode fornecer os conteúdos e demais materiais necessários para a realização dos treinamentos.

Para realizar um bom treinamento, é preciso preparar a infraestrutura do curso, para que seja possível realizar as atividades previstas. Na sequência, veja um exemplo de recursos de aprendizagem que podem e devem fazer parte da aplicação de uma capacitação:

- Projetor multimídia.
- *Flip-chart.*
- Televisão.
- DVD.
- Manuais operacionais.
- Apostila do curso.
- Vídeos.
- Materiais de apoio para atividades práticas (cartolina, cola, tesoura etc.).
- Produtos utilizados na unidade para realização de simulações.

Além dos materiais para atividades, faz parte da infraestrutura do curso definir qual o melhor espaço físico para a capacitação. Isso irá depender basicamente de qual tema será tratado, qual o público-alvo e qual a quantidade de pessoas que haverá no curso.

Para que o treinamento seja produtivo, é recomendado que o número de participantes seja limitado de 25 a 30 pessoas. Uma quantidade de participantes superior a esse número terá sua efetividade comprometida, pois um facilitador, por melhor que esteja preparado, pode não conseguir dar a devida atenção a todos (pois todos os participantes têm necessidades individuais) se a turma for muito grande.

Acreditamos que um treinamento deve trazer várias formas de aprendizado, cada uma com um objetivo específico e atendendo a um estilo de aprendizagem diferente. Vejamos a seguir quais as principais formas de transferir o conhecimento e gerar aprendizado:

TRANSMISSÃO DO CONHECIMENTO	COMO FAZER?
AULA COMUM-EXPOSITIVA	• Falar o conteúdo para os participantes ouvirem (palestra).
LEITURAS	• Propor leitura de livros, artigos ou reportagens ligadas ao tema proposto. • Propor uma reflexão sobre como o conteúdo da leitura pode ser usado para melhorar o resultado de seu trabalho (fazer o "link" entre a teoria e a prática).
AUDIOVISUAL	• Principal ferramenta de apoio são os programas de apresentação (como o PowerPoint). • Apresentar conteúdo em texto ou figura, podendo usar música e filmes para ilustrar. • Usar gráficos, textos, depoimentos e filmes para apoiar o discurso falado.
DEMONSTRAÇÃO	• Mostrar como fazer determinada atividade. • Gerar o aprendizado por meio do exemplo prático.
DISCUSSÃO EM GRUPO	• Promover o aprendizado por meio da interação entre os participantes. • Propor desafios e perguntas e solicitar que (em grupo) apresentem a resposta. • Propor debates em grupo para encontrar a solução de um problema ou situação.
APRENDER FAZENDO-PRÁTICA	• Fazer simulação para exercitar o que foi aprendido na teoria (*role play*). • Colocar participantes em situações tiradas da realidade (por exemplo: reclamações de clientes) para ver como cada um reagiria. • Fazer estudos de caso fictícios, trazendo o perfil de uma loja da rede com seus respectivos indicadores e históricos de atuação e propor que seja feito um plano de ação para melhorar os resultados do negócio. • Gerar reflexão sobre a situação e pontuar como é correto proceder (focar comportamento).

TRANSMISSÃO DO CONHECIMENTO	COMO FAZER?
ENSINAR OS OUTROS	• Solicitar que os participantes relatem "melhores práticas" que realizam (Relacionadas com o tema da capacitação). • Perceber quais participantes já têm um conhecimento avançado no tema tratado e valorizá-los, pedindo a eles que ajudem o facilitador com exemplos e depoimentos de situação bem-sucedidas.

42.5. Gestão dos resultados

Uma dúvida que sempre assolou os empresários de varejo refere-se a quanto, de fato, as iniciativas de treinamento agregam valor ao negócio. Por isso, mensurar indicadores é primordial em iniciativas de capacitação. Veja a seguir as cinco categorias de avaliação, e qual o percentual das empresas brasileiras pesquisadas que medem cada uma delas, segundo uma pesquisa apresentada no Congresso Brasileiro de Treinamento e Desenvolvimento (CBTD) de 2013:

1. **Reação** – o que os participantes acharam do programa – 41,9%
2. **Aprendizado** – o quanto os participantes efetivamente aprenderam o conteúdo apresentado – 26,7%
3. **Aplicação** – se o conteúdo foi efetivamente utilizado na prática pelos participantes no dia a dia do seu trabalho – 10,4%
4. **Impacto** – o quanto a aplicação deste conhecimento impactou a organização – 6%
5. **Retorno sobre o Investimento** (ROI – do inglês *Return On Investment*) – o quanto a capacitação trouxe de retorno financeiro para a organização – 0% (na amostra de empresas pesquisadas, NENHUMA mede o ROI, e 15% não usa nenhuma medição nas capacitações)

Em negócios de varejo, verificamos que as avaliações das duas primeiras categorias (reação e aprendizado) são importantes para definir se os treinamentos foram bem realizados, e se as pessoas que participaram gostaram dos treinamentos. Basicamente, esses indicadores medem se a equipe que desenvolveu e aplicou o treinamento fez um bom trabalho. Detalharemos à frente esses dois tipos de avaliação.

Já as avaliações das categorias três e quatro (aplicação e impacto) são as mais relevantes para os gestores do negócio, uma vez que mais importante do que saber se as pessoas gostaram do treinamento e se aprenderam os conteúdos, é saber se elas estão efetivamente pondo em prática esses aprendizados no seu trabalho e, além disso, se ao aplicá-los, está havendo impacto no resultado do negócio.

Mesmo sendo muito importante, a categoria cinco de avaliação (Retorno sobre o Investimento) ainda é incipiente no Brasil devido à sua complexidade de medição, mas já temos informações de empresas do varejo brasileiro e prestadores de serviços especializados em Educação Corporativa que estão mensurando este indicador.

42.5.1. Avaliação de reação

É importante que cada participante de um treinamento preencha uma avaliação de reação do curso, visando mensurar se as pessoas ficaram satisfeitas com o treinamento. Assuntos como a competência do treinador, a adequação da infraestrutura e equipamentos, a clareza do conteúdo, a correção do material didático, entre outros, são aspectos que devem ser medidos nessa avaliação que foi desenvolvida pelo especialista Douglas Kirkpatrick.

Ao consolidar as avaliações de reação preenchidas pelos participantes, é possível que o responsável pelo treinamento tenha uma visão geral dos resultados obtidos em relação às expectativas dos participantes, sejam eles da Franqueadora ou da rede. Essa consolidação evidencia o quão importante estão sendo os treinamentos, o que é uma forma interessante de motivar as pessoas e obter resultados positivos.

Avaliação de Reação

Tema:
Data:
Instrutor:

Identificação (preenchimento opcional)
Participante: Empresa:

Avaliação: Assinale a alternativa que corresponde à sua satisfação em relação a cada item avaliado.

	Muito Satisfeito	Satisfeito	Pouco Satisfeito	Insatisfeito
Qual o seu grau de satisfação geral em relação ao curso?	☐	☐	☐	☐
Conteúdo do Curso:				
Aplicabilidade do conteúdo à prática profissional	☐	☐	☐	☐
Qualidade, organização e clareza do material didático	☐	☐	☐	☐
Instrutor:				
Conhecimento do assunto	☐	☐	☐	☐
Disponibilidade para esclarecimento de dúvidas	☐	☐	☐	☐
Habilidade em estimular o envolvimento do grupo	☐	☐	☐	☐
Clareza e objetividade da exposição	☐	☐	☐	☐
Infraestrutura:				
Cumprimento dos horários (início, final, coffee break etc.)	☐	☐	☐	☐
Atendimento e informações (antes e durante o curso)	☐	☐	☐	☐
Condições das instalações e dos equipamentos	☐	☐	☐	☐
Alimentação (Coffee break e almoço)	☐	☐	☐	☐

Sugestões e Melhorias:
Você tem alguma sugestão para a melhoria deste curso ou sugestões de novos temas?

Exemplo de Avaliação de Reação de Treinamento

42.5.2. Avaliação do aprendizado

Por meio das avaliações de aprendizado, é possível medir o quanto as pessoas aprenderam dos conteúdos dos treinamentos. Essa avaliação pode ser dissertativa ou de múltipla escolha. O importante é que essa avaliação seja bem formulada, de forma que consiga captar a realidade do aprendizado internalizado pelos participantes.

Uma forma interessante de se obter o indicador de performance dos treinamentos é fazer uma avaliação antes do curso e outra após. Assim, ao confrontar a diferença entre as duas (que, de preferência, devem ser idênticas), é possível medir quanto cada colaborador melhorou seus conhecimentos acerca dos assuntos tratados. Uma avaliação com 10 perguntas de múltipla escolha já é o suficiente para fazer esta mensuração de forma efetiva. Veja a seguir um exemplo real de consolidação de avaliação de aprendizado de um treinamento realizado para vendedores de uma em uma rede de Franquia.

Exemplo de consolidação das Avaliações de Aprendizado:

Nº	NOME	FUNÇÃO	NOTA DO PRÉ-TESTE	NOTA DO PÓS-TESTE	EVOLUÇÃO DO APRENDIZADO
1	A	VENDEDOR	4	8	100%
2	B	VENDEDOR	3	7	133%
3	C	VENDEDOR	5	9	80%
4	D	VENDEDOR	2	8	300%
5	E	VENDEDOR	3	10	233%
6	F	VENDEDOR	3	9	200%
7	G	VENDEDOR	4	8	100%
8	H	VENDEDOR	3	9	200%
9	I	VENDEDOR	2	9	350%
10	J	VENDEDOR	6	9	50%
11	K	VENDEDOR	5	8	60%
12	L	VENDEDOR	7	10	43%
13	M	VENDEDOR	2	9	350%
14	N	VENDEDOR	4	10	150%
15	O	VENDEDOR	4	8	100%
16	P	VENDEDOR	3	9	200%
17	Q	VENDEDOR	1	10	900%
18	R	VENDEDOR	2	8	300%
19	S	VENDEDOR	3	9	200%
20	T	VENDEDOR	4	9	125%
	MÉDIA DA TURMA		3,5	8,8	151%

Após aplicar os respetivos treinamentos para as equipes nas redes de Franquias e Varejo, é importante observar o desempenho das pessoas no seu trabalho e medi-lo sistematicamente, a fim de garantir que a experiência de marca do cliente está sendo positiva. Isso pode ser feito com um processo sistemático de avaliação de desempenho.

42.6. Avaliação de desempenho

Em relação à avaliação de desempenho, podemos resumir este processo conforme o quadro:

AVALIAÇÃO DE DESEMPENHO	DETALHAMENTO
O QUE É	É uma ferramenta utilizada para avaliar a performance e medir os resultados do trabalho de cada colaborador em relação ao desejado.
FINALIDADE	Orientar as ações que devem ser tomadas para motivar a equipe, e identificar aqueles que atingem metas e superam expectativas para que sejam reconhecidos.
PERIODICIDADE	Semestral (recomendado).
PASSO A PASSO	Desenvolver o formulário de avaliação de desempenho dos colaboradores. Comunicar o formulário para a equipe. Agendar a reunião de avaliação de desempenho. Confrontar a autoavaliação dos colaboradores com a avaliação do gestor. Analisar as discrepâncias de percepção . Gerar um plano de desenvolvimento individual em conjunto com cada colaborador.

Um dos aspectos mais importantes de um bom modelo de Avaliação de Desempenho é a transparência do processo. Por isso, via de regra, as duas principais queixas dos colaboradores sobre a avaliação de desempenho são:

- Falta de clareza em relação a função da avaliação e suas consequências.
- Falta de retorno do gestor sobre o desempenho individual.

Para evitar essas queixas, é importante que o formulário de avaliação com os critérios que serão medidos seja apresentado antes da realização da avaliação. Além disso, é importante comunicar a todos os colaboradores como funciona o processo de avaliação e quais as consequências futuras tanto para as pessoas que são bem avaliadas, quanto para as que são mal avaliadas.

O ideal é que o colaborador utilize esse formulário para primeiramente fazer a sua autoavaliação. No dia da reunião com o gestor para a avaliação formal, é confrontada a autoavaliação do colaborador com a avaliação realizada pelo gestor. Esse processo gera um ganho de consciência do colaborador, que passa a saber exatamente quais aspectos do seu desempenho possuem alinhamento de visão com o gestor e quais estão desalinhados.

Analisando as funções de um negócio em redes de Franquias e Varejo, notamos que existem funções de caráter gerencial (gerentes), outras de caráter comercial (vendedores), e outras de caráter operacional (estoquistas, caixas etc.). Entendemos que as funções de caráter operacional são mais difíceis de serem medidas, devido à dificuldade de relacionar o seu trabalho com o resultado do negócio.

Por isso, sugerimos que os critérios de avaliação da equipe operacional enfoquem uma parte na execução de suas tarefas, mas tenha também uma parte ligada ao desempenho de vendas, até mesmo para gerar sinergia e fazer com que esses colaboradores ajudem os demais no objetivo principal, que é alcançar os níveis de vendas necessários para o cumprimento dos objetivos do negócio.

Já as funções de caráter comercial são mais simples de serem aferidas, uma vez que grande parte dos critérios de avaliação devem ser ligados à performance (ou seja, cumprimento das metas de vendas), tendo uma pequena parte ligada a critérios qualitativos e comportamentais.

As funções de caráter gerencial precisam conter grande parte dos critérios ligados ao desempenho de vendas, mas devem ter uma parte também ligada a aspectos de liderança e capacidade de melhorar o desempenho das pessoas sob sua gestão.

A seguir, um exemplo genérico de formulário e avaliação de desempenho para vendedores de uma rede de varejo:

AVALIAÇÃO DE DESEMPENHO – VENDEDORES

Vendedor:	João	Data da Avaliação	15/07/2008

Assiduidade	Peso	Sim	Não	Comentários
1. O vendedor comparece ao trabalho todos os dias?	1	X		
2. O vendedor cumpre corretamente seus horários de expediente?	2		X	

Apresentação	Peso	Sim	Não	Comentários
1. O vendedor usa correta e adequadamente o uniforme?	2	X		
2. O vendedor apresenta-se de acordo com as normas de higiene e aparência pessoal?	2		X	
3. O vendedor é sempre cordial com os clientes?	2	X		

Atendimento	Peso	Sim	Não	Comentários
1. O vendedor tem boa abordagem do cliente?	2	X	X	
2. O vendedor utiliza técnicas de vendas?	2	X		
3. O vendedor sugere adicionais?	2	X		
4. O vendedor recepciona o cliente sorrindo, chama-o pelo nome?	2		X	
5. O vendedor consegue reverter dando alternativa de compra, quando não há na loja o produto solicitado?	2		X	
6. Após fechar a venda, o vendedor acompanha o cliente até a porta?	2	X		
7. O vendedor se coloca à disposição do cliente?	2	X	X	

Produtividade	Peso	Sim	Não	Comentários
1. O vendedor controla suas vendas?	1	X	X	
2. O vendedor conhece profundamente os produtos e preços da loja?	2	X	X	
3. O vendedor atinge suas metas mensais?	2		X	
4. O vendedor mantém sua seção limpa, organizada e com a reposição adequada?	2		X	
5. O vendedor demonstra-se receptivo para atender, sem ficar em rodinhas, procurando manter-se em atividade?	2		X	
6. O vendedor cadastra clientes no sistema?	1	X		
7. O vendedor telefona aos clientes cadastrados no pós-vendas?	1	X		

Características Pessoais	Peso	Sim	Não	Comentários
1. O vendedor relaciona-se bem com os companheiros de equipe?	1	X		
2. O vendedor respeita a hierarquia?	2	X		
3. O vendedor respeita as regras da loja?	2	X		
4. Tem disposição para ajudar e trabalhar com outras pessoas?	1		X	
5. Iniciativa – Toma a frente na solução de problemas?	2		X	
6. É proativo?	2	X		
7. Senso de custo – Utiliza adequadamente equipamentos e material, evitando desperdícios?	2	X		
8. Liberdade com responsabilidade – Tem capacidade de trabalhar sem supervisão, mantendo-se informado de forma a tomar decisões dentro de seus limites?	2		X	
9. Comunicação – Expressão de ideias oral e escrita de forma clara e precisa?	1		X	
10. Habilidade em ouvir – Capacidade de ouvir, de interessar-se pelo que o outro diz e de entender o ponto de vista do outro?	2	X		
11. Flexibilidade – tem capacidade de se adaptar com facilidade a situações novas?	1	X		

PONTUAÇÃO FINAL	Nota máxima	Nota Avaliação	%
	52	32	61,5%

Acreditamos que aplicar periodicamente a avaliação de desempenho nos colaboradores é uma forma efetiva de garantir a melhoria contínua das pessoas, orientando-as a se comportar da forma mais adequada para alcançar resultados cada vez melhores para o negócio.

42.6.1. Enfoque do pico de performance

Muito se comenta hoje que a alta rotatividade nas redes de Franquias e Varejo tem sido uma justificativa para minimizar os investimentos em treinamento. No entanto, vemos que a falta de treinamento das equipes impacta negativamente o atendimento, gerando insatisfação e perda de clientes para a concorrência. Sugerimos uma reflexão: afinal, o que é melhor? Ter alguém treinado por três meses ou ter alguém destreinado pelos mesmos três meses?

Aqui, o prazo de três meses é meramente fictício, uma vez que cada negócio tem o seu nível de rotatividade. Porém, independente do prazo médio que um colaborador permanece no negócio, acreditamos que é melhor que ele esteja treinado do que destreinado. Mas mesmo assim, uma outra dúvida pode surgir: o investimento em treinamento de um colaborador gera resultado ou gera prejuízo para o negócio?

A resposta a essa pergunta pode ser obtida se analisarmos o enfoque do pico de performance. Esse conceito estuda de que forma é possível obter maiores resultados com a equipe de vendas, mesmo com a premissa de que as pessoas poderão ficar pouco tempo na função. Vejamos a seguir como o conceito funciona:

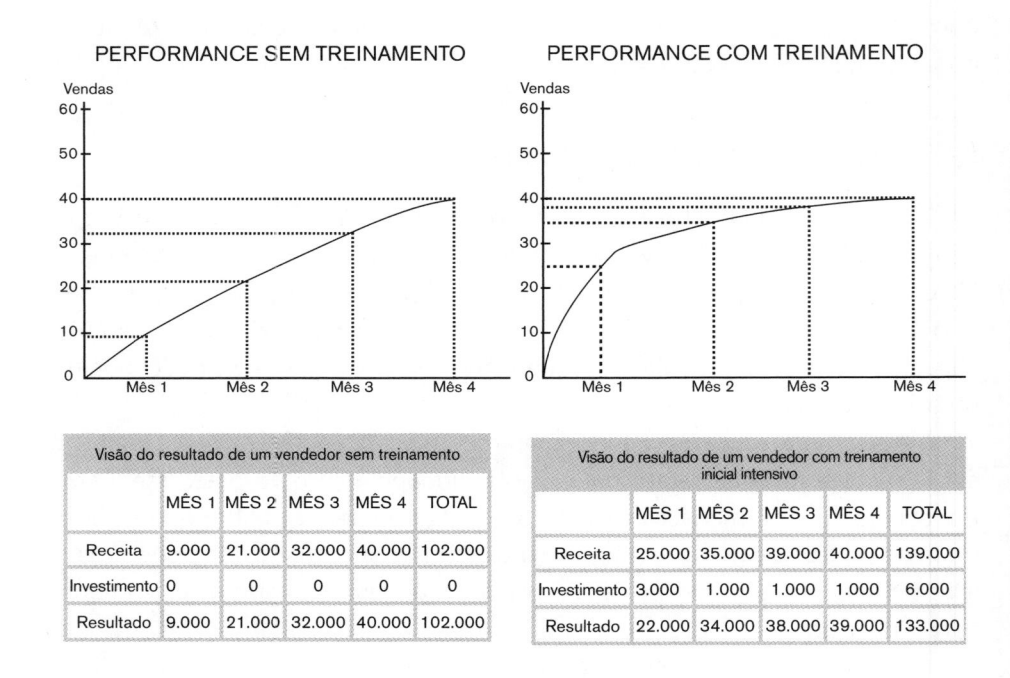

PERFORMANCE SEM TREINAMENTO

Visão do resultado de um vendedor sem treinamento					
	MÊS 1	MÊS 2	MÊS 3	MÊS 4	TOTAL
Receita	9.000	21.000	32.000	40.000	102.000
Investimento	0	0	0	0	0
Resultado	9.000	21.000	32.000	40.000	102.000

PERFORMANCE COM TREINAMENTO

Visão do resultado de um vendedor com treinamento inicial intensivo					
	MÊS 1	MÊS 2	MÊS 3	MÊS 4	TOTAL
Receita	25.000	35.000	39.000	40.000	139.000
Investimento	3.000	1.000	1.000	1.000	6.000
Resultado	22.000	34.000	38.000	39.000	133.000

Sem uma carga de treinamento inicial, ocorre que um vendedor típico aprende errando, fazendo com que demore mais tempo para chegar na maturidade de vendas. E dependendo do nível de rotatividade do negócio, corre-se o risco de que quando o vendedor está apresentando bons resultados de vendas, ele saia da empresa. Essa visão é mostrada no gráfico Performance sem Treinamento.

O enfoque do pico de performance consiste em dar uma carga grande de treinamento no início do trabalho de um novo vendedor. Dessa forma, ele atinge a maturidade de vendas logo nos primeiros meses, fazendo com que em pouco tempo dê resultados de vendas e retorne o investimento feito no treinamento. Essa visão é mostrada no gráfico Performance com treinamento.

Por isso, acreditamos que é importante um treinamento inicial adequado e estruturado para a equipe de vendas nas redes de Franquias e Varejo, visando que esse colaborador dê bons resultados rápido, retornando, dessa forma, o investimento feito no treinamento.

No exemplo fictício anterior, o resultado de vendas foi de R$31.000,00 a mais para um vendedor que obteve treinamento antes de iniciar seu trabalho nas vendas, sendo que o investimento em treinamento foi de R$6.000,00 ao longo do período.

42.6.2. *Feedback* para ajustar o comportamento dos colaboradores

Acreditamos que o resultado é gerado pelas pessoas. Orientar a equipe é de suma importância, porém, é importante saber como falar com cada pessoa. Conhecer a técnica de *feedback* pode ajudar a melhorar consideravelmente a realização dessa atividade.

Feedback é a informação (não mero comentário) dada aos funcionários para incentivar, corrigir ou melhorar o desempenho. O *feedback* positivo é um reforço. O *feedback* negativo só funciona se houver o hábito de dar *feedback* positivo frequentemente. O *feedback* pode ser quantitativo ou qualitativo, conforme a figura.

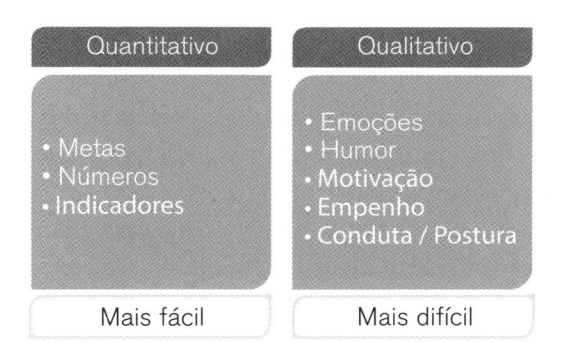

Quantitativo	Qualitativo
• Metas • Números • Indicadores	• Emoções • Humor • Motivação • Empenho • Conduta / Postura
Mais fácil	Mais difícil

Características de um bom *Feedback*:
- Imparcial - Não seja apenas emocional.
- Objetivo e específico - Sobre a situação específica que gerou o *feedback*.
- Apropriado - Limite-se ao que realmente é importante.
- Direto - Não dê voltas até chegar ao problema real.
- Imediato - Corrija imediatamente o que não está bom.

Roteiro para um bom *Feedback*:
- Agir de maneira cordial, usar sempre a cortesia e o respeito.
- Comunicar-se de forma objetiva. Usar um tom de voz adequado, sem se mostrar impositivo, agressivo ou autoritário.
- Ter empatia e sensibilidade para colocar-se no lugar do outro enquanto estiver dando o *feedback*.

- Dar *feedback* sobre comportamentos observáveis ou processos de trabalho que realmente precisam melhorar.
- Evitar generalizar, julgar ou avaliar a pessoa.
- Dar exemplos, fazer analogias, apontar as partes que merecem revisão.
- Certificar-se de que a pessoa está compreendendo a sua mensagem.
- Usar o método PNP (positivo, negativo, positivo). Iniciar enfatizando aspectos positivos do colaborador, depois abordar os comportamentos que devem ser melhorados (aspectos negativos) e finalizar reforçando a confiança no colaborador, o que também é um aspecto positivo.
- Preparar-se para lidar com justificativas e não aceitação. Geralmente quem recebe o *feedback* acredita que fez um bom trabalho.
- Esclarecer as dúvidas.

Para conseguir dar bons *feedbacks*, uma abordagem de sucesso é focar o comportamento, e não as pessoas propriamente ditas. Isso porque se o colaborador entender que a crítica é pessoal, existe grande probabilidade dessa comunicação gerar rejeição, em vez do que é esperado, que é a mudança para comportamentos mais assertivos. Podemos dizer que o *feedback* é bem-sucedido quando a pessoa muda o comportamento efetivamente.

43. Engajamento das pessoas

Engajamento de pessoas é um tema de vanguarda no ambiente empresarial. Visando dar nossa contribuição e clarificar um pouco mais o tema, é preciso aprofundar esse assunto para descobrir como de fato as empresas podem engajar as pessoas, em especial nas redes de Franquia e Varejo.

O significado no dicionário *Michaelis*, temos que, fora as definições de cunho militar, engajamento significa prestação voluntária de serviço ativo. Gostamos dessa definição porque ela tem a essência do termo engajamento, por meio da palavra voluntária.

Explicando melhor, ter um colaborador engajado é, acima de tudo, ter um colaborador que desempenha bem suas funções não porque o líder solicitou, ou porque a empresa o está remunerando por isso. Acima de tudo, o colaborador engajado é aquela pessoa que quer, por conta própria, executar bem as tarefas do dia a dia, pois ele vê importância e significado nelas. Em outras palavras, ele vê sentido no que está fazendo, e sabe da importância do seu papel tanto para o negócio quanto para a sociedade.

Em 2014, a empresa americana Answer realizou um estudo em que foi possível mostrar claramente que o aumento do engajamento dos colaboradores gera mais satisfação dos clientes e, por consequência, mais vendas nas lojas. O estudo foi realizado em uma rede de varejo americana de 300 lojas com *ticket* médio de U$ 30,00 e 1 milhão de transações de vendas por mês. O resultado do estudo mostrou que ao melhorar o engajamento dos colaboradores da rede, a satisfação dos clientes melhorou proporcionalmente, gerando um incremento de vendas anuais em 3%.

Sabendo disso, fica uma questão intrigante: Como gerar o engajamento das pessoas? Uma forma de consegui-lo é por meio das seguintes iniciativas:

1. A comunicação e o entendimento do propósito da empresa, a ponto dos colaboradores sentirem que de fato a empresa tem um papel nobre e relevante na sociedade.
2. O alinhamento entre o propósito da empresa com o propósito individual dos colaboradores, de forma que cada pessoa sinta que seu trabalho é importante para o bem comum.
3. O entendimento de como o trabalho do dia a dia contribui para o cumprimento do propósito da empresa como um todo, ou seja, qual é a parcela individual de contribuição de cada colaborador.

De fato, acreditamos ser muito difícil existir engajamento sem entendimento do propósito. Por isso, é de suma importância que as empresas tenham, além de uma missão, um propósito claro e relevante. A distinção entre esses conceitos é que a missão da empresa diz o que ela tem de fazer e conquistar. Já o propósito diz por que a empresa existe e como ela contribui para construir um mundo melhor.

As empresas que superam esse desafio de engajar as pessoas, mais do que clientes, têm verdadeiros fãs da marca. Isso ocorre porque elas foram bem-sucedidas nos três fatores citados anteriormente, conquistando colaboradores altamente engajados no propósito da empresa, e esse engajamento se reflete em um atendimento de qualidade para os clientes, uma vez que os colaboradores estão felizes e sabem de fato o que estão agregando para as pessoas. Como resultado, o público externo reconhece esse esforço, e a marca conquista a admiração de um público cada vez maior de pessoas, além dos níveis adequados de vendas para manter a perenidade do negócio.

43.1. Motivação e comunicação

Para ter uma equipe motivada é importante que a comunicação entre o gestor e as pessoas seja transparente, clara e assertiva. Basicamente, podemos definir que uma boa comunicação é uma troca de mensagens que gera ação em comum, ou seja, o entendimento entre as partes é correto. O que pode melhorar muito essa comunicação é o gestor dar o máximo de contexto e explicações sobre por que está solicitando determinadas tarefas.

Como existem barreiras na comunicação, sejam elas culturais, físicas ou de entendimento, é preciso garantir que quem fala a mensagem se faça entender por quem a recebe. Isso pode ser alcançado por meio da formalização das tarefas, seja com procedimentos escritos ou vídeos explicativos, ou mesmo pelo *feedback* do que a pessoa entendeu da mensagem. Assim, a equipe pode tirar suas dúvidas e evitar os ruídos na comunicação.

A boa comunicação gera motivação, pois quando existe o entendimento da importância de determinada ação, a equipe irá responder com uma atitude positiva, desde que o gestor tenha este cuidado de se fazer claro e tirar as dúvidas da equipe.

43.2. Clima organizacional

Outro fator muito importante para o engajamento é o clima da unidade. Sabemos que as pessoas tendem a não ficar nas empresas onde não se sentem bem; por isso, zelar por uma boa convivência entre as pessoas, promover o respeito entre os colaboradores e deles com o gestor, e se colocar à disposição da equipe para ouvir e orientar aqueles que tiverem necessidade de direcionamento é muito saudável.

Um clima organizacional positivo gera colaboradores mais felizes, que por sua vez irão atender os clientes da forma correta, buscando a fidelização dos mesmos.

43.3. Fundamentos da liderança

Segundo o especialista Ken Blanchard, liderança é a capacidade de influenciar os outros a liberar seu poder e potencial, de forma a impactar o bem maior. Seja na empresa ou na vida das pessoas, o líder faz toda a diferença!

O líder deve entender que é responsável pelos resultados e pelas mudanças de atitudes da equipe para satisfazer os clientes, proporcionando o crescimento da empresa como um todo.

Por isso, o grande desafio dos líderes nos negócios de varejo é conseguir de seus liderados três coisas:

1. **Saber fazer:** passar o conhecimento necessário para os liderados.
2. **Fazer saber:** treinar os liderados e deixá-los aptos a realizar suas atividades com excelência (habilidades).
3. **Fazer fazer:** garantir que os liderados executem as tarefas da forma correta e atinjam os objetivos (atitudes).

Visando maximizar suas competências de liderança, os empresários do varejo devem observar os seguintes princípios nas suas atitudes cotidianas:

- **Estabelecer Objetivos Claros** – saber aonde ir.
- **Compartilhar Sonhos** – ter ambições positivas.
- **Compartilhar a Inovação** – errar, assumir riscos.
- **Atender à Emoção** – celebrar e agradecer.
- **Delegar** – dividir e dar autonomia com responsabilidade.

Afinal, o que importa para um líder não é aquilo que acontece no negócio quando ele está por perto, e sim aquilo que acontece quando ele não está!

Por isso, é importante que a equipe perceba que o gestor é coerente com os principais fundamentos da liderança. Conforme pesquisa realizada pela Fundação Dom Cabral, estes fundamentos são:

- **HONESTIDADE** – coerência entre palavras e prática.
- **INSPIRAÇÃO** – entusiasmo, paixão e confiança acerca do futuro.
- **COMPETÊNCIA** – não se concede crédito a quem não apresenta um histórico de realizações.
- **CAPACIDADE** – Ser capaz de congregar as pessoas para que realizem os objetivos da empresa de forma positiva.
- **CORAGEM** – Líderes que desafiem o estado atual das coisas, criem visões de futuro e sejam capazes de inspirar os membros da organização a querer realizar essas visões.

O líder precisa aprender que seu poder depende muito mais de sua humildade e capacidade de apoiar seus colaboradores do que de sua perícia técnica. Ele focaliza o ambiente externo, analisa o mercado, molda o futuro e esboça caminhos para concretizá-los.

Portanto, sua atenção deve estar centrada nas grandes linhas estratégicas, na visão inspiradora e na coordenação da energia das pessoas.

44. Crescimento

Como sabemos, para uma empresa ter resultados, é preciso apresentar níveis crescentes de vendas sistematicamente. Entretanto, alguns estudos mostram a dificuldade em engajar equipes. Uma pesquisa divulgada em 2014 pela consultoria StautRH, com 1.750 usuários do LinkedIn no Brasil (70% homens e 30% mulheres), mostrou que o principal motivo que levou os profissionais a saírem de seu último emprego foi a falta de perspectivas de crescimento.

É neste contexto que várias empresas estão organizando internamente iniciativas que promovem o crescimento das pessoas. Tais ações normalmente são de longo prazo (um a dois anos) e geram reconhecimento diferenciado para os colaboradores, credenciando-os até mesmo a promoções e outros benefícios de carreira.

Na prática, percebemos que a grande maioria dos colaboradores que participam de programas estruturados que promovem o crescimento dos colaboradores evitam sair da empresa. Assim, essa iniciativa evita a rotatividade e engaja de fato os colaboradores, os quais se sentem valorizados.

Já aqueles funcionários que não apresentam crescimento na empresa ao longo do tempo tornam-se susceptíveis a ações mais drásticas por parte da empresa como, por exemplo, o desligamento.

45. Desligamento: quando e como fazer

Independente de como é realizada a gestão das pessoas no negócio, haverá momentos em que será necessário desligar um colaborador da empresa. Mesmo quando existe essa necessidade, é preciso entender as causas do desligamento, principalmente se solicitado pelo colaborador.

Assim, acreditamos que seja importante realizar uma entrevista de desligamento para discutir os motivadores do mesmo, a fim de saber se existe alguma melhoria a ser feita na gestão do negócio para evitar desligamentos futuros.

Vejamos algumas perguntas que podem ser feitas em uma entrevista de desligamento:

- Qual foi o principal motivador da sua saída da empresa?
- Houve alguma situação que o deixou desconfortável ou descontente com a empresa?
- O que a empresa poderia fazer para melhorar sua gestão de pessoas?
- O que você acha que as demais pessoas pensam sobre esses pontos que você está expondo?

É desejável que o gestor consulte os registros das últimas entrevistas de desligamento e compartilhe com a equipe da unidade para que seja possível realizar ações corretivas, podendo até evitar desligamentos futuros, visando melhorar sempre a gestão das pessoas no negócio.

46. Conclusões sobre a gestão de pessoas na unidade

Nas redes de Franquias e Varejo, vemos que um dos principais fatores de diferenciação é o capital humano. As empresas que investem mais nas pessoas e as valorizam, tendem a ter melhores resultados. Por isso, reforçamos que as ações de gestão no capital humano sejam cada vez mais implementadas no varejo brasileiro, e que os gestores e líderes deem a devida importância para esse processo.

Não podemos deixar que as dificuldades tirem o foco dessa abordagem. Independente dos níveis de rotatividade, comportamento das novas gerações, legislação complicada ou dificuldade de encontrar líderes com a devida maturidade, nada justifica a negligência com as pessoas, o que costuma cobrar um preço alto das empresas que não cuidam desse aspecto tão importante para o negócio.

Kip Tindell, CEO da rede de varejo americana The Container Store, instituiu um princípio corporativo muito importante que deveria ser observado por todas as empresas de varejo. Ele prega que as empresas devem cuidar muito bem de seus colaboradores, colocando-os em primeiro lugar, e eles saberão cuidar muito bem dos clientes, colocando-os em seu devido lugar.

VENDAS

Alma do Negócio
- Gestão Comercial
- Indicadores de Performance
- Alinhamento com a Imagem da Rede
- Ações de Marketing Local (Micromarketing)
- Atendimento e Encantamento de Clientes (Experiência de Consumo)
- Método de Vendas
- Cadastro e Fidelização de Clientes
- Ações de Pós-Vendas
- Produtividade e Resultados

VENDAS

47. Gestão de vendas e atendimento & vendas

Esse capítulo tem o objetivo de trazer ao empresário a visão prática do conceito de gestão de vendas e atendimento & vendas no Franchising e varejo para que ele assuma esse papel com qualidade e para que esteja preparado e consciente de todos os passos que deve seguir para treinar e assim ter uma equipe de alta performance que cultive a excelência como padrão.

O tema excelência na gestão de vendas no Franchising e varejo será trabalhado em cinco esferas:

1. **As quatro dimensões de um gestor de vendas de sucesso** – Como conseguir que a equipe faça o que precisa ser feito, por INSPIRAÇÃO em vez de IMPOSIÇÃO.
2. **Gestão operacional ou a gestão de vendas** – Como garantir que o gestor gaste menos tempo na parte operacional do seu negócio e invista mais tempo nas vendas.
3. **Indicadores de Performance** – A importância de tomar decisões baseadas em números e indicadores de desempenho, e não baseados apenas em opinião.
4. **Planos de Ação da Equipe de Vendas** – A importância dos planos de ação individuais com cada membro da equipe.
5. **Método de Atendimento & Vendas** – Treinamento da equipe baseado em um método eficaz de atendimento ao cliente, para encantá-lo e surpreendê-lo.

Cada vez mais a excelência na Gestão passa pela preparação do gestor e da equipe. Saber O Que, Como, Por que e Quando cada tarefa precisa ser feita é a chave da questão. Possuir um método que deixe claro para todos quais os papéis de cada um no negócio, é imprescindível. Sendo assim, aprofundar qual será o papel do gestor no negócio e como ele pode atuar de forma a extrair melhores resultados da sua equipe.

A Excelência na Gestão de Vendas no Franchising & Varejo é dividida em duas partes:

- **Preparação da Equipe**
- **Gestão do Ponto de venda**

47.1. Preparação da equipe

Temos convicção de que o treinamento das equipes é um fator primordial para o sucesso em vendas. Manter as equipes preparadas no negócio irá garantir um atendimento de excelência e a satisfação dos clientes. Todo gestor deve guiar-se através desses três pilares na preparação de sua equipe: pilar do operacional, pilar de produtos e pilar de vendas.

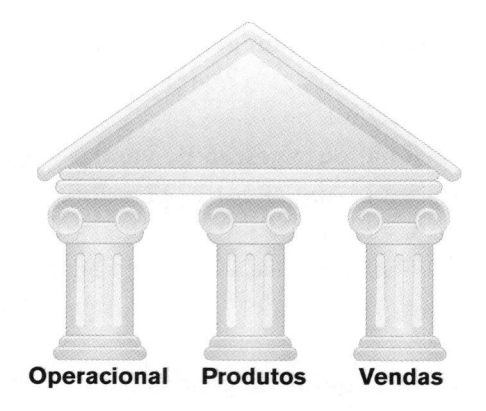

Operacional   Produtos   Vendas

Enquanto as equipes não estiverem totalmente capacitadas nesses pilares, provavelmente a unidade estará exposta a perda de vendas. É comum vendedores que, mesmo conseguindo proporcionar encantamento ao cliente, perdem vendas por não saberem trocar a bobina da impressora, fazer uma embalagem para presente perfeita ou até mesmo não sabem efetuar a cobrança pelo cartão de crédito.

Clientes podem demorar muito tempo para decidir sobre uma compra. Por outro lado, quando vão para o caixa pagar, não querem gastar tempo nenhum. Trocar a bobina de uma impressora é uma tarefa operacional, mas quando negligenciada em um treinamento, pode acarretar na perda de uma venda. Isso é apenas um exemplo, mas quantos outros não é possível levantar? Quantos vendedores já não perderam vendas por oferecer produtos aos clientes que satisfizeram seus desejos e necessidades, porém, na hora de buscar no estoque, viram que tinha acabado?

É importante estar atento para identificar todos os colaboradores da equipe que precisam ser treinados. Utilizar matrizes de treinamento para cada um dos pilares de vendas assegura uma metodologia simples, organizada e principalmente assertiva.

Matriz de Treinamento Operacional – Conforme modelo apresentado a seguir, na parte horizontal da matriz, é necessário definir todas as tarefas que os colaboradores deveriam saber na visão do gestor. E na vertical o nome de todos colaboradores. Uma vez feita a matriz, é importante colocá-la em um quadro de gestão à vista, para que todos tenham ciência do que precisa ser feito. O gestor obtém muitos benefícios a partir dessas matrizes (operacional, produtos e vendas). Uma delas é que fica evidente quem sabe e quem ainda não sabe fazer determinada tarefa; com isso, é possível dedicar tempo a quem realmente precisa. Outra coisa boa é que é possível identificar na equipe: quem não realiza as tarefas por que não sabe, e quem não realiza as tarefas por que não quer. E como diz o famoso técnico de voleibol Bernardinho: **"Fica comigo até quem não sabe. Porque quem não sabe a gente treina e ensina. Mas não fica comigo quem não quer. Não dá para treinar quem não quer ser treinado."**

MATRIZ DE TREINAMENTO OPERACIONAL								
Operacional / Vendedor	Abertura de Caixa	Operação do Caixa	Recebimento de Cartão	Recebimento de Mercadoria	Troca de Mercadoria	Fechamento do Caixa	Limpeza da Loja	
Vendedor 1								
Vendedor 2								
Vendedor 3								
Vendedor 4								
Vendedor 5								

Matriz de Treinamento de Produto – O raciocínio é o mesmo da matriz anterior, porém relacionado aos produtos e serviços comercializados pela unidade. Na vertical, é necessário colocar todos os produtos ou serviços. Se o seu negócio trabalhar com uma linha muito extensa, é possível separar por família de produtos. E na horizontal, novamente o nome dos seus colaboradores. Definir o que eles devem saber de cada produto ou serviço e o ponto de partida. Por exemplo: nome, preço, características, benefícios, utilidades e sugestão de adicionais. A seguir, exemplo ilustrativo:

CONHECIMENTO DE PRODUTOS	Ronan	Marcella	Tayná	Gabi	Samanta	Jéssica	
BIJOUX							INFORMAÇÕES SOBRE OS PRODUTOS:
RELÓGIOS							– Nome do Produto
DESPERTADORES							– Preço do Produto
LUMINÁRIAS							– Como funciona
BOLSAS							– Caracteríticas
MOCHILAS							– Benefícios
PEN DRIVE							– Utilidade
HEADPHONE							– Adicional
PORTA-RETRATO DIGITAL							
AMPLIFICADORES							
ESPELHO							

Matriz de treinamento de vendas – Com relação à matriz de treinamento de vendas, é importante se ter um método de atendimento para ser adotado por toda a sua equipe de vendas. A matriz será novamente o seu guia. Adotamos no exemplo a seguir o **MCV** – Método Campeão em Vendas, e a partir dele sugerimos a aplicação do conteúdo na matriz. Abordaremos sobre o **MCV** mais adiante.

MATRIZ DE TREINAMENTO DE VENDAS								
MCV / Vendedor	C Começar a Aquecer	A Atrair e Abordar o cliente	M Monitorar as Necessidades	P Proporcionar Encantamento	E Enxergar Novas Oportunidades	A Atenção às Objeções	O Olhe para o Futuro	
Vendedor 1								
Vendedor 2								
Vendedor 3								
Vendedor 4								
Vendedor 5								

48. Gestão da unidade

48.1. As quatro dimensões do gestor de vendas de sucesso

Uma vez a equipe preparada nos três pilares (operacional, produtos e vendas), a partir das matrizes de treinamento apresentadas nesse livro, o gestor precisa saber o que é esperado dele à frente do seu negócio. O gestor, muitas vezes, vai precisar realizar vendas, capacitar sua equipe, garantir que o seu negócio esteja em perfeito estado de funcionamento para receber seus clientes, bem como garantir que todos os vendedores atinjam os objetivos numéricos. São quatro dimensões que o gestor deve estar atento todos os dias: Dimensão do Atendimento, Capacitação, Operação e, principalmente, Gestão.

- Atendimento
- Capacitação
- Operação
- Gestão

Não dá para melhorar aquilo que não é medido. Portanto, é fundamental saber medir o seu trabalho em cada uma dessas dimensões. A seguir, apresentamos como poderá ser feita essa medição:

Dimensão	Objetivo	Indicador
Atendimento	Aproveitar todas oportunidades de vendas do seu negócio, visando a quantidade e qualidade das vendas encantando o cliente.	Comparação entre o faturamento obtido pelo vendedor e a meta estabelecida

Dimensão	Objetivo	Indicador
Capacitação	Treinar sua equipe nos 3 pilares de sucesso em vendas, (Operações, Produtos ou Serviço e Vendas)	Quantidade de Vendedores treinados nos 3 pilares, em relação aos não Treinados. Matrizes de Treinamento Operacional, Produtos ou Serviços e Vendas

Dimensão	Objetivo	Indicador
Operação	Cuidar para que a parte de back office Operacional da loja esteja funcionando	Quanto tempo do seu dia consegue dedicar aos vendedores e clientes, comparado a quanto tempo fica no back office Operacional

Dimensão	Objetivo	Indicador
Gestão	Melhorar a Produtividade Comercial de cada membro da equipe	Análise dos principais indicadores de desempenho de um PDV. Metas de Vendas, Ticket Médio, Itens por Venda e Taxas de Conversão

Atendimento – É muito importante saber que em alguns momentos assumir o papel de vendedor pode ajudar o gestor a liderar pelo exemplo, mostrando que é um líder que cobra, mas ao mesmo tempo está junto da equipe. Porém, só em dois momentos isso se faz necessário. O primeiro momento é quando existem mais clientes do que vendedores na unidade. Nessa hora, o que vale é controlar o movimento e assegurar um ótimo atendimento aos clientes. O outro momento é quando desejar mostrar como gostaria que algum procedimento de vendas fosse feito. Então a recomendação é o gestor se colocar à prova para ensinar.

Capacitação – Dar dicas sempre, incentivar, direcionar, mostrar como fazer. Quando o gestor olhar para essa dimensão, o objetivo deve ser fornecer conhecimentos, habilidades, comportamentos e valores necessários para desempenhar a função com sucesso. Quanto mais tempo estiver junto da equipe, mais facilmente entenderá onde e como interferir. É muito bom fazer parte de uma equipe na qual existe um líder que cobra, mas que está junto.

Operação – Num contexto em que a loja/unidade/ponto de venda tenha um volume de atendimentos acima do esperado. Após o término do movimento, certamente haverá desorganização. Esse é um ótimo momento para olhar para essa dimensão. O gestor precisa garantir que o negócio fique em ordem novamente. Que os produtos que acabaram sejam repostos, que o caixa seja organizado, que a equipe recomponha sua apresentação pessoal. Esses são alguns exemplos do que deve ser feito para garantir que a unidade estará pronta para mais uma onda de movimento.

Gestão – Essa deve ser a dimensão que o gestor deve ficar mais atento, pois é a dimensão do resultado. Vai ajudar a entender como potencializar as oportunidades de vendas que ocorrem a todo o momento no negócio. No dia a dia de uma unidade de Franquia ou varejo, ela é repleta de tarefas operacionais a serem executadas. Mas nada deve ser mais importante do que o cliente. Satisfazer as suas necessidades e proporcionar a melhor experiência de compra deve ser a missão do gestor e equipe de vendas. O gestor deve funcionar como um relações públicas, cumprimentando os clientes, recebendo-os quando entram na sua loja ou negócio, dando dicas de uso dos produtos e serviços, ajudando o time de vendas nos atendimentos. É importante agir como maestro e saber o momento certo de instruir os músicos a entrar com os acordes perfeitos e na hora certa, tendo uma visão holística da orquestra, assim como o gestor da sua equipe. É preciso ter uma visão macro do negócio e agir micro.

É muito importante o gestor compreender que não conseguirá executar com perfeição sua missão na dimensão da gestão, se todas as outras não tiverem sido bem executadas. Será muito difícil entender os caminhos que poderão levar o seu negócio a vender mais. Portanto, organizar o ponto de venda deixando claro o seguinte: o QUE precisa ser feito, QUEM precisa saber fazer, COMO fazer e QUANDO fazer é fundamental.

49. Gestão de vendas X gestão operacional

O grande dilema do varejo! Todos os gestores são cobrados por venda, porém no dia a dia se perdem nas questões operacionais. Isso é tão verdade que basta fazer um teste. Recomendamos ir a uma loja e ao ser abordado por um vendedor, pedir para falar com o gerente. Na grande maioria das vezes, quando forem chamá-lo, não raro, ele estará atrás do balcão do caixa ou no estoque. Sabemos que as vendas acontecem fora do estoque e do outro lado do balcão.

Portanto, organizar a loja utilizando ferramentas de gestão à vista, que facilitem a vida dos vendedores, bem como a do Gestor, é imprescindível. A sabedoria é deixar claro para todos da equipe **POR QUE** precisa ser feito, **O QUE** precisa ser feito, **QUEM** precisa fazer, **QUANDO** deve ser feito e **COMO** deve ser feito. Em função dessas deficiências, recomendamos a ferramenta de plano de ação a seguir:

META	PLANO DE AÇÃO PARA GERENTE						
	WHAT	WHY	WHO	WHEN	HOW	WHERE	PRAZO
	O que deve ser feito?	Por que deve ser feito?	Quem deve fazer?	Quando deve ser feito?	Como é para ser feito?	Onde deve ser feito?	Data limite

50. Cronograma de atividades da unidade

Esse cronograma tem como finalidade deixar claro para todos os colaboradores sobre **QUANDO** as tarefas precisam ser realizadas. A ideia é escrever dentro dos espaços em cada dia as tarefas que devem ser realizadas de segunda a domingo. Assim, antes de um vendedor perguntar para o gestor se é dia de receber mercadoria, ele pode ir ao quadro e verificar se é o dia certo. Uma outra coisa que pode ajudá-lo é atribuir uma cor para cada vendedor, facilitando a identificação de quem é responsável por cada tarefa.

SEMANA:

Segunda	Terça	Quarta	Quinta	Sexta	Sábado	Domingo

VENDEDOR (A) –

VENDEDOR (A) –

VENDEDOR (A) –

51. Indicadores de performance

Uma das razões que fazem um gestor não obter êxito no seu negócio é não tomar decisões baseadas em fatos e dados. Agir por instinto e *feeling* para tomada de decisão. Os números funcionam como o painel de controle de um avião. É de olho nesse painel de controle que o piloto toma as suas decisões.

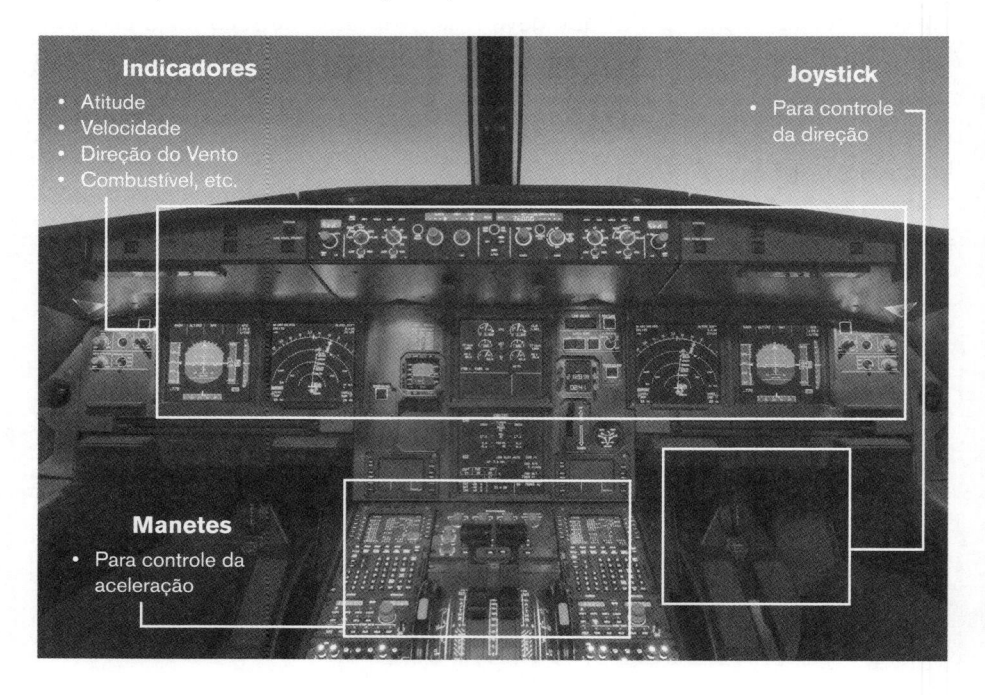

Indicadores
- Atitude
- Velocidade
- Direção do Vento
- Combustível, etc.

Joystick
- Para controle da direção

Manetes
- Para controle da aceleração

Não há espaço para amadores. Acreditamos que a primeira coisa que o gestor deva fazer é mostrar à sua equipe para onde eles devem ir. Qual é a META da unidade? Qual é a meta de cada um da equipe? Ao estabelecer uma meta para a unidade, o gestor deve levar alguns fatores em consideração: análise de mercado; análise de crescimento da marca e do setor de varejo; análise de crescimento da unidade (ano anterior/mesmo mês do ano anterior); definição da meta por indicadores; produtos ou serviços em destaque; lançamentos e promoções.

Uma vez definidas as metas e o período, é necessário dividir a meta da loja pelo número de vendedores da equipe, para que seja possível apontar para cada um o que se espera deles. Quando dividir as metas para cada vendedor, é importante levar em conta os seguintes pontos: **fluxo de clientes**: horário e dias de maior movimento na loja (final de semana X dia de semana), **período do ano ou do mês** - datas comemorativas, feriado e final ou início de mês. Cada negócio tem uma peculiaridade e precisa separar as metas entre a equipe de acordo com a realidade de mercado.

Depois de estabelecidas as metas, uma boa estratégia a ser adotada é fazer com que sejam acompanhadas no menor espaço de tempo possível, ou seja, distribuir a meta do mês por dezenas, semanas ou até mesmo por dia. Quanto mais rápido for o poder de reação do vendedor, melhor. Quando um vendedor recebe uma meta mensal, ele só começa a se preocupar caso esteja vendendo mal, geralmente apenas na última semana do mês. Já quando uma meta é para os próximos 10 dias, ou para a semana, ou até mesmo para cada dia, o comportamento deve mudar. Em uma meta semanal, se o vendedor começar a semana vendendo mal, vai começar a se preocupar em fazer alguma coisa na quinta-feira. Ou seja, "correr atrás" na sexta, sábado e domingo para recuperar o que deixou de vender de segunda a quarta. É mais fácil do que correr na última semana do mês em relação às três primeiras semanas com baixas vendas, caso a meta fosse mensal.

Sabemos que os números são muito importantes, porém, mais importante do que os números é entender como eles foram alcançados. Por exemplo: João vendeu R$ 5.000,00 e Maria também vendeu R$ 5.000,00. A meta deles era R$ 6.000,00. Fazendo essa análise, tudo leva a crer que eles são bem parecidos, pois venderam o mesmo valor, e não atingiram a meta pela mesma diferença. Traçar o mesmo plano de ação para os dois, baseado somente nessa análise, é errado. Quem garante que o remédio que temos que dar para um é o mesmo que temos que dar para outro? Estamos olhando apenas para a ponta do *iceberg*.

Como em um iceberg, o que conseguimos enxergar representa uma fatia pequena em relação ao seu tamanho; a maior parte está em baixo da água. Olhar apenas o quanto seus vendedores venderam e quanto eles tinham que vender é ter uma visão míope do que realmente é necessário fazer. Por isso, o gestor deve dissecar os números para entender o que os originou. Vamos pegar o exemplo anterior para fazer essa análise.

João vendeu R$ 5.000,00. O que está por trás desse número? Quantos itens ou peças João vendeu em cada atendimento que fez? Qual o valor desses itens? Para quantas pessoas João vendeu? Se o gestor não souber responder essas perguntas, terá problema em diagnosticar o que precisa ser feito com seus vendedores para que melhorem seus resultados. Portanto, os indicadores básicos do varejo são: **itens por venda ou peças por atendimento,** *ticket* **médio ou boleto médio e taxa de conversão.** Esses são os indicadores de performance básicos do varejo. Uma vez identificado esses indicadores, será possível ser bem assertivo na análise, bem como na construção dos planos de ação. A seguir, alguns indicadores a monitorar permanentemente para ajudar na tomada de decisão e como chegar em cada um deles:

INDICADOR	CONCEITO
Faturamento	Valor total vendido
Ticket	N° total de vendas realizadas
Itens	N° total de itens vendidos
Ticket Médio	Valor médio por ticket
Itens por Tickets	Qtde. de itens por ticket
Taxa de Conversão	Percentual de vendas realizadas

- **Como calcular**

INDICADOR	CONCEITO	CÁLCULO
Faturamento	Valor total vendido	Soma de todas as vendas R$
Ticket	N° total de vendas realizadas	Soma de todos os tickets/Qtde.
Itens	N° total de itens vendidos	Soma de todos os itens/Qtde.
Ticket Médio	Valor médio por ticket	Faturamento/Qtde. de boletos
Itens por Tickets	Qtde. de itens por ticket	Qtde. de itens/Qtde. de tickets
Taxa de Conversão	Percentual de vendas realizadas	Qtde. de tickets/N° de clientes que entram na loja

52. Ferramentas de acompanhamento dos Indicadores

Contar com ferramentas que possibilitem analisar **quanto** os vendedores estão vendendo e, principalmente, **como** estão vendendo, facilita muito a análise do gestor. É muito importante verificar não só a quantidade, mas a qualidade das vendas. Trabalhamos com o quadro de indicadores de performance do gestor e também do vendedor. Primeiramente, acreditamos que o gestor deva trabalhar com mais de uma meta em sua unidade (Meta e Meta Desafio). Entendemos que o bom vendedor precisa de desafios. E no quadro a seguir, é importante colocar as metas de cada vendedor, bem como a da unidade. A estratégia de ter mais de uma meta ajuda a estimular o bom vendedor, uma vez que quanto mais ele vende, mais ele tem possibilidade de aumentar o seu salário. A diferença da meta para a meta desafio deve estar relacionada também à forma de remuneração, ou seja, quanto mais vender, mais é possível ganhar. Essa diferenciação pode ser feita através de comissões, ou de valor fixo predeterminado. Ex: Atingiu a Meta ganhou X% de comissão e Bateu a Meta Desafio ganhou X+Y% de comissão. Ou até mesmo um valor fixo estipulado. Atingiu a Meta = X,00 ou Bateu a Meta Desafio = X+Y,00. Do contrário, por que fazer um esforço grande para atingir a meta desafio se não ganhará nada a mais por isso?

A seguir, uma sugestão de quadro de indicadores de performance, tanto do gestor quanto dos vendedores:

QUADRO DE INDICADORES DE PERFORMANCE DO VENDEDOR

Meta:
Meta desafio:
Período da Meta:
Vendedor:

	INDICADORES	DIAS DA SEMANA							TOTAL SEMANA
1	TOTAL DE HORAS DE VENDAS								
2	METAS DESAFIO DIA (R$)								
3	TOTAL DE VENDAS DIA (R$)								
4	TOTAL DE VENDAS ACUMULADAS								
5	SALDO META DESAFIO NO DIA (R$)								
6	NÚMERO DE TICKETS								
7	NÚMERO DE ITENS								
8	NÚMERO DE CLIENTES								
	TICKET MÉDIO (3/6)								
	ITENS POR VENDAS (7/6)								
	TAXA DE CONVERSÃO (6/8)								
	META DESADIO (4/Meta Desafio)								

Esse quadro serve para o vendedor monitorar a quantidade e a qualidade de suas vendas diariamente, e a partir daí planejar sua estratégia para alcançar suas metas. Cada vendedor deverá ter o seu.

No final do período, quando todos os vendedores entregarem os quadros preenchidos, o gestor terá condições de preencher o dele. Para isso, terá que transferir o resultado final, consolidado na última coluna de cada um deles, para o seu quadro.

QUADRO DE INDICADORES DE PERFORMANCE DO GESTOR

Loja:		Meta		Período da Meta:	
		Meta desafio			

	INDICADORES	VENDEDORES				TOTAL SEMANA
1	TOTAL DE HORAS DE VENDAS					
2	METAS DESAFIO (R$)					
3	TOTAL DE VENDAS SEMANA (R$)					
4	SALDO META DESAFIO (R$)					
5	NÚMERO DE TICKETS					
6	NÚMERO DE ITENS					
7	NÚMERO DE CLIENTES					
	TICKET MÉDIO (3/5)					
	ITENS POR VENDAS (6/5)					
	TAXA CONVERSÃO (5/7)					
	META DESAFIO (3/META DESAFIO)					

Esse quadro mede a qualidade e a quantidade das vendas de cada vendedor, bem como as da unidade. Ou seja, essa ferramenta mostra quanto a unidade deveria ter vendido e quanto vendeu, e também mostra quanto cada vendedor deveria vender e quanto cada um vendeu. Além disso, mostra também como cada um vendeu em *ticket* médio, itens por venda e taxa de conversão. Assim, é possível comparar todos os números de cada um com a média da unidade.

Essa ferramenta servirá para o gestor analisar os números de cada vendedor e monitorar a quantidade e a qualidade das vendas diariamente. A partir dessas análises, poderá elaborar as estratégias de plano de ação para alcançar as metas.

Nos dois quadros, preferimos sempre nivelar por cima e sempre acompanhar a meta desafio. O bom vendedor se espelha na maior meta, e estamos certos de que saberá também quanto falta para bater sua meta.

53. Planos de ação da equipe de vendas

Diante de todas as informações obtidas nos quadros de indicadores de desempenho, o gestor deverá ter um momento para fazer uma análise detalhada de cada vendedor. Deverá olhar para cada indicador: faturamento, *ticket* médio, itens por *ticket* e taxa de conversão de todos os vendedores e compará-los com as médias da unidade. Marcar todos aqueles que estiverem acima da média para que possa elogiá-los, e marcar todos aqueles que estão abaixo, impedindo o seu progresso, para que possa fazer o devido alinhamento.

Analisar todas as causas que levam alguns vendedores a atingir resultados dos indicadores acima da média da unidade é, portanto, muito importante para poder elogiá-los. Da mesma forma, é importantíssimo investir tempo para analisar as causas que fazem alguns terem indicadores abaixo da média da unidade, impedindo o seu progresso. A seguir, uma lista genérica de situações mais frequentes que fazem com que os indicadores dos vendedores estejam inadequados:

53.1. Indicador: *ticket* médio

- Não conseguir estabelecer valor na apresentação de produtos ou serviços mais caros. Isso acontece normalmente por não ter conhecimento sobre eles. Não identificar as necessidades dos clientes também leva a este problema, pois podem não associar as características do produto e serviços aos desejos dos clientes.

- Não mostrar itens de maior valor agregado. Pode acontecer tanto pela falta de conhecimento do produto, como por não agregar valor aos itens mais caros, achando que não valem o que custam.
- Não oferecer itens sinérgicos, que podem complementar o primeiro item solicitado pelo cliente. Geralmente acontece devido à falta de um diagnóstico, já que o vendedor pode não escolher um item adequado ao cliente e, consequentemente, fracassar ao tentar vendê-lo.
- Investir pouco tempo com clientes para aumentar as vendas.
- Não ter iniciativa em oferecer itens sinérgicos e tentar fechar a venda.

53.2. Indicador: itens por *ticket*

- Insegurança e medo do vendedor em oferecer itens sinérgicos. Possível de identificar pelo baixo *ticket* médio. Pode não ter conhecimento de produto e/ou não ter conhecimento do método de vendas.
- Não oferecer itens sinérgicos é um motivo evidente para itens por *ticket* estar baixo. Se o vendedor levantar mais informações durante o diagnóstico, as chances de descobrir um item adequado aumentarão.
- Não estabelecer valor suficiente para os itens sinérgicos. Mesmo se tentar adicionar, sua falta de técnica em fazê-lo pode impedi-lo de ser bem-sucedido.
- O vendedor não acredita no potencial do cliente. Normalmente, isso ocorre porque o cliente deixou claro logo no início da venda que não possuía muito dinheiro ou porque o vendedor não acredita que os itens sinérgicos façam sentido.

53.3. Indicador: taxa de conversão baixa

- Um dos motivos para ter a taxa de conversão baixa é a falta de habilidade do vendedor em iniciar a venda, não conseguindo abri-la. Se não conseguir fazer isso com o cliente de forma adequada, certamente não conseguirá fechá-la.
- A falta de um bom diagnóstico tem como consequência a apresentação de itens que não atendem às necessidades dos clientes, portanto, o vendedor não conseguirá fechá-la.

- A falta de conhecimento do produto, ou não saber como comunicar seus benefícios, tem como consequência uma apresentação em que não se estabelece o valor suficiente para que o cliente compre.
- Um vendedor que, após escutar objeções, desanima e desiste por acreditar que perdeu a venda.
- O vendedor pode não estar tendo atitude para fechar a venda. Alguns clientes precisam apenas disso.

Baseado em todos esses fatores e avaliando os indicadores do quadro de indicadores de performance, fica bem mais fácil analisar o exemplo a seguir:

Situação: Ao analisar os indicadores de João e da Maria, temos: **João** (Vendeu R$ 5.000,00. Com Itens/*Ticket* – 1,45 - *Ticket*/Médio – R$ 165,00 e Taxa de Conversão – 41%) **Maria** (Vendeu – R$ 5.000,00. Com Itens/*Ticket* – 2,22 - *Ticket*/Médio – 94,00 e Taxa de Conversão – 25%). Eles são iguais ou diferentes? São completamente diferentes. Qual seria a estratégia a ser adotada com cada um?

João precisa aumentar o Itens/*Ticket* e taxa de conversão. Já Maria precisa aumentar seu *ticket* médio. Estratégias completamente diferentes. Através da análise dos indicadores de desempenho, o gestor poderá acompanhar a performance de cada vendedor, bem como iniciar o processo de formação de cada um.

Quanto mais tempo o gestor conseguir ficar junto à sua equipe de vendas, mais conseguirá associar as razões pelas quais alguns dos vendedores não têm boa performance e outros têm.

Quando já souber exatamente o que precisa ser feito com cada um deles, deverá programar um dia e hora com cada um separadamente para orientá-los. É preciso engajá-los e incentivá-los a aumentar a produtividade. Esses são momentos importantíssimos para isso. Portanto, ao final de cada período de meta e início de outro, é um ótimo momento para chamar os vendedores para uma conversa.

A prática do *feedback* é fundamental para o crescimento dos vendedores. Fazer com que registrem todos os números sem o gestor conversar sobre eles não faz sentido. Pode parecer mais burocracia.

A missão do gestor é ajudar cada vendedor a atingir e/ou superar os números de vendas estabelecidos pela empresa.

Reconhecer regularmente os vendedores que atingiram ou superaram os objetivos numéricos estabelecidos é motivador para que eles continuem a perseguir esses objetivos.

A atenção do gestor deve estar voltada principalmente a melhorar a produtividade de vendas dos vendedores que não atingiram os objetivos numéricos. Focar sua atenção nos indicadores. São eles que levam aos resultados (*ticket*/médio, itens/*ticket* e taxa de conversão).

Sabemos que qualquer negócio vive de resultado. Sabemos também que a boa gestão do capital humano ajudará e muito o gestor a atingir os resultados, pois o resultado vem a partir das pessoas. Orientar a equipe é de suma importância, e é importante saber como falar com cada um deles. Existe ciência para dar e receber *feedback*.

Por isso, aconselhamos o gestor a registrar todas as suas conversar formais com cada vendedor. Isso ajudará a montar um histórico das conversas e planos de ação que poderão ajudá-lo em futura tomada de decisão sobre eles. Sem contar que, através desses registros, pode-se acompanhar a evolução deles. A seguir, exemplificamos o quadro de reunião de performance:

QUADRO DE REUNIÃO DE PERFORMANCE				
TEMA	AÇÃO	RESP.	DATA LIMITE	PERIODICIDADE DE ACOMPANHAMENTO
ROTINAS OPERACIONAIS				
ATENDIMENTO AO CLIENTE				
INDICADORES DE DESEMPENHO				

Um dos maiores erros cometidos por vários gestores é dedicar muito tempo para criar procedimentos operacionais e quase nenhum tempo a criar procedimentos de vendas. Avaliar o negócio e refletir: Quantos procedimentos operacionais existem na sua unidade? Quantos procedimentos de vendas existem para a mesma unidade?

Uma das razões que identificamos em uma unidade é que existem mais procedimentos operacionais do que procedimentos de venda. Verificar e acompanhar se seus vendedores estão ou não executando os procedimentos operacionais é muito mais fácil. Por exemplo, procedimentos em relação ao horário de trabalho. Basta estar presente no momento que todos deveriam chegar ao trabalho que conseguirá detectar quem não está cumprindo esse procedimento. Por outro lado, detectar se todos os vendedores sempre oferecem itens sinérgicos em seus atendimentos só é possível se estiver presente no negócio junto aos vendedores. Diante dessa dificuldade, muitos gestores tornam-se mais operacionais do que vendedores.

É preciso mudar esse modelo de comportamento dos gestores. Recomendamos começar pensando em procedimentos de vendas que façam sentido para o negócio. Passá-los para o formulário de plano de ação já apresentado anteriormente e, em seguida, treinar a equipe para que saiba como executar. Na sequência, o gestor deve começar a cobrar e acompanhar o procedimento.

O papel do gestor é extremamente importante para o sucesso das vendas, por isso: **QUESTIONAR** – Fazer perguntas sobre os processos, a equipe, os clientes, o resultado. **ANALISAR** – Se vendeu um item a mais por cliente, qual a diferença nos indicadores. **REFLETIR** – Se a equipe vender para mais clientes, qual o resultado final do dia? **PENSAR EM SOLUÇÕES** – Estabelecer o plano de ação. **AÇÃO** – Menos bravata. Colocar em prática. É a materialização das soluções encontradas após a identificação e observação de problemas que garantirão a melhoria dos resultados.

"Ninguém planeja fracassar, mas fracassam por não planejar."

Jim Rohn – Conferencista norte-americano

54. MCV – Método Campeão em Vendas

No contexto atual do varejo, em que a concorrência está cada vez mais acirrada e o cliente assume um papel *Omni-channel*, ou seja, conecta-se com as marcas por diversos canais – Loja Física, Internet e *Mobile* –, a responsabilidade de proporcionar uma excelente experiência de compra, encantando e superando as expectativas desse cliente, aumenta.

A facilidade para se obter produtos e serviços transformou a relação cliente e vendedor. Cada vez mais os clientes querem comprar produtos diferentes, por motivos diferentes, de maneira diferente e com pessoas surpreendentes. Encantar o cliente entregando tudo isso e muito mais é fundamental. Proporcionar uma experiência de compra inesquecível, na qual ele perceba que existe alma nas palavras e na forma de agir, torna a venda uma experiência de fato.

Diante disso tudo, ao contrário do que muitos ainda pensam, não basta ter boa aparência e um largo sorriso no rosto, não que isso não seja necessário, é preciso MAIS. É preciso definitivamente encarar VENDAS como profissão, assumindo os desafios, riscos e sendo o melhor.

O mundo está em constante movimento e transformação, exigindo que o vendedor se atualize continuamente, busque mais conhecimento e desenvolva novas habilidades. Estudar tem que fazer parte do plano pessoal dos profissionais da área, que, além de uma gama de cursos de curta duração, podem buscar cursos de formação universitária e pós-graduação em vendas e varejo. Planejando seu futuro, ele poderá tornar-se mais do que um Vendedor e conquistar a posição de CAMPEÃO EM VENDAS.

Todos os profissionais são vendedores em alguma situação, mesmo que não seja por profissão. O ensinamento que a profissão de vendedor oferece serve para aqueles que querem progredir nos negócios e também na vida. Assim, é preciso que os profissionais da área assumam o papel e sua importância para sua empresa. Ter orgulho da profissão e atitude para buscar mais é o que acreditamos.

A palavra Método é de origem grega (*methodos*) e significa "caminho para chegar a um fim". E é isso que o **MCV** propõe, um caminho baseado em referências técnicas – teóricas e práticas que reúne conhecimento prático, atualizado e relevante para guiar e apoiar na formação de profissionais CAMPEÕES EM VENDAS interessados em atingir os melhores resultados para a empresa e para si.

É muito importante que a Franqueadora possua um método de Atendimento e Vendas que possa servir de modelo e assim ser replicado em suas unidades franqueadas. Sugerimos o MCV, que valoriza o conhecimento do profissional e o ajuda a redirecionar o atendimento e descobrir os desejos e necessidades do cliente para poder proporcionar uma excelente experiência de compra, encantando-o.

Método de Venda Tradicional	MÉTODO CAMPEÃO EM VENDAS – MCV
Preparação Diária	C - Começar a Aquecer
Abertura da Venda	A - Atrair e Abordar o Cliente
Sondagem	M – Monitorar as Necessidades
Demonstração	P – Proporcionar Encantamento
Venda de Adicional	E – Enxergar Novas Oportunidades
Objeções	A - Atenção às Objeções
Fechamento/Pós-Vendas	O - Olhar para o Futuro

54.1. Começar a aquecer

C - Começar a Aquecer	A Atrair e abordar o cliente	M Monitorar as necessidades	P Proporcionar Encantamento	E Entender as Oportunidades	A Atenção às objeções	O Olhar para o futuro

Hoje em dia, conseguir encantar o cliente, satisfazendo seus desejos e necessidades, está cada vez mais complicado. Poucos profissionais de vendas conseguem esse feito. Isso exige muita preparação por parte deles. Os clientes estão cada vez mais exigentes, mais bem informados, com muitas opções de compra, podendo adquirir produtos ou serviços por diversos canais, e de várias maneiras diferentes. Lojas físicas, Internet, *Mobile*, *Click & Collect* ou até mesmo por catálogo, a Venda Direta, entre outros.

Acreditamos que há no mercado clientes que compram mais produtos porque querem e desejam do que precisam. O desfio, cada vez maior, está em encantá-lo, proporcionando a melhor experiência de compra junto à sua marca. Ocasiões especiais, dinheiro extra, o desejo de oferecer um presente para alguém especial, ou simplesmente a emoção de procurar alguma coisa nova são apenas algumas das razões que estimulam as pessoas a fazer compras. As equipes de venda devem estar preparadas para descobrir quais são as razões que levam os clientes a escolherem seu produto, seu serviço e a usar a marca. Despertar o desejo e proporcionar uma experiência única no ponto de venda ou no seu negócio é fundamental para fidelizar o cliente.

Preparar-se, conhecendo muito bem o negócio, o produto ou serviço, estoque, preços dos produtos ou serviços, entender o que o mercado necessita e a concorrência está fazendo, são pontos essenciais para a venda bem-sucedida.

Muitos vendedores não gostam de fazer o trabalho burocrático ou operacional, executar funções que consideram entediantes. Porém, todo cargo tem tarefas repetitivas que têm de ser feitas para garantir um negócio bem-sucedido.

Em vendas, executar tarefas repetitivas diariamente e aparentemente monótonas prepara o terreno para o sucesso nas vendas e na maioria das vezes faz parte da função. A venda profissional começa com preparação e conhecimento que, por sua vez, dão a esse profissional autoconfiança e controle sobre todo o processo de venda.

Alguns elementos de preparação levam apenas alguns minutos e são tarefas que devem ser cumpridas todos os dias. Antes de começar a atender os clientes, os vendedores devem dedicar tempo a isso. Investir tempo para entender de pessoas e seus comportamentos, ler livros sobre vendas, pesquisar sobre produtos, fazer cursos de especialização no negócio em que trabalham e investir em autoconhecimento.

Há vários pontos que devem ser levados em consideração antes do profissional de vendas começar a atuar. Trabalhar neles todos os dias fará a diferença entre o sucesso e o fracasso. São eles:

54.1.1. Ter o domínio de cada detalhe do seu negócio ou ponto de venda

Geralmente, o primeiro dia no ponto de venda para um novato é inesquecível... Confusão, desorientação... Clientes solicitando um produto que o vendedor nem sequer imagine onde está... Isso gera um sentimento de desespero e falta de controle da situação. Estas são sensações naturais que resultam do fato da falta de familiarização com o espaço físico da unidade, os diferentes setores, o balcão do caixa, o estoque e a parte burocrática. Depois de algumas semanas tudo parece familiar e o domínio aumenta.

Mas o negócio muda o tempo todo. Novos produtos ou serviços são lançados a todo o momento, várias alterações ocorrem para atender as necessidades dos clientes. É necessário acompanhar as mudanças e continuar a manter o controle.

Na maioria das profissões, as pessoas se preparam antes de executar o seu trabalho. O cirurgião confere os bisturis para ver se eles estão adequados ao procedimento. O bombeiro confere o caminhão para verificar se as ferramentas necessárias para a função estão ali. O professor, na escola, verifica se há quantidade de provas suficientes para distribuir. O músico faz o teste de som. E assim por diante. É muito importante que o vendedor faça o mesmo.

54.1.2. Entender tudo sobre os produtos e serviços

Profissionais de vendas precisam ser competentes, possuir conhecimento suficiente para responder com segurança às perguntas do cliente sobre o produto ou serviço em questão. Com dedicação, é possível aprender rapidamente o que responder ao cliente de forma inteligente, enfatizando as características e, principalmente, os benefícios especiais e outros diferenciais de cada um deles.

É muito ruim quando um cliente faz compras em uma loja e o vendedor conhece menos do produto ou serviço do que ele. O cliente espera que o vendedor tenha conhecimento sobre o que vende e que responda de maneira clara e profissional.

O diferencial está em conectar os benefícios dos produtos ou serviços, aos desejos e necessidades de adquiri-los por parte dos clientes.

54.1.3. Estar antenado em relação ao mercado e concorrência

Conhecer bem o mercado e seus principais concorrentes é mais uma maneira de se preparar para a venda profissional bem-sucedida.

O profissional de vendas é testado não apenas por empresas com produtos e serviços semelhantes, mas por um número enorme de outros bens de consumo que competem e surgem a cada dia chamando a atenção dos clientes.

Muitas coisas atraem a atenção dos clientes hoje em dia e quanto menos o profissional de vendas sabe o que está encantando e surpreendendo-os, menor será a vantagem competitiva e capacidade de inspirá-los a adquirir o produto ou serviço.

Algumas questões a considerar:

- O que a concorrência diz sobre a marca que você representa?
- O que os concorrentes estão vendendo?
- Como os produtos e serviços vendidos se comparam à concorrência?
- Que serviços os concorrentes oferecem e qual é a qualidade dos mesmos?
- Qual é a política de preços do concorrente?
- Os concorrentes estão realizando alguma promoção para produtos e serviços similares ao da marca/empresa para a qual você trabalha?
- Que soluções existem no mercado para produtos e serviços semelhantes ao seu?

Respondendo a estas questões, é possível estar preparado, tendo atenção às objeções dos clientes. Além de adquirir maior segurança, que comprovadamente significa um aumento em vendas para profissionais com esse perfil, pois oferecem ao cliente o sentimento de assertividade tão desejado no momento de uma compra.

Visitar as lojas dos concorrentes, acessar seus aplicativos, entrar no site, falar com pessoas que fizeram compras, ler os anúncios no jornal, revistas, blogs e redes sociais. Acumular esse tipo de informação é vital para o sucesso de qualquer profissional de vendas, porque estar atento ao que está acontecendo ao seu redor o coloca em uma posição superior.

Jamais criticar o concorrente ou falar mal dele denegrindo o que faz. O importante é entender o que sua empresa tem a oferecer para encantar o cliente.

54.2. Atrair e abordar o cliente

| C- Começar a Aquecer | A Atrair e abordar o cliente | M Monitorar as necessidades | P Proporcionar Encantamento | E Entender as Oportunidades | A Atenção às objeções | O Olhar para o futuro |

É provável que o cliente comece a formar opinião a respeito do negócio, equipe de vendas e marca, antes mesmo de visitá-la. Sendo assim, é importante ter cuidado. Há diferenças entre vendedores capacitados e não capacitados. São elas:

Não Capacitados: O que NÃO FAZER	Capacitados: O que FAZER
Ficar distraído, não perceber a aproximação do cliente.	Estar sempre atento à aproximação do cliente.
Não dar atenção ao que o cliente fala.	Estar sempre conectado ao que o cliente está falando.
Dar mais atenção aos bate-papos entre colegas de trabalho do que ao cliente.	Conhecer os produtos e serviços, e identificar diferenciais em relação ao concorrente.
Não cuidar da sua apresentação pessoal.	Estar sempre se preparando/atualizando.
Não cuidar da sua postura. Sempre de prontidão para atender ao cliente.	Se preocupar com a manutenção, limpeza e arrumação do negócio.
Julgar o cliente pela a sua aparência.	Cuidar da sua aparência e postura.

O vendedor capacitado, certamente, criará um ambiente muito propício para que os clientes sintam-se confortáveis e abertos ao consumo.

54.2.1. Cumprimentar x Abordar

Como deveria ser o primeiro contato entre o vendedor e o cliente? É necessário entender que existe uma diferença entre um cumprimento e uma abordagem. O cumprimento diz respeito ao que o profissional fala. Abordagem diz respeito ao que ele faz. Não só ao o que é falado, mas sim ao que é feito.

Movimento, na maioria das vezes, gera mais movimento. É muito ruim olhar para uma unidade e ver um vendedor de braços cruzados, encostado em um balcão, sentado em um banco ou apoiado em uma parede torcendo para que o dia acabe logo. Vendedores capacitados estão sempre procurando o que fazer para se desenvolver ou mesmo apoiar o sucesso do negócio.

54.2.2. Cumprimentar

Segundo nossa experiência, o primeiro contato é muito importante para o profissional de vendas criar o primeiro vínculo com o cliente. Por isso é fundamental:

- Recebê-lo com um sorriso.
- Cumprimentar o cliente com um caloroso: Bom-Dia! Boa-Tarde! Boa-Noite! Sendo amigável e educado.

54.2.3. Abordagem

É importante entender que uma perfeita abordagem inclui, em primeiro lugar, o contato visual. Olhar nos olhos do cliente e dizer um bom-dia, boa-tarde ou boa-noite de forma sincera.

O intuito do vendedor capacitado, nesse primeiro momento, é buscar uma conexão junto ao cliente e iniciar um relacionamento. Tentar conversar um pouco, mostrando que existe um ser humano por trás de cada vendedor. Isso é importante. Iniciar uma pequena conversa com o cliente, desenvolvendo assim um relacionamento mais próximo, deixando-o à vontade. É possível criar esse relacionamento mais próximo de várias formas.

Algumas dicas para iniciar uma conversa com um cliente:

1. Perguntar sobre assuntos da atualidade para saber a opinião dele.
2. Evitar fazer perguntas que remetem que você é o vendedor. Por exemplo: Oi, tudo bem? Aposto que vai escolher esse lanche?
3. Fazer perguntas pertinentes a cada cliente, de acordo com características observadas ou aproveitando comentário feito por eles.

54.3. Monitorar as necessidades

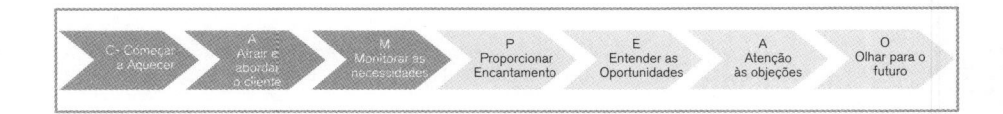

| C - Começar a Aquecer | A - Atrair e abordar o cliente | M - Monitorar as necessidades | P - Proporcionar Encantamento | E - Entender as Oportunidades | A - Atenção às objeções | O - Olhar para o futuro |

"Vender é estimular ou criar o desejo no cliente em alcançar um objetivo que visa melhorar algo em sua vida. O objetivo de comprar é adquirir uma ideia que está por trás do próprio produto".
(Heinz Goldman - especialista em Marketing, Comunicação e Gerenciamento)

No **MCV (Método Campeão em Vendas),** essa etapa é muito importante: saber identificar desejos e necessidades de cada cliente. Os clientes compram pelas razões deles, e não pelas suas. Apesar de ser muito importante, essa etapa é negligenciada pela a maioria dos vendedores. Muitos profissionais ignoram essa etapa correndo o risco na sua apresentação de falar aquilo que o cliente não gostaria de ouvir.

O vendedor capacitado precisa investir o tempo que for necessário para descobrir qual a verdadeira intenção de um cliente em querer adquirir um produto ou serviço. Quais são os desejos, vontades e necessidades que esse cliente tem. Isso que fará ele comprar. Se o vendedor tiver a capacidade de fazer essa conexão entre razão de compra, desejos, vontades, necessidades e os benefícios que seus produtos e serviços possuem, certamente estará no caminho certo do encantamento do cliente.

Fazer perguntas abertas é uma maneira bastante eficaz de ir em busca de informações que poderão ajudar a encantar o cliente. Elas fazem com que, na maioria das vezes, os clientes deem respostas que não sejam apenas um SIM ou NÃO. E quanto mais informações for possível obter dos clientes, melhor. Basta estar atento às respostas dos clientes. Por exemplo: "Você gosta dessa calça jeans?" "O que mais agradou no nosso cardápio?" "Que tipo de curso você procura?"

Para fazer com que as perguntas sejam abertas, podem ser usadas as palavras a seguir na formulação de cada pergunta. Elas irão auxiliar nessa questão. Como, por exemplo: **"Para Quem, Me fale, O Que, Quanto, Qual, Onde, Por que, Quando, Como."**

Ao fazer perguntas abertas, o profissional receberá respostas variadas dos clientes. É fundamental ao vendedor capacitado ficar atento às respostas para demonstrar que está prestando atenção às informações recebidas. Isso aumentará a confiança do cliente pelo vendedor e do vendedor na seleção do produto ou serviço que apresentará. É muito importante também comentar as respostas do cliente, porque demonstrará que está conectado. Isso ajudará a estabelecer uma relação de confiança. E quanto mais o cliente confia no profissional de vendas, mais ele se engaja, encanta-se e reforça a experiência única com a sua marca.

54.4. Proporcionar encantamento

| C- Começar a Aquecer | A- Atrair e abordar o cliente | M- Monitorar as necessidades | P- Proporcionar Encantamento | E- Entender as Oportunidades | A- Atenção às objeções | O- Olhar para o futuro |

Para proporcionar uma excelente experiência de marca e encantamento ao cliente é necessário ficar atento a duas etapas: **etapa visual e etapa falada.**

Uma questão que contribui para encantar o cliente está ligada à primeira impressão que ele terá ao entrar na unidade. Portanto, é muito importante se preocupar com a **etapa visual**: vitrine, exposição dos produtos, limpeza do espaço físico, arrumação e apresentação pessoal dos colaboradores. Sabemos que existem vendedores que julgam os clientes por sua aparência, tomando decisões precipitadas apenas por ver como se vestem, falam e agem. Porém, sabemos que clientes também observam antes de entrar em um negócio ou ponto de venda as mesmas coisas em relação aos vendedores. Se estão sentados, conversando em grupinhos, comendo ou até mesmo na porta, parados. Sendo assim, é importante manter-se atento a essa etapa.

Com relação à **etapa falada,** refere-se ao discurso a ser utilizado na apresentação do produto ou serviço.

Características dos Produtos – Transmite Confiança. Do que é feito. Materiais, cores, texturas, tecidos etc.
Benefícios – Provocam Desejo – O que o cliente vai ganhar com determinadas características: durabilidade, conforto etc.

Nesse momento tão importante quanto falar sobre o que o produto tem (características), e o que pode fazer pelos clientes (benefícios), é ter entusiasmo na sua fala. Tratar o assunto com emoção e entusiasmo verdadeiro, trazer para a fala as informações que ouviu na conversa com o cliente, fazer o *link* com os produtos e serviços em questão fará uma perfeita conexão com o cliente, ajudando na tomada de decisão.

Esse conceito funciona bem. Tudo é caro para todo mundo até o momento que o valor seja percebido. Quanto maior é a percepção do benefício do produto ou serviço que o cliente está se propondo a levar, mais valor ele enxergará. Portanto, estará mais propenso a comprar. **(Vide gráfico explicativo na pagina 103)**

54.5. Entender as oportunidades

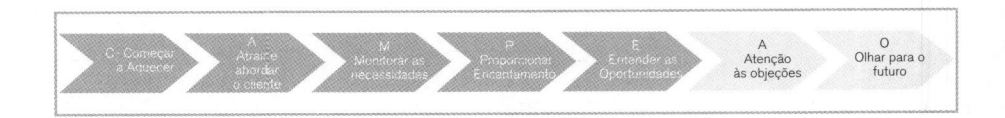

| C - Começar a Aquecer | A - Atrair e abordar o cliente | M - Monitorar as necessidades | P - Proporcionar Encantamento | E - Entender as Oportunidades | A - Atenção às objeções | O - Olhar para o futuro |

Agora é a hora de ficar atento a todas as possibilidades de agregar mais algum produto ou serviço que tenham a ver com as necessidades do cliente. Normalmente, os pontos de venda possuem um leque enorme de opções que sequer são oferecidas pelos vendedores. Enxergar novas oportunidades pode ser muito bom para o vendedor e também para os clientes. Imediatamente após o término da apresentação do produto ou serviço, é um bom momento para falar sobre novas oportunidades de venda. Existe um novo conceito em venda para definir isso, **VENDA SINÉRGICA**. Uma venda sinérgica é aquela que, como o próprio nome diz, possui sinergia entre os produtos ou serviços. Exemplo: Um terno e uma **gravata** (Sinérgica), uma sombra e um **demaquilante** (Sinérgico), Um prato principal e uma **sobremesa** (Sinérgico). Isso faz todo o sentido. Nessa hora, o cliente deve estar conectado ao que o vendedor diz. Enfatizar novamente os benefícios e reforçar as razões de compra.

Colocar-se no lugar do cliente, ter empatia nesse momento é fundamental. Quantas vezes, no papel de cliente, saímos para fazer algumas compras e ao retornar para nossa casa lembramos que nos esquecemos de comprar mais um item? É muito ruim. Um vendedor atento pode oferecer outros itens que funcionarão também como uma prestação de serviço, ajudando o cliente a sentir-se confortável.

Importante:

- É dever do vendedor oferecer e não do cliente lembrar.
- O que oferecer? Se o vendedor tiver monitorado todas as necessidades do cliente, ele terá um leque de opções nesse momento. É importante que o produto ou serviço oferecido tenha sinergia.
- Quando oferecer? Logo na sequência da apresentação do item ou do serviço que levou o cliente a entrar na unidade. O cliente ainda está com a cabeça no momento do uso, sonhando com o resultado.
- Como oferecer? Melhor que seja em tom de Sugestão, e não em tom de Imposição. Exemplos: "O que você acha dessa blusa junto com a sua calça nova?" "Posso te dar uma sugestão? O que você acha deste brinco que combina superbem com a sua pulseira?" "Posso te dar uma dica? Para você que está de dieta, a melhor opção é esse salmão grelhado com a salada."

Tudo isso deve ser feito em tom de bate-papo, com uma preocupação grande de não querer empurrar nada que o cliente não queria ou demonstra descontentamento.

54.6. Atenção às objeções

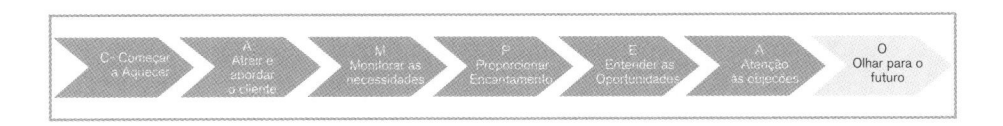

| C - Começar a Aquecer | A - Atrair e abordar o cliente | M - Monitorar as necessidades | P - Proporcionar Encantamento | E - Entender as Oportunidades | A - Atenção às objeções | O - Olhar para o futuro |

Profissionais de vendas escutam objeções que muitas vezes os fazem pensar que perderam a venda. Frases como: "Volto mais tarde", "É a primeira loja que eu entro", "Esqueci o meu cartão de crédito", "Está caro" são desafiadoras.

Não acreditar em tudo o que ouve ou vê a respeito do cliente é uma atitude positiva a ser cultivada por um profissional de vendas. Portanto, as objeções podem ser encaradas como uma oportunidade de recuperar a venda. Investigar é um ótimo caminho. Uma objeção pode ser uma dúvida que o cliente tem e não disse ao vendedor.

Ter atenção a objeção do cliente ajuda o profissional a entender se por acaso é uma desculpa dada por ele ou se realmente houve alguma falha em algum momento da venda. Sendo assim, desistir da venda ao escutar uma objeção é muito importante.

54.7. Olhar para o futuro

É possível saber que a venda foi bem conduzida no momento em que o cliente saiu do ponto de venda? Será que ele voltará? Será que ele recomendará o ponto de venda ou o profissional a mais alguém?

Existem degraus de formação de um grande vendedor. São eles:

1. Conectar-se ao cliente. Aproveitar a oportunidade ao recebê-lo. (Taxa de Conversão)
2. Encantar o cliente com os produtos ou serviços. (*Ticket* Médio e Peças por Atendimento)
3. Engajar o cliente à marca e ao atendimento. (Fidelidade)

Se todas as etapas do MCV forem cumpridas de forma sólida, com atenção ao cliente, as dicas e informações dadas por ele tornarão as chances de fechamento muito altas.

Alguns vendedores consideram o fechamento um momento muito difícil, principalmente se já foi falado tudo sobre o produto e mesmo assim o cliente não se resolve. É o chamado HIATO da venda. A melhor forma de reverter esse cenário é incentivar o cliente para que fale alguma coisa sobre o produto ou serviço e, então, fazer uma conexão entre os benefícios apresentados e a razões de compra do cliente.

Vender é um misto de emoção e razão. Os clientes não devem ser encarados apenas como uma oportunidade de ganhar dinheiro. É pensar na oportunidade de ajudar alguém a satisfazer as suas necessidades, a realizar seus sonhos, ou de alguém que queira presentear. Pensar em um cliente que voltou por ter adorado a experiência vivida no atendimento prestado por um vendedor é a maior recompensa que um profissional pode ter.

EXPERIÊNCIA PRÁTICA

55. Principais aprendizados de gente que construiu o sucesso na gestão de suas Franquias

Acreditamos que compartilhar experiências contribui fortemente para o desenvolvimento dos negócios, mais ainda, quando são histórias de sucesso. Assim, convidamos alguns multifranqueados que atuam com uma ou mais marcas para contar um pouco da sua trajetória, experiência e visão das relações Franqueado e Franqueador. São eles:

- Glauber Gentil
- Rodrigo Dias Gobbo
- Rosely, Roberto e Ricardo Guimarães Albuquerque Castro
- Alberto Oyama
- Erik Cavalheri
- Fatima Fernandes Afonso
- Marcus Vinicius B. Innocêncio

Essa é uma leitura fundamental pois concretiza décadas de conhecimento e reforça a nossa crença de que o alto nível de comprometimento, alinhamento e clareza entre as partes permite o crescimento e perpetuidade do negócio por gerações.

Novamente agradecemos a cada um pela generosidade em contar sobre sua trajetória e contribuir conosco e com todos que acessarem esse conteúdo para ampliar seus conhecimentos sobre os papéis das partes.

Nome: Glauber Gentil

Tempo de atuação no mercado de Franquias: 18 anos
Redes às quais pertence: O Boticário, Quem Disse Berenice, Habib´s e Swarovski
Número de unidades: 65

Formado em Administração de Empresas pela UFRN, com MBA em Gestão Empresarial na FGV e Especialização em Varejo pela Universidade do Arizona. Sócio Diretor da Gentil Negócios, empresa multifranqueada e associada à ABF, com atuação na região Nordeste do Brasil, nos segmentos de perfumaria e cosméticos, alimentação e cristais.

Por que decidiu investir em uma Franquia?
Formo junto com as minhas irmãs e sócias, Glícia e Glênia Gentil, a segunda geração de uma empresa de origem familiar, fundada por Antonio e Marluce Gentil, nossos pais, educadores, empreendedores e sócios. Foram eles que, logo no início da década de oitenta, de maneira intuitiva, adentraram ao universo do Franchising, em viagem à cidade de Curitiba/PR. Nós, filhos que compomos a segunda geração dessa trajetória, sucedemos o legado de envolvimento no Franchising e no varejo.

Qual foi a primeira Franquia em que você investiu? Por quê?
Antonio e Marluce Gentil desembarcaram na cidade de Curitiba e, nas recém-inauguradas instalações de O Boticário, naquela época uma farmácia de manipulação, e hoje a maior rede de Franquias de perfumaria e cosméticos do mundo. Conheceram o jovem visionário Miguel Krigsner, fundador da empresa e hoje presidente do Conselho de Administração do Grupo Boticário. Nascia, na ocasião, uma relação recíproca e transparente, cuja gestão e operação viria a ser sucedida, no âmbito da Franqueadora, por Artur Grynbaum, enquanto que, nas nossas Franquias – Natal e São Luis – pela segunda geração da família Gentil – Glauber (finanças), Glênia (vendas) e Glícia (pessoas).

Quais são os seus três maiores desafios atualmente na gestão dos seus negócios?
 a) Prover nossa retaguarda (*back office*) de um sistema de informação único e integrado, contemplando todas as unidades de negócios e agrupando, de maneira ágil e eficiente, as informações de todos os setores que dão suporte à operação. Isso promove rapidez e assertividade na tomada de decisões, evitando repetição de processos e procedimentos. Estamos atuando fortemente nessa demanda e esperamos equacioná-la num curto espaço de tempo.
 b) Adotar um modelo de Governança Corporativa e Sucessão. É preciso Governar uma Estratégia e garantir que exista um conjunto de processos, políticas e regras claramente estabelecidos e assimilados por todos, no intuito de sustentar as aspirações empresariais da Gentil Negócios sob um planejamento estratégico para um horizonte de longo prazo. No tocante à sucessão, apostamos numa política de planejamento a longo prazo, capaz de garantir a perpetuidade do negócio. No nosso caso, em se tratando de sucessão familiar, garantir também a manutenção da harmonia familiar dentro e fora da empresa. Para isso, a Gentil Negócios convidou a PWC a apresentar a melhor solução de Governança e Sucessão, uma vez que a terceira geração começa a participar dos negócios da família.
 c) Gerir e motivar Pessoas – São elas que cuidam dos nossos clientes. Portanto, precisamos dar maior atenção a elas, recrutando-as e selecionando-as de forma inovadora e eficaz. É importante ter um processo de recrutamento e seleção capaz de captar o perfil ideal para cada marca operada pela Gentil Negócios. Mais que isso: precisamos identificar e formar líderes. Com o modelo multifranquias adotado pela Gentil Negócios foi ainda mais importante investir e montar uma retaguarda robusta, elevando o nível dos gestores que suportam as operações de Franquias e seus 65 pontos de vendas. Entre os sócios-diretores e os (as) gerentes de loja foi criada uma camada de gestores-líderes que detêm, cada um no seu setor, autonomia e responsabilidade para garantir alta performance no cumprimento dos nossos objetivos. Precisamos, por intermédio das pessoas, ofertar uma entrega de excelência aos nossos Franqueadores.

Como você avalia a importância do suporte prestado pela Franqueadora para a obtenção de resultados do seu negócio? Fale um pouco sobre sua visão das responsabilidades do Franqueado e da Franqueadora.

É indispensável. Em nosso quadro de Visão, Missão e Valores está muito claro: cabe ao Franqueado, mono ou multi, potencializar as iniciativas da Franqueadora (entrega e performance), ser transparente e ter a capacidade de honrar compromissos (alinhamento e adimplência) e, sempre que possível e oportuno, demonstrar uma postura provocativa e colaborativa perante a Franqueadora, ressaltando o quanto você é relevante para aquele negócio, pois entende bem o seu mercado de atuação e conhece com profundidade o consumidor da sua região de atuação. Estar disposto e disponível para projetos pilotos, respeitando as regras do negócio e os valores da Franqueadora, pode sugerir o quanto a Franquia está engajada no plano expansionista da Franqueadora.

No tocante às responsabilidades do Franqueador, entendemos que é preciso uma visão estratégica de longo prazo de sua marca e do seu negócio, governança e modelo sucessório claros e suporte operacional com foco na rentabilidade da cadeia, sobretudo para aquelas Franquias que possuem espirito colaborativo e sinalizam desejo de reinvestimento no negócio. Mesmo no Franchising, os diferentes não podem ser tratados de forma igual. Algumas Franqueadoras já apontam nessa direção. Outro aspecto relevante é a capacidade da Franqueadora em ouvir, reconhecer, estimular e promover *benchmark* das melhores práticas, promovendo intercâmbio de boas ideias entre Franqueados e entre Franqueado e Franqueadora. Nesse ponto, posso dizer que a Franqueadora o Boticário adota um modelo vencedor e que o coloca num patamar de destaque.

Que dica(s) você daria para quem pensa em investir em uma Franquia?

Vale a pena analisar 2 aspectos:

Primeiro, os intangíveis – quais são os valores do fundador da empresa. Se existe uma causa maior que o move, se há um desejo do fundador, sucessores e sócios de perpetuidade do negócio ou se a empresa está sendo construída para ser vendida, ou seja, se existe ou não um modelo de governança e sucessão para o negócio. Se a Franqueadora já é de capital aberto, recomendo checar se sua essência se assimila à da Franqueadora. O Franqueado também precisa estar consciente do seu papel, da disposição em trabalhar e entender que Franquia é um negócio como outro qualquer: os bons resultados somente virão com muito trabalho e dedicação.

Em seguida, os tangíveis – verificar a solidez e tamanho da Franqueadora, analisar o investimento inicial, o DRE, o ROI projetado da operação, conversar com os Franqueados da sua região (os de alta e os de baixa performance), ouvir suas razões e justificativas, avaliar os melhores pontos para o seu funcionamento e operação e, sobretudo, o contrato de locação que está por vir. Entender o Custo Total de Ocupação, convidar a Franqueadora a lhe apoiar na negociação. Em caso de ponto próprio, tratá-lo como se não o fosse. Estar atento às ações da Associação Brasileira de Franchising e cercar-se de otimismo e boas pessoas.

Que dica(s) você daria para quem já opera Franquia e deseja ter mais sucesso ou melhores resultados?
    a) Controle detalhadamente os seus indicadores. Ali, você vai encontrar oportunidade de otimizar a receita do seu negócio.
    b) Esteja o mais próximo possível da equipe. É no PDV que as coisas acontecem, ele é uma fonte inesgotável de melhorias.
    c) Cerque-se de pessoas ousadas e com ambição, e tente, na medida do possível, criar uma política de crescimento para estas pessoas, desafiando-as sempre.
    d) Planeje e controle muito bem seus gastos. O dinheiro dá muito trabalho para entrar e sai em uma velocidade assustadora. Seja austero nos gastos e intolerantes com o desperdício.
    e) Não retire do seu negócio mais do que ele pode dar. Caso contrário, seu futuro e/ou seu plano expansionista estará comprometido.
    f) Acorde cedo, trabalhe, trabalhe, trabalhe e não aposte na sorte.
    g) Adote a meritocracia em tudo.
    h) Esteja atento às oportunidades: o fechamento de um PDV ou um negócio pode ser uma excelente oportunidade para abrir outro em seu lugar.
    i) Tudo é aprendizado e oportunidade.
    j) Promova o bem.

Alguma informação adicional, que julgue relevante para compartilhar?
Independentemente do seu tamanho, o Franqueado precisa pensar grande, pensar em crescimento e expansão. Fazendo isso com os pés no chão e com responsabilidade, os bons Franqueadores o reconhecerão e estarão dispostos a continuar formando redes financeiramente saudáveis e engajadas, garantindo, assim, prosperidade ao sistema.

Nome: Rodrigo Dias Gobbo

Tempo de atuação no mercado de Franquias: 17 anos
Redes às quais pertence: O Boticário, Quem Disse Berenice, Brahma Express
Número de unidades: 45

Formado em Administração de empresas pela PUC – Goiás e MBA em Gestão pela FGV. Sempre atuou no mercado de Franquias, uma vez que é sucessor dos pais na gestão do negócio. Porém, 2 anos após se formar, em 2000, deixou os negócios da família e montou uma Agência de Publicidade, a Insite Comunicação, onde atuou como Diretor e Redator e lá ficou até 2005, quando fechou esse ciclo e retornou aos negócios familiares.
Decidiu investir em Franquias por acreditar que os fundadores do Grupo entenderam ser uma forma mais segura e promissora de começar um negócio. Entende que nesse sistema paga-se pelo *know-how* que a Franqueadora já tem e que pode ajudar a encurtar algumas distâncias. Logicamente partindo da premissa que a empresa Franqueadora seja idônea e bem estruturada no negócio do Franchising.

Qual foi a primeira Franquia em que você investiu? Por que?
Começamos com O Boticário. Na verdade, na época, o negócio Franchising ainda era incipiente no Brasil e nem mesmo O Boticário tinha ainda muito bem formatados os processos e manuais. Como todo grande negócio tem em algum momento uma estrela que brilha, acredito que a estrela de nosso fundador, Divino Dias, se encontrou com a luz do fundador de O Boticário e a magia se deu. E a partir daí essas duas forças empreendedoras junto às forças de outras centenas de Franqueados forjaram o negócio de sucesso que essa marca é hoje.

Quais são os seus 3 maiores desafios atualmente na gestão dos seus negócios?
Os 3 maiores desafios são:
 a) Alimentar a relação de confiança entre Franqueadora e Franqueados sem permitir que a história e magia se percam.
 b) Gestão das pessoas – atrair, qualificar e reter talentos.
 c) Gestão financeira – gerir com austeridade porém garantindo os investimentos necessários ao crescimento do negócio.

Como você avalia a importância do suporte prestado pela Franqueadora para a obtenção de resultados do seu negócio? Fale um pouco sobre sua visão das responsabilidades do Franqueado e da Franqueadora.
A qualidade do Suporte prestado pela Franqueadora ao Franqueado é de suma importância. Acredito que é a essência do Sistema de Franchising, é isso que "compramos" da Franqueadora e que precisa ser entregue com excelência, tanto quanto precisamos de entregas excelentes para nossos clientes finais. Através desse suporte que acontece a troca de experiências, o compartilhamento de soluções e boas práticas, a definição das metas e desafios, os planos de ação, enfim, é assim que a engrenagem gira.

Cabe ao Franqueador formatar processos, desenvolver e lançar produtos, garantir a logística adequada de abastecimento da rede, oferecer soluções tecnológicas que suportem o negócio, disponibilizar ferramentas e conteúdos de qualificação dos funcionários de toda a rede e investir na construção e fortalecimento da marca e fomento da venda (*Branding*, Marketing e Propaganda).

Ao Franqueado cabe receber tudo isso e garantir a aplicabilidade de todos esses recursos com maestria. Entendendo que ele é uma extensão da Franqueadora e que o contato com o cliente se dá justo nessa extremidade. Como diz o fundador de O Boticário, Miguel Krigsner: os Franqueados são as narinas por onde entra todo o oxigênio da rede.

Que dica(s) você daria para quem pensa em investir em uma Franquia?
a) Pesquise muito antes de se definir por uma marca.
b) Ouça as "promessas" do Franqueador, mas ouça mais ainda os Franqueados (grandes e pequenos) como e se elas são cumpridas.
c) Escolha marcas líderes, se possível. Estruturadas e que tenham o negócio formatado e manualizado.
d) E nunca deixe de ouvir sua intuição.

Que dica(s) você daria para quem já opera Franquia e deseja ter mais sucesso ou melhores resultados?
a) Mantenha-se sempre inquieto e insatisfeito.
b) Abra a cabeça para o novo.
c) Cuide das pessoas, não apenas do cliente, mas principalmente da sua equipe.
d) Tenha metas desafiadoras e mensuráveis.

Nome: Rosely, Roberto e Ricardo Guimarães Albuquerque Castro

Tempo de atuação no mercado de Franquias: 24 anos
Redes às quais pertence: Grupo O Boticario, Grupo CRM e New Era
Número de unidades: 35

Rosely G. A Castro – formada pela FMU em Serviço Social, atuou como Assistente Social da Borg Warner de 1984 a 1990, ingressou no Boticário na sequência.
Roberto G. A. Castro – formado em administração de empresas pela PUC, empresário da indústria têxtil de 1984 a 2002.
Ricardo G. A. Castro – formado em Economia e Administração de Empresas pela PUC- SP e Mackenzie, empresário da indústria têxtil de 1984 a 2002.

A gestão de Franquias começou em nossa da família a partir do nosso pai, Renaldo de Albuquerque Castro em 1990, com a compra de 2 lojas O Boticário em Alphaville. Ele desenvolveu esse trabalho junto ao Boticário até 2002, quando então já possuía 6 lojas e duas unidades de VIC (Venda In Company).

Qual foi a primeira Franquia em que você investiu? Por quê?
Nós entramos para a sociedade em 2002, quando da decisão de realizar a sucessão empresarial por parte do nosso pai. Naquela oportunidade ele propôs uma sucessão profissional, uma vez que todos os filhos já possuíam certa independência financeira. Ele vendeu 60% das cotas de capital e saiu da gestão, permanecendo como conselheiro.

Quais são os seus 3 maiores desafios atualmente na gestão dos seus negócios?
São somente dois: Gestão de Pessoas e Tecnologia da Informação.

Como você avalia a importância do suporte prestado pela Franqueadora para a obtenção de resultados do seu negócio? Fale um pouco sobre sua visão das responsabilidades do Franqueado e da Franqueadora.
Acreditamos que o Suporte é um dos elos mais importantes da corrente que nos une à Franqueadora. O suporte determina toda qualidade e capacidade de transferência de *know-how* que a empresa Franqueadora detém.

Caminhando nesse modelo de corrente, todos os elos devem estar fortemente unidos e dependentes uns dos outros. Acreditamos que esse é o segredo do sucesso da Parceria. A Franqueadora determina regras, diretrizes, normas, procedimentos, planejamentos e nós (Franquia) devemos e temos a obrigação de aplicá-los da maior e melhor forma e qualidade orientada pela empresa mãe.
Entendemos assim, que os compromissos, ou melhor, os deveres e obrigações ficam bem claros para os dois parceiros, pois já foram predefinidos e são alimentados no decorrer da parceria.

Que dica(s) você daria para quem pensa em investir em uma Franquia?
Primeiramente procurar a ABF e fazer o curso básico ENTENDENDO FRANCHISING. A partir desse ponto, perceberá se possui o perfil para ser um Franqueado e terá ferramentas para iniciar uma prospecção com planejamento e segurança.

Que dica(s) você daria para quem já opera Franquia e deseja ter mais sucesso ou melhores resultados?
Manter-se à frente da operação para detectar oportunidades e corrigir os desvios. Foco continuo em controles e acompanhamentos. Criatividade para encontrar alternativas que possam agregar ao negócio e compartilhar com a Franqueadora.

Nome: Alberto Oyama

Tempo de atuação no mercado de Franquias: 13 anos
Redes às quais pertence: Contém1g e L'Occitane au Brésil
Número de unidades: 25

Ex-funcionário de carreira do Banco do Brasil por 10 anos. Formação na Franchising University, Empretec e Psicodinâmica aplicada aos Negócios. Entende que o modelo de Franquia minimiza os riscos para um negócio e vai ao encontro do perfil de empreendedores voltados à operações e gestão de pessoas.

Qual foi a primeira Franquia em que você investiu? Por quê?
Foi na Contém1g, por ser da área de cosméticos, um dos setores que sempre apresentou maiores taxas de crescimento. Foi a oportunidade de entrar numa rede nova, com possibilidade de ter mais de 10 unidades foi bem atraente.

Quais são os seus 3 maiores desafios atualmente na gestão dos seus negócios?
Os 03 maiores desafios são:
1 – Gestão de Pessoas sempre foi e continua sendo o maior desafio. Liderar, desenvolver e engajar a equipe, que está sempre mudando (Geração X, Y etc).
2 – Altos custos de ocupação e carga tributária.
3 – Me desenvolver constantemente para buscar a excelência na Gestão de uma empresa com 50, 100 unidades.

Como você avalia a importância do suporte prestado pela Franqueadora para a obtenção de resultados do seu negócio? Fale um pouco sobre sua visão das responsabilidades do Franqueado e da Franqueadora.
Concordo com a divisão de responsabilidades de 50% Franqueador e 50% Franqueado. A Franqueadora é responsável pela estratégia de negócio, visão e missão da marca, e por selecionar bem os Franqueados que representarão a marca. Além de oferecer todo o suporte e subsídios (produtos de sucesso comercial, logística adequada, treinamentos e desenvolvimento da rede, campanhas de promoção e marketing eficazes etc) para a performance do Franqueado.
Cabe ao Franqueado fazer a gestão de suas unidades com excelência, com grande destaque à gestão de pessoas, atendimento aos clientes e operações. Não esquecendo dos controles financeiros (fluxo de caixa, DRE, investimentos), gestão do estoque e ações de marketing e mídias locais.

Que dica(s) você daria para quem pensa em investir em uma Franquia?
Participe da Feira da ABF onde estão a maioria dos Franqueadores, encontre uma área de atuação que o candidato tenha afinidade, converse com vários Franqueados que já estão na rede, se desenvolva em Gestão de Pessoas, Liderança, Análises Financeiras (fluxo de caixa, DRE...), contrate profissionais da área do Franchising, para analisar os contratos de Franquia e o contrato de locação com os shoppings centers. Entenda que os resultados positivos somente virão se fizer a sua parte dos 50%, que representam 100% para você. O desafio do Franqueado é atingir resultados na ponta acima da média, com excelência no atendimento.

Experiência Prática

Que dica(s) você daria para quem já opera Franquia e deseja ter mais sucesso ou melhores resultados?
Trabalhe com indicadores para leitura dos resultados. Desenvolva a sua metodologia de acompanhamento dos resultados diários, se possível acompanhamento dos resultados por períodos do dia, para salvar o próprio dia, com orientações assertivas às equipes. Independente do tamanho da sua empresa, seja 1 unidade, 3 ou 10 unidades, crie um plano de cargos e salários compatível com o seu tamanho, trabalhe a cultura e os valores da sua empresa com a equipe, reconheça os bons funcionários não só financeiramente e compartilhe os desafios da empresa e comemore junto os bons resultados. Desta maneira, haverá uma maior probabilidade de conseguir o engajamento da equipe com os objetivos da empresa já que esses, contribuem com os objetivos profissionais e pessoais de cada um.

Alguma informação adicional, que julgue relevante para compartilhar?
O mercado brasileiro está se desenvolvendo cada vez mais e haverá cada vez menos espaços para os empresários que não se tornarem bons gestores. Se desenvolva constantemente nas áreas de Liderança, Gestão de Pessoas e Controle dos custos. Há uma necessidade urgente de desenvolver os bons Franqueados operadores como bons Franqueados gestores.

Nome: Erik Cavalheri

Tempo de atuação no mercado de Franquias: 30 anos
Rede a qual pertence: Grupo Incense – Franqueado do Grupo O Boticário
Número de unidades: 20

Graduado em Administração de Empresas. Atuou por um ano na função de Caixa do Banco Nacional - 1984- 1985.
Foi convidado em 1985 a trabalhar, como vendedor, em uma loja O Boticário localizada no Aeroporto Internacional (Cumbica). O Franqueado necessitava de vendedores que tivessem domínio da língua inglesa. Poucos meses depois assumiu a função de Gerente da Unidade. Em 1989 foi promovido a Supervisor das lojas da rede Franqueada.

Qual foi a primeira Franquia em que você investiu? Por quê?
Acompanhava de perto o crescimento da marca O Boticário. Tinha um sonho em um dia ter meu próprio negócio. A minha única experiência profissional real/prática era gestão de loja O Boticario, então decidi o meu objetivo: ser Franqueado O Boticário.

Quais são os seus 3 maiores desafios atualmente na gestão dos seus negócios?
    a) Crescer de maneira sustentável (sem perder a qualidade/essência).
    b) Recrutar, formar e manter colaboradores comprometidos com os valores da empresa.
    c) Conseguir acompanhar, manter-se atualizado e sobretudo sobreviver no complexo mercado empresarial Brasileiro.

Como você avalia a importância do suporte prestado pela Franqueadora para a obtenção de resultados do seu negócio? Fale um pouco sobre sua visão das responsabilidades do Franqueado e da Franqueadora.
O suporte da Franqueadora é muito importante. Entretanto esse resultado não vem em função deste suporte apenas. Depende fundamentalmente da atuação e implementação por parte do Franqueado, bem como o acompanhamento e *feedback* dos resultados obtidos.

Que dica(s) você daria para quem pensa em investir em uma Franquia?
Escolha uma marca e/ou seguimento com o qual você se identifica.
Esteja preparado para assumir riscos, bem como trabalhar bastante.
Não tome decisões por impulso (assinar contrato) antes de conhecer profundamente o histórico da marca e satisfação dos atuais Franqueados. Para isso existe a Circular de Oferta que permite uma visão mais ampla da Franquia.

Que dica(s) você daria para quem já opera Franquia e deseja ter mais sucesso ou melhores resultados?
Mantenha-se sempre atualizado. Estabeleça sempre Metas e Objetivos. Faça o acompanhamento constante. Reconheça e valorize sua equipe.

Alguma informação adicional, que julgue relevante para compartilhar?
Nunca desista de seus sonhos, aprenda com seus erros e faça de maneira diferente.

Nome: Fatima Fernandes Afonso

Tempo de atuação no mercado de Franquias: 15 anos
Redes às quais pertence: Hering Store, Hering Kids, Havaianas, Lupo, PUC
Número de unidades: 16

Começou aos 13 anos trabalhando com os pais em um pequeno comércio de alimentos. Antigamente chamado de "secos e molhados". Onde contribuía, com o pai, nas compras nos atacados. Passados os anos foram ampliando para outros negócios: floricultura, lanchonete, pastelaria e, por fim, o ramo de vestuário em 1990. A partir desse momento, a família, composta de pais portugueses e uma irmã, viu a possibilidade de trabalhar em um "comércio limpo" (não perecível). E, ao mesmo tempo, poder aposentar pai e mãe do trabalho duro de atender em balcão.

Em novembro de 1990, abriram a primeira loja. Um varejo multimarca em um bairro nobre de São Paulo. Bairro esse extremamente residencial para a época. Mas havia uma vantagem pelo imóvel ser próprio e ainda não ser um ponto comercial. Trabalharam nesse formato por 10 anos, até que a Hering (uma das marcas da multimarca) os convidou para se tornarem Franqueados.

Por que você decidiu investir em uma Franquia?
Na verdade, não foi apenas uma decisão, mas o destino nos colocou em frente de um formato de operação que nos pareceu apropriado.

Qual foi a primeira Franquia em que você investiu?
Minha primeira Franquia foi uma Hering Store. Com ela pude aprender a operar profissionalmente, e no futuro me permitiu contribuir com minha experiência na abertura da primeira Franquia da Lupo, em São Paulo, no Shopping Villa Lobos.

Quais são os seus 3 maiores desafios atualmente na gestão dos seus negócios?
Não se pode negar que o grande desafio é manter um negócio rentável.
O segundo, gestão de pessoas.
O terceiro, não em ordem de grandeza, e nem menos importante, é você acordar todos os dias e acreditar que o dia de hoje será sempre melhor que ontem e manter a tocha acesa de que faz o que gosta.

Como você avalia a importância do suporte prestado pela Franqueadora para a obtenção de resultados do seu negócio? Fale um pouco sobre sua visão das responsabilidades do Franqueado e da Franqueadora.

Responsabilidade da Franqueadora: além de dar suporte em treinamentos, gestão de negócios, manuais, organização, campanhas de marketing, criar padrões, procedimentos, responsabilidade social da marca; não pode jamais se esquecer que somos na ponta quem mantém a marca. Assim sendo, deve ser um "casamento" de companheirismo, entendimento, troca de informações e respeito de ambas as partes. Uma via de mão dupla. Onde nós da ponta (Franqueados) devemos ser ouvidos, mas jamais nos achando donos da razão. E nunca querendo colocar nossas opiniões como verdade absoluta, sem pensar que temos outros colegas e outras unidades Franqueadas.

Responsabilidade do Franqueado: não só seguir manuais de processos e procedimentos. Mas ser participativo em todos os setores pertinentes à operação. Inteirado, ao ponto de saber argumentar e sugerir boas práticas para ambos os lados.

Que dica(s) você daria para quem pensa em investir em uma Franquia?

Invista. Mas não como alguém que acha que está comprando sua aposentadoria ou seu plano de previdência. Invista em algo que te mova. Que te dê paixão. Se não, entre 18 a 24 meses você devolverá o contrato à sua Franqueadora.

Que dica(s) você daria para quem já opera Franquia e deseja ter mais sucesso ou melhores resultados?

Saiba operar seu negócio. Saia da frente de seu computador, da frente de sua planilha e não fique buscando apenas um número em azul. Saiba como executar todos os processos de sua operação.

Segunda dica: não crie um distanciamento com seus colaboradores. Não queira se colocar como "patrão" ou "chefe". Se posicione como um líder que você não precisará de títulos para ser respeitado como tal. Distância só cria pessoas que não nos ouvem, não nos acompanham, não estão ao nosso lado para crescermos juntos. Ninguém anda sozinho. Assim como eles precisam de nós, empregadores, nós precisamos mais ainda deles.

Alguma informação adicional, que julgue relevante para compartilhar?

Gestão significa: ação de gerir. E gerir, significa: dirigir. É isso: saiba pilotar seu carro! Você pode fazer vários caminhos. Pode se utilizar de mapas, GPS, bússola. Mas saiba para onde vai e principalmente por onde você vai. Para ir, você traça sua meta. Mas por onde você caminha é diferente. Você deve conhecer onde pisa. Seja conhecedor do seu negócio. Só assim você poderá cobrar de alguém pelo resultado. Mas, volto a repetir: Ninguém anda sozinho. Fazer uma longa viagem, pilotar um carro, ser um passageiro solitário é péssimo. Na chegada, você não terá para quem sorrir e dizer: "uau... que viagem!"

Nome: Marcus Vinicius B. Innocêncio

Tempo de atuação no mercado de Franquias: 12 anos
Rede à qual pertence: Óticas Carol
Número de unidades: 10 lojas

Formado em Administração de Empresas, Pós-Graduado e MBA em Marketing pela FGV.
Atuou por 20 anos na Indústria, passando por Coca-Cola, Skol e Lentes oftálmicas, nas funções de vendedor, supervisor, gerente de vendas e gerente regional, sempre com uma atuação muito direta no *Trade* e Varejo.
Primeiramente abriu uma loja própria (Ótica), sem muito recurso financeiro e sem tempo de se dedicar, mas decidido a se arriscar.

Qual foi a primeira Franquia em que você investiu? Por quê?
Após 3 anos de sofrimento e com 2 lojas independentes, sempre de olho no mercado, percebi que o ramo ótico estava caminhando para a mesma tendência de Redes de Farmácias. Com uma atuação sob uma bandeira (Marca) seria muito mais competitivo e ganharia força para uma futura expansão.
Com isso, virei a bandeira de uma de minhas lojas para as Óticas Carol, na cidade de Mogi das Cruzes.

Quais são os seus 3 maiores desafios atualmente na gestão dos seus negócios?
    a) Pessoas (alto *turnover*).
    b) Concorrência desleal (sonegação e produtos sem procedência).
    c) Trabalhar as equipes de forma a manter mesma linha de atuação, sendo que temos a distância contraria a nós (deslocamento entre as lojas).

Como você avalia a importância do suporte prestado pela Franqueadora para a obtenção de resultados do seu negócio? Fale um pouco sobre sua visão das responsabilidades do Franqueado e da Franqueadora.

Acredito que a Franqueadora tem um papel fundamental na busca de inovações, ações de marketing, melhores práticas existentes no mercado (negociação com fornecedores), tendências, marcas exclusivas, otimização de processos, suporte financeiro (Taxas, bancos etc.) além de todo o suporte de sistemas e ferramentas de gestão.
Já o Franqueado tem que estar alinhado com as diretrizes da Franqueadora, pondo em prática e sabendo aproveitar essas ferramentas, fazendo com que todo o time fale a mesma língua. Além disso, uma participação ativa sempre em busca de obtenção de melhores resultados (ganha x ganha) é imprescindível para o crescimento de ambos.
Apesar das Franquias serem nacionais, temos necessidades locais, por isso a importância do canal de comunicação afinado entres as partes.

Que dica(s) você daria para quem pensa em investir em uma Franquia?
Primeiro você precisa acreditar no que irá fazer. Muita gente se decepciona pois acredita que é só montar um negócio e os resultados irão aparecer, quando na verdade dá bastante trabalho.
Investir em uma Franquia para mim é largar na fila da frente, você já sai com um pacote de vantagens, além de ganhar *know-how* com a experiência de outros Franqueados.

Que dica(s) você daria para quem já opera Franquia e deseja ter mais sucesso ou melhores resultados?
Atuar de uma forma mais presente no negócio, entender a necessidade do time. Olhar atentamente não apenas para o cliente externo, mas também o interno.
Criar uma estrutura que permita o crescimento, saber delegar e criar processos.
Varejo pra mim é premiação, incentivo de vendas sempre, seja por resultado individual, seja por meta da Loja/Vendedor/Gerente e Varejo. Também é não esquecer do time de *back office*. No meu negócio, quando atingimos os resultados, todos ganham – isso gera sinergia entre todos os envolvidos no processo.

Alguma informação adicional, que julgue relevante para compartilhar?
Frase que uso sempre com o meu Time: "Varejo é trabalhar o detalhe" – o cafezinho, o copo de água, a maneira de manusear um óculos. Entenda, escute a necessidade do cliente para depois oferecer a "melhor" oferta.

Produto ele irá encontrar em qualquer loja, mas cordialidade, simpatia e um ótimo serviço... dependem do atendimento.

CONCLUSÕES

Quando tivemos a ideia de escrever este livro, ficamos profundamente motivados e nos sentimos desafiados em transformar esse nosso sonho em meta e, posteriormente, concluí-lo.

Foi bastante divertido e, ao mesmo tempo, preocupante construir todo esse conteúdo e agrupá-lo, tendo em vista que esta obra é uma consolidação do nosso conhecimento (PAR – Prático, Atualizado e Relevante), vivenciado ao longo desses anos no mercado de Franchising & varejo.

Conciliar as nossas agendas de projetos junto aos clientes, nossa razão de existir, e também pesquisar e escrever o livro foi talvez o maior desafio de todos os autores, além das demandas diárias individuais, família, lazer e outros desafios que tornam as nossas vidas mais prazerosas.

Acreditamos fortemente na busca de um sentido de realização ou propósito e que isso é mais forte do que simplesmente trabalhar em nossa empresa no dia a dia. Para isso, sempre lembramos de Confúcio:

> *"Arrume alguma coisa que você gosta de fazer e jamais vai precisar trabalhar na sua vida!".*

Essa busca de sentido nos motivou e manteve o nosso foco e disciplina em concluir essa edição, de várias que almejamos ter e melhorar a cada uma delas, para apoiar ainda mais o sucesso do empreendedorismo no Brasil, seja pelas Franquias ou negócios independentes, ou outros canais de vendas.

Vale resgatar o propósito inicial desse livro, que nos fez manter a chama acesa para terminá-lo:

"Contribuir para a transformação de Franqueados em Empresários bem-sucedidos. Empresários que ajam de maneira alinhada às diretrizes e padrões da Franqueadora, proporcionem uma excelente experiência de marca para os clientes de cada ponto de venda (unidade Franqueada) e melhorem os resultados da Rede como um todo."

Esperamos ter conseguido atingir esses objetivos genuínos e estamos cientes da nossa responsabilidade nessa jornada do conhecimento e que não podemos parar nunca de nos reciclar, atualizar e rever modelos mentais constituídos.

Obrigado por chegar até aqui conosco e muito sucesso na gestão empresarial do seu negócio.

Valeu!

**Adir Ribeiro, Maurício Galhardo, Leonardo Marchi,
Luís Gustavo Imperatore e Tonini Júnior.**

REFERÊNCIAS BIBLIOGRÁFICAS

Livros

Campora, F.; Cherto, M.; Garcia, F.; Imperatore, L. G.; Ribeiro, A. *Franchising uma estratégia para a expansão dos negócios*. 1 ed. São Paulo: Premier, 2006.
Carlzon, J. *A hora da verdade*. Rio de Janeiro: Sextante, 2005.
ECR Brasil. Manual de gerenciamento por categorias. Ed. Supermercado Moderno, 2007
Correa, C. *Sonho grande*. Rio de Janeiro: Primeira Pessoa, 2013.
Costa, E. A. da C. *Gestão estratégica*. 2 ed. São Paulo: Saraiva, 2007.
Eboli, M. *Educação corporativa no Brasil, mitos e verdades*. São Paulo: Gente, 2004.
Giuliani, A. C. et al. *Administração de varejo para pequenas e médias empresas*. São Paulo: Paco Editorial, 2013.
Lopes, C. *Guia de gerenciamento por categorias*. São Paulo: M. Books, 2013.
Mendelsonhn, M. *A essência do Franchising*. 1 ed. São Paulo: Yazigi, 1994.
Nathan, G. *Profitable partnerships: improve your franchise relationships and change your life*. Estados Unidos: Franchise Relationships Institute, 2000.
Nathan, G. *Parcerias lucrativas*. 1 ed. São Paulo: Bittencourt, 2011.
Nathan, G. *The franchisor's guide to improve field visits*. Franchise Relationships Institute, 2010.
Neto, A. R. *Consultoria de campo nas redes de varejo e franquias*. Rio de Janeiro: Qualitymark, 2007.
Nóbrega, C. *A ciência da gestão: marketing, inovação e estratégia*. Rio de Janeiro: Senac Rio, 2004.
Nóbrega C. *Ciência da gestão*. Rio de Janeiro: Senac Rio, 2005.
Peter Drucker - *100 anos, 100 Lições*. 1 ed. Madia Marketing School

Reiman, J. *Propósito: porque ele engaja colaboradores, constrói marcas fortes e empresas poderosas.* São Paulo: HSM, 2013.
Revista Harvard Business Review. fev/2013
Ribeiro, A; Galhardo, M.; Marchi, L.; Imperatore L. G. *Gestão estratégica do franchising: como construir redes de franquias de sucesso.* São Paulo: DVS, 2012.
The impact of employee engagement on performance. Harvard Business Review, 2013.
Ulrich, D.; Smallwood, N.; Zenger, J. *Liderança orientada para resultados.* São Paulo: Campus, 2000.
Viktor E. Frankl (Author), William J. Winslade (Afterword), Harold S. Kushner (Foreword). *Man's Search for Meaning* Mass Market Paperback. June 1, 2006
Walch, J; Walch, S. *Paixão por vencer.* São Paulo: Elsevier, 2005.

Sites

Site da ABF – Associação Brasileira de Franchising – www.abf.com.br
Site da IFA – Internacional Franchising Association – www.franchise.org
IBGC – Instituto Brasileiro de Governança Corporativa – www.ibgc.org.br
IBC – Instituto Brasileiro de Coaching – www.ibccoaching.com.br – John Withmore – *Coaching for Performance*
Rocha, B. M. – *Feedback: importância e metodologia* – http://www.webartigos.com/articles/14283/1/Feedback-Importancia-e-Metodologia/pagina1.html
StautRH – Pesquisa sobre retenção de talentos 2013 – http://www.stautrh.com.br/site/archives/noticias/1376424462_StautRH%20-%20Pesquisa%20Retencao%20de%20Talentos%20-%20Jul2013.pdf
Exame.com. *Empresas perdem funcionários e não investem para mantê-los.* Disponível em: http://exame.abril.com.br/negocios/noticias/empresas-sofrem-com-turnover-mas-nao-investem-em-retencao. Acesso em: 9. mai. 14.
http://michaelis.uol.com.br/moderno/portugues/index.php
www.administradores.com.br
www.buildingopportunity.com/impact/reports.aspx
www.dicionariodoaurelio.com

ANEXOS

LEI DO FRANCHISING
Fonte: site da ABF – Associação Brasileira de Franchising

Lei 8.955, DE 15 de dezembro de 1994 – Dispõe sobre o contrato de Franquia empresarial (Franchising) e dá outras providências.

O PRESIDENTE DA REPÚBLICA
Faço saber que o Congresso Nacional decreta e eu sanciono a seguinte lei:

Art. 1º Os contratos de Franquia empresarial são disciplinados por esta lei.

Art. 2º Franquia empresarial é o sistema pelo qual um franqueador cede ao franqueado o direito de uso de marca ou patente, associado ao direito de distribuição exclusiva ou semiexclusiva de produtos ou serviços e, eventualmente, também ao direito de uso de tecnologia de implantação e administração de negócio ou sistema operacional desenvolvidos ou detidos pelo franqueador, mediante remuneração direta ou indireta, sem que, no entanto, fique caracterizado vínculo empregatício.

Art. 3º Sempre que o franqueador tiver interesse na implantação de sistema de franquia empresarial, deverá fornecer ao interessado em tornar-se franqueado uma circular de oferta de franquia, por escrito e em linguagem clara e acessível, contendo obrigatoriamente as seguintes informações:

I - histórico resumido, forma societária e nome completo ou razão social do franqueador e de todas as empresas a que esteja diretamente ligado, bem como os respectivos nomes de fantasia e endereços;

II - balanços e demonstrações financeiras da empresa franqueadora relativos aos dois últimos exercícios;

III - indicação precisa de todas as pendências judiciais em que estejam envolvidos o franqueador, as empresas controladoras e titulares de marcas, patentes e direitos autorais relativos à operação, e seus subfranqueadores, questionando especificamente o sistema da franquia ou que possam diretamente vir a impossibilitar o funcionamento da franquia;

IV - descrição detalhada da franquia, descrição geral da unidade e das atividades que serão desempenhadas pelo franqueado;

V - perfil do franqueado ideal no que se refere a experiência anterior, nível de escolaridade e outras características que deve ter, obrigatória ou preferencialmente;

VI - requisitos quanto ao envolvimento direto do franqueado na operação e na administração da unidade;

VII - especificações quanto ao:
a) total estimado do investimento inicial necessário à aquisição, implantação e entrada em operação da franquia;
b) valor da taxa inicial de filiação ou taxa de franquia e de caução; e
c) valor estimado das instalações, equipamentos e do estoque inicial e suas condições de pagamento;

VIII - informações claras quanto a taxas periódicas e outros valores a serem pagos pelo franqueado ao franqueador ou a terceiros por este indicados, detalhando as respectivas bases de cálculo e o que as mesmas remuneram ou o fim a que se destinam, indicando, especificamente, o seguinte:
a) remuneração periódica pelo uso do sistema, da marca ou em troca dos serviços efetivamente prestados pelo franqueador ao franqueado (royalties);

b) aluguel de equipamentos ou ponto comercial;
c) taxa de publicidade ou semelhante;
d) seguro mínimo; e
e) outros valores devidos ao franqueador ou a terceiros que a ele sejam ligados;

IX - relação completa de todos os franqueados, subfranqueados e subfranqueadores da rede, bem como dos que se desligaram nos últimos doze meses, com nome, endereço e telefone;

X - em relação ao território, deve ser especificado o seguinte:
a) se é garantida ao franqueado exclusividade ou preferência sobre determinado território de atuação e, caso positivo, em que condições o faz; e
b) possibilidade de o franqueado realizar vendas ou prestar serviços fora de seu território ou realizar exportações;

XI - informações claras e detalhadas quanto à obrigação do franqueado de adquirir quaisquer bens, serviços ou insumos necessários à implantação, operação ou administração de sua franquia, apenas de fornecedores indicados e aprovados pelo franqueador, oferecendo ao franqueado relação completa desses fornecedores;

XII - indicação do que é efetivamente oferecido ao franqueado pelo franqueador, no que se refere a:
a) supervisão de rede;
b) serviços de orientação e outros prestados ao franqueado;
c) treinamento do franqueado, especificando duração, conteúdo e custos;
d) treinamento dos funcionários do franqueado;
e) manuais de franquia;
f) auxílio na análise e escolha do ponto onde será instalada a franquia; e
g) layout e padrões arquitetônicos nas instalações do franqueado;

XIII - situação perante o Instituto Nacional de Propriedade Industrial - (INPI) das marcas ou patentes cujo uso estará sendo autorizado pelo franqueador;

XIV - situação do franqueado, após a expiração do contrato de franquia, em relação a:

a) know-how ou segredo de indústria a que venha a ter acesso em função da franquia; e

b) implantação de atividade concorrente da atividade do franqueador;

XV - modelo do contrato-padrão e, se for o caso, também do pré-contrato-padrão de franquia adotado pelo franqueador, com texto completo, inclusive dos respectivos anexos e prazo de validade.

Art. 4º A circular oferta de franquia deverá ser entregue ao candidato a franqueado no mínimo 10 (dez) dias antes da assinatura do contrato ou pré-contrato de franquia ou ainda do pagamento de qualquer tipo de taxa pelo franqueado ao franqueador ou a empresa ou pessoa ligada a este.

Parágrafo único. Na hipótese do não cumprimento do disposto no caput deste artigo, o franqueado poderá arguir a anulabilidade do contrato e exigir devolução de todas as quantias que já houver pago ao franqueador ou a terceiros por ele indicados, a título de taxa de filiação e royalties, devidamente corrigidas, pela variação da remuneração básica dos depósitos de poupança mais perdas e danos.

Art. 5º (VETADO).

Art. 6º O contrato de franquia deve ser sempre escrito e assinado na presença de 2 (duas) testemunhas e terá validade independentemente de ser levado a registro perante cartório ou órgão público.

Art. 7º A sanção prevista no parágrafo único do art. 4º desta lei aplica-se, também, ao franqueador que veicular informações falsas na sua circular de oferta de franquia, sem prejuízo das sanções penais cabíveis.

Art. 8º O disposto nesta lei aplica-se aos sistemas de franquia instalados e operados no território nacional.

Art. 9º Para os fins desta lei, o termo franqueador, quando utilizado em qualquer de seus dispositivos, serve também para designar o subfranqueador, da mesma forma que as disposições que se refiram ao franqueado aplicam-se ao subfranqueado.

Art. 10. Esta lei entra em vigor 60 (sessenta) dias após sua publicação.

Art. 11. Revogam-se as disposições em contrário.

Brasília, 15 de dezembro de 1994; 173º da Independência e 106º da República.

ITAMAR FRANCO

Ciro Ferreira Gomes

Elcio Álvares

Análise de Fluxo de Caixa

ENTRADAS	mês 1	mês 2	mês 3	mês 4	mês 5	mês 6
Recebimentos à Vista	8.480	12.040	18.090	18.170	22.090	19.660
Recebimentos Cartões	75.150	73.040	76.730	80.620	84.760	76.880
Total de Entradas	**83.630**	**85.080**	**94.820**	**98.790**	**106.850**	**96.540**
SAÍDAS (VARIÁVEIS)						
Impostos (Super Simples)	11.040	7.627	7.759	8.648	9.010	9.745
Pagto de Mercadorias	38.769	40.235	36.280	35.160	31.930	31.758
Royalties	19.401	12.545	12.762	14.223	14.819	16.028
Embalagens	335	340	379	395	427	386
Taxas de Cartões	2.104	2.045	2.148	2.257	2.373	2.153
Perdas-Desvios Estoque	215	289	210	380	410	270
Comissões e Prêmios	1.673	1.702	1.896	1.976	2.137	1.931
Total de Variáveis	**73.536**	**64.783**	**61.435**	**63.039**	**61.106**	**62.270**
MARGEM DE CONTRIBUIÇÃO	**10.094**	**20.297**	**33.385**	**35.751**	**45.744**	**34.270**
SAÍDAS (FIXAS)						
Gastos Ocupacionais	8.200	8.200	8.200	8.200	8.200	8.200
Equipe	7.200	7.200	7.200	7.200	7.200	7.200
Fundo MKT (Prop. Inst.)	980	980	980	980	980	980
Vitrines	350	400	450	400	420	450
Marketing Local	900	800	1.600	1.600	1.800	1.600
Pró-Labore	3.000	3.000	3.000	3.000	3.000	3.000
Gastos ADM e Terceiros	2.840	2.840	2.870	2.920	2.730	2.420
Total de Saídas Fixas	**23.470**	**23.420**	**24.300**	**24.300**	**24.330**	**23.850**
Resultado Operacional	**(13.376)**	**(3.123)**	**9.085**	**11.451**	**21.414**	**10.420**
Gastos Não Operacionais	9.400	9.400	9.400	9.400	400	400
Resultado financeiro	**(22.776)**	**(12.523)**	**(315)**	**2.051**	**21.014**	**10.020**

mês 7	mês 8	mês 9	mês 10	mês 11	mês 12	Total	%	média
18.730	22.140	23.280	26.510	27.310	37.990	254.490	21,2%	21.208
70.830	77.970	79.830	83.125	79.250	89.440	947.625	78,8%	78.969
89.560	**100.110**	**103.110**	**109.635**	**106.560**	**127.430**	**1.202.115**	**100,0%**	**100.176**
8.804	8.168	9.130	9.404	9.999	9.718	109.051	9,1%	9.088
34.590	33.590	35.109	39.090	42.790	48.709	448.010	37,3%	37.334
14.481	13.434	15.017	15.467	16.445	15.984	180.604	15,0%	15.050
358	400	412	439	426	510	4.808	0,4%	401
1.983	2.183	2.235	2.328	2.219	2.504	26.534	2,2%	2.211
300	421	529	305	280	260	3.869	0,3%	322
1.791	2.002	2.062	2.193	2.131	2.549	24.042	2,0%	2.004
62.308	**60.199**	**64.494**	**69.224**	**74.290**	**80.234**	**796.918**	**66,3%**	**66.410**
27.252	**39.911**	**38.616**	**40.411**	**32.270**	**47.196**	**405.197**	**33,7%**	**33.766**
8.200	8.200	8.200	8.200	8.200	17.800	108.000	9,0%	9.000
7.400	7.400	7.400	7.400	11.500	11.500	95.800	8,0%	7.983
980	980	980	980	980	980	11.760	1,0%	980
390	440	450	450	450	480	5.130	0,4%	428
1.600	1.600	1.600	1.600	1.600	1.600	17.900	1,5%	1.492
3.000	3.000	3.000	3.000	3.000	3.000	36.000	3,0%	3.000
2.420	2.420	2.420	2.420	2.420	3.180	31.900	2,7%	2.658
23.990	**24.040**	**24.050**	**24.050**	**28.150**	**38.540**	**306.490**	**25,5%**	**25.541**
3.262	15.871	14.566	16.361	4.120	8.656	98.707	8,2%	
400	400	400	400	-	-	40.000		
2.862	**15.471**	**14.166**	**15.961**	**4.120**	**8.656**	**58.707**	**4,9%**	

Glossário de termos & conceitos financeiros

Aqui você encontra a definição de alguns termos financeiros empregados neste livro, e também outros conceitos que poderão ajudá-lo a compreender melhor o universo da Economia e das Finanças.

A

AMORTIZAÇÃO
É o pagamento de um empréstimo por meio de parcelas programadas. As parcelas, em geral, são compostas por uma parte do valor inicial emprestado mais os juros incidentes sobre o restante do valor ainda ainda não pago. A soma do valor principal mais os juros incidentes se chama *montante*.

APLICAÇÃO
Emprego de dinheiro em títulos mobiliários (como ações de empresas), títulos bancários (como CDB's) ou títulos da dívida pública (como NTN's, LTN's, LFTN's), ou mesmo em Cadernetas de Poupança, com o objetivo ou a expectativa de obter uma remuneração ou lucro sobre o valor empregado. É diferente de *investimento*. Embora popularmente seja empregado o termo *investimento* ao se referir à compra de títulos, cotas de fundos administrados pelos bancos ou ao se colocar dinheiro na Poupança, o termo correto para este tipo de operação financeira é *aplicação* financeira. *Investimento* é quando o dinheiro é aplicado diretamente em empresas ou em empreendimentos por seus proprietários ou sócios. Também se caracteriza como *investimento* a compra de imóveis e veículos.

ATIVO
É qualquer bem, direito ou valor pertencentes a uma empresa ou pessoa. Imóveis, carros, dinheiro empregado em aplicações financeiras, ações de empresas, máquinas e equipamentos são exemplos de ativos.

ATIVO CIRCULANTE
É um termo contábil empregado nos Balanços Patrimoniais de uma empresa e se refere aos tipos de ativos com maior facilidade e rapidez de serem convertidos em dinheiro vivo. Outro termo associado ao Ativo Circulante é a *liquidez*, que

significa exatamente a capacidade ou possibilidade de um ativo ser convertido em dinheiro num prazo de até um ano.

ATIVO FINANCEIRO
São ativos de natureza financeira, como ações, títulos da dívida pública, e o próprio dinheiro.

ATIVO FIXO OU ATIVO PERMANENTE
É o oposto do *Ativo Circulante*, ou seja, são ativos com maior dificuldade de serem convertidos em dinheiro no curto prazo, e que em geral se referem aos bens relacionados diretamente à própria atividade e operação da empresa, como prédios, máquinas e equipamentos.

AUDITORIA
É uma verificação da contabilidade e da situação financeira de uma empresa, realizada por agentes externos e que não tenham vínculos com a empresa, e visa dar maior credibilidade aos lançamentos contábeis. É especialmente importante nas empresas de capital aberto para dar maior segurança aos acionistas destas empresas. Não deve ser confundida com a atividade de *consultoria empresarial*, que possui abordagem, metodologias e objetivos bem diferentes.

B

BALANÇO PATRIMONIAL
Instrumento contábil pelo qual as empresas registram e podem analisar sua situação patrimonial, constando todos os bens, valores, direitos e obrigações que possuem.

BENCHMARK
É um processo de avaliação e comparação de produtos, serviços, processos e funções de empresas identificadas e reconhecidas como as melhores de sua classe ou tipo de atividade ou do mercado em que atuam. Como referência, estas empresas, produtos ou processos acabam sendo seguidos ou copiados por concorrentes, que procuram aprender com a experiência bem-sucedida de outros.

BOLSA DE VALORES
Associação civil sem fins lucrativos que mantém local ou sistema de negociação eletrônico para a compra e venda de títulos e valores mobiliários. A compra ou venda de títulos e valores mobiliários lançados nas bolsas de valores é chamada de *mercado primário*, uma vez que tais ativos são comprados diretamente de seus emissores. A partir desta primeira compra, a revenda destes ativos para outros interessados, por meio de corretoras de valores é chamada de *mercado secundário*.

C

CADERNETA DE POUPANÇA
Aplicação financeira tradicional, mais direcionada ao pequeno poupador pela maior simplicidade e facilidade de acesso, e o único produto de aplicação financeira garantido pelo Governo Federal e isento de Imposto de Renda. Tem remuneração de 0,5% ao mês acrescentado de um indexador da economia definido pelo Governo. Não possui taxa de administração, como as que são cobradas em muitos fundos de aplicação dos bancos. É considerada uma aplicação de baixa remuneração, porém de alta segurança. Possui a função social de assegurar a captação de dinheiro mais "barato" para ser emprestado ou investido em políticas de desenvolvimento, como o financiamento habitacional.

CAPITAL INICIAL
São todos os bens e valores empregados para a constituição de uma empresa ou para a execução de um projeto ou empreendimento.

CAPITAL ABERTO (COMPANHIA DE)
Empresa que divide seu patrimônio ou parte de seu patrimônio em frações chamadas *ações*, e as vendem para interessados que se tornam *acionistas*. Os acionistas também podem revender suas ações para outros interessados. O objetivo da companhia ao lançar ações é de captar dinheiro a custos menores para investir na expansão de suas atividades (para isso cedendo ou vendendo parte de seu patrimônio de forma fracionada), enquanto os acionistas têm o objetivo de comprar um ativo sob a expectativa de que se valorize ao longo do tempo, podendo ser revendido com lucro. Os acionistas também têm direito ao recebimento de dividendos, que são uma parte do lucro da empresa.

CAPITAL DE GIRO
É o dinheiro utilizado para comprar matérias-primas, produtos e serviços, despesas da operação etc. Em outras palavras, é o dinheiro que a empresa precisa no dia a dia para funcionar. Este dinheiro pode ser proveniente de recursos próprios, como o próprio lucro reinvestido no próprio negócio ou o investimento de seus proprietários. Na falta de recursos próprios, a empresa precisa pegar dinheiro emprestado dos bancos, pagando juros sobre estes valores.

CAPITAL EMPREGADO
Comumente é um termo empregado para definir a soma do investimento inicial realizado para a abertura de um novo negócio e o dinheiro que ainda é necessário colocar na empresa até que esta atinja o *ponto de equilíbrio*, ou seja, o ponto a partir do qual as entradas se igualam às saídas, iniciando a fase de lucros na operação.

CAPITAL FECHADO (EMPRESA DE)
Empresas que não possuem ações lançadas e negociadas em bolsa de valores para quaisquer interessados.

CAPITAL SOCIAL
É o valor dos recursos financeiros investidos na empresa, pelos seus sócios ou acionistas.

CARTÃO DE CRÉDITO
É um cartão que disponibiliza o meio eletrônico para o pagamento de compras de produtos ou serviços, e também oferece crédito ao usuário, que somente irá pagar o valor da compra após um prazo, que é determinado pela diferença entre a data da compra e a data definida previamente para o pagamento da fatura do cartão. Neste caso, o comerciante ou prestador de serviços que aceita o pagamento por cartão de crédito irá receber o respectivo valor somente 30 dias após a venda, além de pagar uma taxa pelo uso do sistema.

CARTÃO DE DÉBITO
É um cartão que somente disponibiliza o meio eletrônico para o pagamento de compras de produtos ou serviços, sem oferecer crédito. O usuário precisa possuir

o valor correspondente da compra disponível em sua conta bancária a fim de que a compra seja aprovada, e o valor é debitado em até um dia útil.

CONCORDATA
Benefício concedido por pela Justiça à empresa que atingiu o ponto de não ter mais capacidade de pagar seus compromissos, embora ainda tenha condições de continuar operando, desde de que tenha disponibilidade de capital de giro, evitando ou suspendendo a declaração de sua falência, mas obrigando-se a liquidar suas dívidas dentro de um prazo estabelecido. Ultimamente a concordata vem sendo substituída por um outro mecanismo semelhante chamado de *recuperação judicial*.

D

D+
Expressão utilizada no mercado financeiro que significa o dia efetivo de uma operação e o dia em que deverá ocorrer sua conclusão pela instituição financeira.
D+0= hoje
D+1= amanhã
D+2= depois de amanhã, e assim por diante.

DEMANDA
É a procura ou interesse por bens e serviços.

DESPESA FINANCEIRA
É o valor de juros, mora e multas decorrentes de empréstimos e financiamentos. Também entram neste grupo as tarifas e taxas bancárias, e as taxas devidas pelo uso de maquinas de POS e das vendas por meio de cartões de crédito e de débito.

DIVIDENDO
É a parte do lucro de uma empresa de capital aberto que é distribuída a seus acionistas.

DUMPING
É a venda de produtos ou serviços a preços abaixo de seus custos de produção (ou de prestação no caso dos serviços), com a finalidade de enfraquecer ou eliminar concorrentes e conquistar fatias maiores de mercado. Na legislação do Direito Econômico brasileiro esta prática é proibida.

F

FALÊNCIA
É o processo judicial que leva ao encerramento das atividades de uma empresa que deixou de ter condições de cumprir com suas obrigações financeiras, com o objetivo de liquidar os seus bens restantes (em geral ativos fixos e permanentes) para pagar o todo ou parte de suas dívidas. Ao contrário da *concordata*, a falência é pedida pelos credores da empresa.

I

INFLAÇÃO
É a elevação generalizada de preços de produtos e serviços na economia de uma determinada região, a taxas diferentes entre os diversos tipos de produtos e serviços, e setores da economia. Como consequência direta da inflação há uma desvalorização da moeda, ou perda do poder de compra.

INVESTIMENTO
É o dinheiro empregado para a montagem de um negócio, e também para a compra de máquinas, equipamentos e instalações, assim como obras de construção civil e reformas ao longo da operação do negócio.

J

JUROS
É o valor cobrado pelo empréstimo de dinheiro. O dinheiro no mercado financeiro é considerado um produto, e seu preço são os juros. Num empréstimo de dinheiro há o valor emprestado, chamado de *principal*, e os juros cobrados em função deste valor e do prazo em que este valor ficar emprestado. À soma do *principal* mais os juros dá-se o nome de *montante*.

L

LUCRATIVIDADE
É uma característica da empresa que se refere ao lucro de sua operação. Ou seja, se as entradas de caixa forem maiores que as saídas, a empresa terá lucro na operação e portanto será lucrativa. A lucratividade é diferente da *rentabilidade*, que se refere aos resultados da empresa em relação aos investimentos realizados no negócio.

LUCRO OU LUCRO LÍQUIDO
É o resultado das receitas menos os impostos, os custos e as despesas.

LUCRO BRUTO
É o resultado das receitas menos os custos e as despesas, antes do pagamento do Imposto de Renda. Para empresas optantes pelo regime tributário do SIMPLES e de Lucro Presumido, o lucro apurado após as despesas da operação já é o *Lucro Líquido*.

M

MARGEM BRUTA
É a diferença entre o preço de venda e os custos de fabricação de um produto. Pelo ponto de vista do varejo, é o preço de venda menos o custo da mercadoria vendida (o quanto a loja pagou pelo produto). A margem bruta é um importante indicador de eficiência e atratividade do negócio. Se um produto tem a margem bruta pequena, será necessário alto volume de vendas para se obter um lucro razoável, ou por outro lado, exigirá uma operação com despesas mais baixas.

MONTANTE
Num empréstimo de dinheiro há o valor emprestado, chamado de *principal*, e os juros cobrados em função deste valor e do prazo em que este valor ficar emprestado. À soma do *principal* mais os juros dá-se o nome de *montante*.

P

PASSIVO
É o conjunto de todas as obrigações e dívidas de uma empresa.

PATRIMÔNIO
É o conjunto de todos os bens e direitos de uma pessoa ou de uma empresa.

PATRIMÔNIO LÍQUIDO
É a diferença entre o valor dos ativos e dos passivos no *Balanço Patrimonial*.

PAYBACK
É o tempo que leva para os lucros acumulados de um negócio atingirem o mesmo valor do capital que foi lhe empregado. Ou, em outras palavras, é o momento a partir da implantação do negócio em que o seu fluxo de caixa acumulado se torna positivo. Ou ainda, é o tempo que leva para um negócio retornar o dinheiro investido pelos sócios.

PONTO DE EQUILÍBRIO
É o ponto a partir do qual as entradas se igualam às saídas, iniciando a fase de lucros na operação.

R

RECEITA BRUTA
É o valor total da venda e de outras receitas de uma empresa, antes de qualquer dedução de impostos e de custos. Também pode ser chamada de faturamento da empresa (na verdade, a receita bruta somente será igual ao faturamento se não houver inadimplência nas vendas). O faturamento de uma empresa é somente um indicador de volume de vendas e não necessariamente de saúde financeira e nem de resultados. Avaliar uma empresa apenas pelo nível de faturamento, sem conhecer as demais contas, como custos e despesas, pode ser um grande erro.

RECEITA LÍQUIDA
É a receita bruta menos as devoluções de produtos e os impostos diretos incidentes sobre o faturamento pagos pela empresa.

RENTABILIDADE
Refere-se aos resultados da empresa em relação aos investimentos realizados no negócio, e é expressa em valor porcentual (%). É um importante indicador empregado nas avaliações de investimentos em negócios. As decisões pelo investi-

mento em diversas opções de negócios em geral são tomadas a partir da comparação das rentabilidades de cada um. É também chamada de ROI (retorno sobre o investimento).

ROI
É a sigla para a expressão em língua inglesa *return on investment*, que significa *retorno sobre o investimento* realizado num negócio. É o indicador que mede a *rentabilidade* do negócio.

ROYALTY (OU ROYALTIES)
É o valor pago ao detentor de uma marca, patente, processo de produção, produto ou obra original pelos direitos de sua exploração comercial. Num modelo de franquias, é o valor pago pelo Franqueado ao Franqueador pelo uso da marca, pela transferência de conhecimento e dos processos da gestão e operação do negócio, e pelo suporte oferecido pela Franqueadora, com o objetivo de apoiar o Franqueado na busca permanente por melhores resultados.

T

TAXA DE ADMINISTRAÇÃO
(CARTÃO DE CRÉDITO E CARTÃO DE CRÉDITO)
Taxa cobrada pelas administradoras de cartões por cada operação e em função dos respectivos valores envolvidos na venda. Também é comum haver a cobrança de uma taxa de aluguel ou pelo uso da maquina de POS usada para a leitura dos cartões e consulta *online* de crédito para a aprovação das compras.

LEITURA COMPLEMENTAR

Contribuindo com o **conhecimento PAR (Prático, Atualizado e Relevante)** para o mercado de Franchising & Varejo, compartilhamos alguns artigos escritos pelos autores do Livro.

Dicas práticas para a gestão de uma unidade Franqueada

Adir Ribeiro - Presidente e Fundador Praxis Business

De maneira estruturada, procuramos condensar aqui os principais pontos para uma gestão bem-sucedida do ponto de venda, que pode servir como *checklist* de autoavaliação do gestor em cada item, permitindo um plano de melhorias identificadas nessa avaliação.

Conhecimento profundo da operação
- Nos primeiros meses do negócio, é de suma importância que o Franqueado tenha (ou adquira) o domínio total do funcionamento da operação, seus detalhes importantes, aspectos fundamentais para que o padrão seja seguido e o cliente, ao ser atendido, não forme uma percepção negativa daquele negócio.
- Com o maior conhecimento adquirido, permite a ele um melhor gerenciamento do negócio e saber com precisão quais são as alavancas que geram os resultados que são os objetivos de qualquer negócio.
- Conhecer os fatores críticos operacionais garante maior estabilidade ao negócio, mantém os padrões e as regras são seguidas, dentro das conformidades estabelecidas pela Franqueadora.

- Permite melhor gestão da equipe com bases sólidas de conhecimento sobre a operação – lidera mais fácil quem conhece o que está sendo executado e conquista a confiança da equipe.

Alinhamento com o posicionamento da Marca
- É importante que o Franqueado conheça e esteja convencido de quais são os valores da marca, qual é o seu posicionamento e sua missão no mercado, afinal os Franqueados se tornam missionários daquela empresa, pois são seus fiéis defensores perante o mercado, clientes e equipes.
- Manter-se alinhado e próximo da Franqueadora e de sua equipe permite uma integração onde o suporte funciona de maneira mais efetiva e fluída.
- Garante a percepção dos serviços e produtos no mercado, perante os clientes.
- Envolve as pessoas num senso comum e desenvolve o sentido de pertencer a algo maior, no caso daquela marca da Franqueadora.

Formação de time para a unidade Franqueado e manutenção da motivação
- Uma das tarefas mais complexas do líder de uma Franquia é lidar com gente, seres humanos, imperfeitos na sua essência e muitas vezes despreparados para exercer tal posição, desde as mais simples até as mais complexas.
- Gente faz a diferença nos negócios, mas a liderança tende a ser a responsável por construir um ambiente de integração entre todos e que é percebido pelos clientes no ponto de venda.
- Formar uma cultura de servir aos clientes e engajar as equipes tem sido o maior desafio dos Franqueados no Brasil, pois apesar de nossa latinidade e do nosso jeito de ser informal, temos que cuidar desse ativo importante pois os conflitos na gestão de pessoas são muito frequentes e isso pode ser espelhado no atendimento final aos clientes.
- Ninguém resiste a um serviço eficiente, em um ambiente mágico e realizado por pessoas encantadoras, que acreditam no negócio e transbordam motivação para conseguir o encantamento dos clientes!

Conhecimento profundo da gestão do negócio
- A Gestão do negócio deve ser bem acompanhada desde os primórdios do negócio, apesar de que ela passa a ter suma importância com o de-

correr do tempo, quando há mais criticidade sobre o negócio, mais base e casos reais para serem avaliados e histórico de vendas / resultados.
- Avaliar constantemente os indicadores chave de desempenho, como vendas, *ticket* médio, taxa de conversão, quantidade de clientes que frequentam sua unidade, lucratividade, entre outros, é fundamental para a análise bem sucedida do negócio.
- Só pode ser melhorado o que é controlado.
- Os resultados não podem somente ser apurados, eles precisam ser construídos diariamente, para evitar a sensação de que acabou o mês e a meta não foi batida. O acompanhamento diário apresenta as tendências e evidências sobre os resultados.
- Agir com base na avaliação consistente dos indicadores, para construir resultados diferentes e assim ter uma gestão mais efetiva de sua unidade Franqueada.

Aperfeiçoamento e desenvolvimento contínuos
- Não basta participar de uma rede de Franquias e acreditar que o negócio será constantemente desenvolvido pelo Franqueador.
- O Franqueador estará em constante mudança e acompanhando o ritmo do mercado, mas isso exigirá Franqueados e equipes melhor preparadas.
- Participar de todos os programas de treinamento sugeridos e convocados pela Franqueadora, bem como de outros externos, na busca de seu desenvolvimento contínuo e consistente.
- Proporcionar ambiente de aprendizagem para todos da equipe e se manter aberto às novas mudanças e tendências, lançamento de produtos, etc.
- Visitar sempre negócios concorrentes e ficar de olhos bem abertos para as mudanças que o mercado vem imprimindo na sua região de atuação da Franquia.

Elaboração de um Plano de Negócios
- Mais do que o plano de negócios, com os objetivos bem definidos, ter um plano de metas ambiciosas e audaciosas, porém realistas, para manter as chamas do desejo bem aquecidas e servindo de direcionar na busca de resultados.

- Alinhar as pessoas da equipe na busca dessas metas e resultados, garantindo-lhes um rumo, um norte.
- Efetuar o acompanhamento frequentemente e avaliar as possibilidades de erros e acertos, bem como traçar planos de ações para corrigir eventuais deficiências do negócio ou da equipe.
- Revisar constantemente o plano de negócios a incluir nesse plano, seus sonhos pessoais, que o negócio ajudará a concretizar ou não, como a compra de uma casa própria, a troca de um carro, a realização de uma viagem com a família, a abertura de mais um negócio/Franquia, a conclusão de um curso no exterior.
- Sempre que as metas do negócio estão atreladas às metas pessoais, a chance de realizá-las é muito maior, pois passam a ter um sentido mais amplo.

Para quem pensa em investir numa Franquia

Adir Ribeiro - Presidente e Fundador Praxis Business

Pretendemos, nesse espaço, fornecer dicas práticas para os interessados em adquirir uma Franquia ou mesmo em conhecer com mais profundidade o funcionamento do sistema e para isso, listamos algumas ações que são fundamentais para participar desse negócio.

Como já bastante difundido, a Franquia é um negócio onde há a cessão dos direitos de uso de uma marca e de um sistema de negócios que já foi testado em vários mercados, cujo Franqueador tem critérios claros sobre sua expansão e o perfil de Franqueado ideal. Apesar de a Franquia apresentar baixa taxa de mortalidade, principalmente quando comparada com os negócios que não fazem parte de uma rede ou chamado de negócios independentes, mesmo assim, apresenta riscos.

Não pode haver definitivamente a sensação de que é só comprar a Franquia e o sucesso será garantido, pois o mercado apresenta diversos casos de Franqueados de insucesso, em função dessa crença de resultado fácil de ser conquistado, graças ao poder da marca, ao sistema de negócios, o *mix* de produtos e outros aspectos importantes, pois é crucial a participação do Franqueado no dia a dia do negócio, o seu entendimento do mercado e a gestão da Franquia de maneira estruturada.

Antes de se tornar Franqueado, o candidato (é assim conhecido) deve avaliar criteriosamente alguns aspectos e procurar muitas opções antes da decisão por uma marca/negócio em especial, para ter poder de comparação e análise. Segue a lista de itens a serem avaliados:

Compra do negócio (Franquia) por critérios claros
- A compra de uma Franquia não pode ser feita de maneira impetuosa, de impulso somente porque apareceu uma ótima oportunidade (ponto comercial, por exemplo).
- Precisa ser avaliada criteriosamente, não só o negócio em si, mas a indústria (o segmento) em que a Franquia está inserida, se está em um mercado em crescimento, se existe tendência favorável etc.
- Avaliar cenários possíveis, sejam econômicos, sociais, financeiros, para ampliar o "leque" de possibilidades.
- Ter a clareza necessária para saber qual o capital se faz necessário para realizar o investimento inicial e ter sempre planos de contingências, caso o negócio demore mais para atingir a maturidade desejada ou não atinja o ponto de equilíbrio financeiro (receitas = despesas) no prazo previsto.

Autoavaliação criteriosa
- Quanto maior a vocação com o negócio e sua identidade, maior a chance de sucesso.
- Nessa fase é recomendado que se faça uma análise das ambições do candidato, aonde se quer chegar, se é ter somente uma unidade, em quanto tempo etc.
- Entender que ter um negócio próprio, como outro qualquer, apresenta riscos. Obviamente Franquias apresentam riscos menores do que negócios independentes, pelo conhecimento que existe do negócio, pela padronização e formatação do negócio, mas existe risco, ou seja, Franquia não é sinônimo de sucesso garantido e de retorno do investimento em prazos curtos.
- Avaliar se o seu perfil se encaixa no perfil ideal desejado pela Franqueadora.

Conversa com Franqueados atuais da rede de Franquias
- Importante conversar com os Franqueados da rede para ouvir o que eles têm a dizer e não somente o que "se quer" ouvir.

- Ninguém mais do que os Franqueados que já convivem com a marca, com o sistema de negócios e com o Franqueador e sua equipe, para dar dicas preciosas sobre o dia a dia do negócio, os seus desafios diários, etc.
- Identificar quais são os pontos críticos da Franquia, quais os aspectos que "tiram o sono" dos Franqueados atuais, sempre levando em conta a ótica de um Franqueado, lembrando que esse Franqueado é você amanhã.

Acompanhamento da implantação do negócio (assinatura do contrato até a inauguração)
- Após o processo de seleção do então candidato, começa a fase difícil que envolve diversos aspectos, fornecedores e alto custo, pois é nessa fase que ocorre o maior investimento no negócio, sem saber se haverá retorno mesmo ou não, causando um sentimento de insegurança.
- Acompanhar todos os custos previstos e datas do cronograma de implantação da Franquia.
- Avaliar fornecedores que possam apresentar problemas de entrega de produtos, cuidar da parte legal em obter os certificados e autorizações legais, necessários para a operação do negócio.
- É nessa fase que começa a jornada do empreendedor, com todos os percalços que a vida empresarial apresenta.
- Manter cronograma elaborado pela Franqueadora devidamente atualizado e cumprir todas as ações, pois várias são interdependentes, se iniciam no mesmo momento, mas não acabam na mesma oportunidade e impactam em outras ações futuras, comprometendo o cronograma de inauguração.
- Unidade não inaugurada é prejuízo diário, pois cada dia de atraso distancia ainda mais o Franqueado do retorno do investimento, pois não há o faturamento das vendas para os clientes.

Enfim, tornar-se Franqueado é um sonho (ou objetivo) que cada vez mais pessoas optam por seguir. Exige cuidado e atenção, muito planejamento e uma boa dose de determinação, afinal iniciar um negócio é sempre uma jornada de muitos sentimentos, positivos e negativos, mas que no final, tende a ser recompensador, na grande maioria das vezes.

De maneira estruturada, o processo de aquisição de uma Franquia tem os seguintes passos:

Autoconhecimento
- Momento de vida e desejo de correr riscos
- Capacidade financeira, de investimento e de se bancar por períodos longos
- Gostos e preferências por negócios e produtos
- Apoio familiar

Oportunidades
- Avaliar segmentos e indústrias
- Identificar tendências de negócios e extinção de segmentos
- Pesquisar números do mercado (margens, indicadores de performance etc)

Escolher no mínimo 3 Franquias para comparar
- Levante informações de cada negócio
- Contate as empresas
- Realize reuniões e participe das entrevistas
- Questione bastante a Franqueadora, tire todas as suas dúvidas
- Entenda o DNA de cada marca, a cultura da empresa
- Aja como cliente de cada negócio, procure visitar as unidades
- Compare, realize avaliações aprofundadas de cada negócio

Converse com os atuais Franqueados da Rede
- Tanto os atuais, como os que se desligaram da rede
- Procure entender os motivos de satisfação e de insatisfação
- Vá a campo, de fato, monitore a concorrência de cada negócio

Avalie os modelos de negócios
- **Financeiro** – quais os resultados estimados, indicadores de performance críticos, margens etc
- **Comercial** – como é o processo de compra e venda de produtos e serviços, gestão da equipe de atendimento etc
- **Jurídico** – avalie os documentos legais obrigatórios (Circular de Oferta de Franquia, Pré-contrato – se houver e Contrato de Franquia) e se for preciso, procure apoio de advogados especializados para lhe ajudar

- **Logístico** – como é o processo de entrega de mercadorias e suprimentos (caso o negócio tenha essa característica)
- **Outros** – de acordo com o modelo de negócios da Franquia a ser implantada.

Clareza da essência de uma Franquia
- Papel de cada parte, Franqueador e Franqueado
- Respeito aos padrões e diretrizes da Franquia
- Entrega da excelente experiência de consumo para o cliente final
- Certeza de que sucesso depende de forte dedicação, disciplina e atuação empresarial na gestão de sua unidade.

Procure apoio em Associações como a ABF – Associação Brasileira de Franchising (www.abf.com.br) que promove vários programas de capacitação para interessados em adquirir Franquias e também, contribui para o desenvolvimento ético e sustentável do sistema no Brasil, tendo tido papel relevante nos últimos 25 anos em nível internacional.

Os principais desafios do Franchising

Adir Ribeiro - Presidente e Fundador Praxis Business

(artigo escrito em Dezembro/2012)

Os números do Franchising no Brasil impressionam pela sua pujança, manutenção de crescimento constante e consistente todos os anos e cada vez mais pela quantidade de empresas que usam dessa estratégia de canais para expansão de seus negócios.

O Brasil tem tido destaque internacional nessa área, estando entre as 4 maiores nações mundiais em números de Franqueadores, o que dá uma ideia exata da amplitude do Franchising para a economia, empreendedorismo e geração de renda e empregos.

Estamos atingindo um nível de maturidade impressionante, muitas redes nacionais já desbravaram mercados internacionais, com sucesso em boa

Leitura Complementar

parte dos casos e nacionalmente passamos por um processo de revisão dos caminhos e métodos usados, dentro de um cenário complexo de mudanças por parte dos consumidores e da relação das empresas com esses, que estão cada vez mais informados e empoderados, com diversas opções à sua disposição e com o uso das mídias sociais e demais aparatos tecnológicos cada vez mais presentes nos negócios.

Vários são os aspectos que trarão impacto para os negócios em canais de vendas e em especial, para o Franchising e procuramos elencar alguns pontos de atenção e reflexão por parte dos envolvidos no sistema.

Acesso ao Mercado – com a enorme quantidade de ofertas para o consumidor, tomar uma decisão de compra tem sido influenciada por diversos fatores, mas em especial estar no local certo, no momento certo e com a oferta adequada compõe o tripé de sucesso nessa decisão. Buscar cada vez mais ampliar o acesso ao mercado, seja por meio do crescimento e expansão dos negócios em Franquias ou mesmo por outros canais de vendas tornar-se-á imperativo para conquistar e fidelizar o mercado. Além dessa busca, há a necessidade de manter um alinhamento e posicionamento nos canais de vendas de maneira a gerar uma visão consistente para o mercado consumidor e a relação das marcas com o mercado tem ficado cada vez mais complexa, em virtude da enorme parafernália tecnológica (aparelhos de celular smartphone, tablets, dispositivos móveis, acesso a web cada vez mais rápido e disponível em vários locais, etc) existente nos dias de hoje. No acesso ao mercado também deve-se levar em consideração revisões do modelo de negócios para atingir locais com potencial para o negócio em formatos adequados à realidade local, e não ao padrão da Franquia somente.

Gestão Estratégica dos Negócios – buscar o alinhamento entre Franqueadores e Franqueados em sua visão de negócios, missão e valores pode ser o diferencial de consistência que o mercado procura, onde a experiência de consumo oferecida pelos Franqueados tende a ser mais alinhada com a promessa de marca da empresa. Cada vez mais as redes precisarão investir tempo e recursos para buscar esse alinhamento com a sua base de Franqueados e assim gerar maior consciência e consistência na prestação de serviços aos clientes, desde a padronização da marca, produtos, aspectos visuais e da operação do negócio propriamente dita.

O termo Gestão Estratégica corresponde à execução correta na ponta (Franquias e Franqueados) da missão, visão e valores da marca Franqueadora e assim gerar a mesma experiência de consumo em todas as unidades.

Capacitação da Rede – está cada vez mais clara a necessidade de buscar maior preparo da rede de Franqueados, uma vez que os mesmos representam as marcas perante o mercado consumidor, que está cada vez mais exigente e informado. Transformar Franqueados em empresários se torna imperativo e fazer os mesmos agirem com mais empenho na condução de seus negócios, mas sempre alinhados com as premissas e diretrizes da marca Franqueadora. Entender a capacitação como um processo estratégico e não ações pontuais de treinamento e esporádicas, quase que espasmódicas na relação durante o longo prazo de convivência entre Franqueadores e Franqueados. A estratégia e objetivos gerais precisarão estar claros para todos os envolvidos e os programas de capacitação alinhados com essas premissas, com frequência e duração definidas no começo do ano, para permitir maior programação de todos na rede e também uma melhor alocação de custos para a Franqueadora e para os próprios Franqueados, que cada vez mais deverão arcar parte desses custos dentro de seus negócios, para poder viabilizar o crescimento que se espera do negócio.

Gestão Financeira Empresarial – para ambas as partes, Franqueadores e Franqueados, não haverá espaço para descontroles, ausência de indicadores de performance e desequilíbrio financeiro, com risco de comprometer a imagem da empresa e a própria sustentabilidade do sistema de Franquias. Todos deverão se tornar gestores financeiros com boa habilidade e conhecimento dos números do negócio e agir com base nessas avaliações, de maneira frequente e preventiva. Criar essa cultura de gestão é um dos pilares de sucesso das redes que estão conquistando posições de destaque no mercado. Além disso, também deverá haver uma constante busca e cálculo do valor do negócio (*valuation*, em inglês), pois deverá haver muitas fusões e consolidações das redes nesse ano que se inicia e nada melhor do que estar preparado e com o método de se apurar essas informações já sistematizados na empresa. Isso se aplica também aos Franqueados que deveriam calcular o valor de suas unidades no mínimo mensalmente, não que se espere a venda do negócio ou transferência, mas uma empresa nasce para gera valor aos seus fundadores e é legítimo que se tenha conhecimento desse valor, até para poder conduzir melhor a gestão dos negócios.

Produtividade Comercial – com diversas opções de consumo pelos clientes, oportunidades comerciais não poderão ser desperdiçadas, principalmente nos pontos de vendas Franqueados. A visita de um cliente deverá ampliar a taxa de conversão dos negócios (quem não mede, já deveria estar fazendo!), de maneira treinada e alinhada às premissas da empresa Franqueadora e seguindo um roteiro ou método conhecido por todos. É impressionante a quantidade de oportunidades que são desperdiçadas no varejo pela falta de prepara das equipes de atendimento e vendas, como falta de produtos, abordagem errada para conhecer as necessidades dos clientes, o simples fato de atender ao cliente e entregar o que ele solicita (chamamos de equipe tiradora de pedido e não de consultores de vendas que procuram entender o que de fato os clientes precisam e passam a lhes oferecer as melhores soluções em produtos e serviços). Gerar essa consciência na rede Franqueada é um dos primeiros passos e depois preparar toda a rede com capacitação e métodos bem definidos poderá ajudar muito na melhoria dos resultados de todos.

Obviamente inúmeros são os desafios e variam de rede para rede, que estão em estágios distintos de maturidade, mas acreditamos de maneira geral que esses caminhos podem ajudar, todos no mercado, Franqueadores, suas equipes e Franqueados com os seus times na busca de melhores resultados e maior satisfação dos clientes, gerando um reconhecimento de marca relevante para os consumidores, tornando-os mais fiéis ao negócio. Os desafios são enormes, de fato, mas as oportunidades também trarão diversas recompensas para quem estiver preparado para enfrentar essa rica jornada e conquistar clientes e mercados.

Tendências e *insights* para o sistema de Franchising

Adir Ribeiro - Presidente e Fundador Praxis Business

(artigo escrito em Janeiro/2015)

Estar em constante evolução e acompanhando o ritmo de mudanças do mercado e consumidores é um dos grandes desafios de qualquer empresa atualmente. No sistema de Franchising não é diferente. Temos nos dedicado muito nesses últimos anos a entender, influenciar e contribuir para o aperfeiçoamento do sistema e nesse artigo, compartilhamos alguns *insights* e tendências relevantes e que terão impacto nos negócios de todos que operam com Franquias ou redes de negócios (canais de vendas).

Competência na Gestão dos Negócios – é fundamental ampliar a competência de gestão da rede (e de cada unidade Franqueada). Em um cenário de margens cada vez mais reduzidas e um ambiente de competição extrema, à disposição dos consumidores diversas e boas opções de compra, além de toda informação disponível, as redes precisam estar focadas e preparadas para essa gestão, gerando o exemplo na própria Franqueadora e capacitando, na medida do possível, em Gestão Empresarial toda a sua rede de Franqueados. Acreditamos que um dos maiores desafios do Franchising brasileiro nos próximos anos será transformar Franqueados em Empresários de fato e alinhados aos padrões e premissas da Franqueadora.

Suporte que Gere Valor – com o crescimento das redes e cada uma delas em estágios distintos de evolução, há a necessidade de contar com visitas estruturadas às suas Franquias, com programação e metodologia definidas, um acompanhamento efetivo (*follow up*) dos combinados entre Franqueador e Franqueados, revisão dos processos e ferramentas da Consultoria de Campo & Negócios e modelos de suporte à distância, que de fato agreguem valor para as unidades e melhorem sua performance. A evolução do modelo é imprescindível.

Ciclo de Vida do Franqueado – a segmentação da rede e tratamento aos Franqueados de acordo com o seu momento de vida dentro da rede é uma das maneiras mais inteligentes para otimização do suporte de maneira efetiva. Franqueados em estágio inicial tem necessidades específicas de conhecer melhor o modo de operação da Franquia, se aculturar mais com as premissas da marca e atingir a excelência operacional nessa primeira fase. O Franqueado que tem mais tempo de vida na Franquia, tem necessidades distintas daqueles que iniciaram a operação em menos de um ano, por exemplo. Em geral as Franqueadoras tratam os Franqueados com o mesmo tipo de visita e suporte, sendo que elas são distintas em foco e podem ter frequência diferentes. A customização da visita de suporte segundo o ciclo de vida do Franqueado fortalece o relacionamento, engaja e traz informações mais ricas para a Franqueadora e Franqueados.

Uso de Tecnologia – cada vez se torna fundamental que as redes tenham os seus processos revistos e dimensionados com forte uso de tecnologia para acelerar os processos, acelerar a comunicação entre a rede, garantir a qualidade das informações e dados, seja na captura na ponta e centralização de avaliações. A tecnologia deve estar adequada à capacidade de investimento da Franqueadora e ser avaliada como investimento para ajudar a construir um negócio mais perene e atualizado, desde sistema de gestão nas Franquias e na Franqueadora, até recursos de comunicação disponíveis sem custo como Skype ou outras ferramentas úteis que ampliam a produtividade dos negócios.

Agir como Dono (empresário) – uma das coisas mais interessantes do Franchising está em conhecer as histórias de seus empreendedores, que geralmente construíram o negócio (marca) de maneira quase que artesanal e conseguiram engajar pessoas aos seus sonhos, sem muitos recursos e cujas pessoas até hoje estão presentes nas Franquias, como os primeiros Franqueados a operarem os negócios ou equipes da Franqueadora. Nessa fase inicial, as poucas pessoas de uma estrutura da Franqueadora agiam de maneira multidisciplinar e sempre com foco em resolver as situações problemáticas da rede. Esse espírito da fundação do negócio deve estar presente na cultura da rede, tanto na Franqueadora como nos seus Franqueados e equipes, pois gera uma liderança que de fato compromete e engaja todos ao seu redor, mesmo com o seu desenvolvimento atual.

Cultura e Engajamento – acreditamos que somente medir o nível de satisfação dos Franqueados não será suficiente, o grau de engajamento dos mesmos para com as suas marcas é que representa o diferencial. Esse nível de engajamento terá relação direta com os resultados que as unidades têm produzido e que são impactados fortemente pela liderança conduzida pela Franqueadora e pelos Franqueados junto aos seus colaboradores. No Franchising, é importante que se tenha conhecimento das 5 esferas que formam essa cadeia:
- **Franqueador** – geralmente o fundador ou o principal executivo.
- **Equipe da Franqueadora** – Diretoria e Gerência, Suporte, Consultores de Campo & Negócios, etc.
- **Franqueado** – empresário responsável pela Franquia ou operador do negócio.

- **Equipe do Franqueado** – gerente da unidade, equipe de atendimento e vendas, etc.
- **Consumidor** – o mais importante de todo esse ecossistema que irá definir o sucesso de qualquer marca no mercado.

Fusões & Aquisições – é crescente a atenção dos fundos de investimentos brasileiros e internacionais (*venture capital, private equity* etc) na avaliação do sistema de Franchising como excelente forma de atuação nos próximos anos. A escala nas redes de Franquias tem se tornado fundamental para a sobrevivência das marcas no mercado, pois no Brasil há mais Franqueadores que no mercado americano (segundo a última convenção da IFA – *International Franchise Associaton* – 2014) e bem menos Franquias que esse mesmo mercado (praticamente 1/7). Alguns caminhos naturais são a fusão entre Franqueadoras, a aquisição de marcas que conseguem obter sinergia de negócios, modelos de negócios adequados e financeiramente sustentáveis no longo prazo. Realizar a gestão financeira da Franqueadora de maneira eficiente e atualizada e medir o quanto vale a empresa (processo de *valuation*), continuamente, se torna indispensável.

Multifranqueado – tem se tornado frequente as redes que aceitam (e incentivam) os Franqueados multi-unidades, também chamados de Superfranqueados ou Multifranqueados, que operam diversas unidades, da mesma marca ou de marcas distintas (mas não concorrentes entre si) e possuem um excelente perfil de gestão de negócios com atuação empresarial e resultados bastante satisfatórios e consistentes. Esse perfil de Franqueado traz profundas melhorias para as Franquias, pois exige novas soluções nos negócios, níveis de capacitação diferenciados e um suporte cada vez mais efetivo e a altura desse perfil de Franqueado, que tem clareza, geralmente, do papel das partes e que cabe à Franqueadora criar as regras do negócio e padrões e a eles, a execução com excelência das diretrizes da marca.

Novos Formatos de Expansão – num país continental com mais de 5.500 municípios, as redes precisarão revisar os seus modelos de negócios e elaborar novos formatos que permitam ampliar sua capilaridade e assim melhorar o acesso ao mercado. O processo de interiorização é definitivamente uma forma de se conquistar mais mercado, porém os negócios precisarão estar alinhados ao porte e potencial de negócios, desde estratégias de conversão, até o uso de mais de uma marca numa mesma unidade de negócios.

Programas de Excelência – ambientes que possuem clareza de métricas e que gera recompensa para quem estiver alinhado às diretrizes, trazem maior engajamento e resultados. O programa de excelência é uma das ferramentas mais modernas e consistentes que as redes de Franquias têm para gerar melhores resultados junto à rede, pois esses programas compilam uma série de indicadores, qualitativos e quantitativos, que direcionam as ações dos Franqueados na busca alinhada da melhor performance e gera maior clareza sobre a avaliação de desempenho de toda a rede, construindo benchmarks (referências) positivas para todos os envolvidos.

Esperamos que esses *insights* e tendências possam contribuir com uma profunda reflexão sobre o modelo de negócios e traga inspiração para colocar em prática melhorias que visam tornar perene, sustentável e rentável as redes de Franquias brasileiras.

Como calcular a lucratividade e o que ela diz sobre a empresa?

Maurício Galhardo – Sócio-Diretor Praxis Business

Muitos empresários desconhecem a lucratividade de suas empresas. Alguns simplesmente por não saberem calculá-la, mas muitos por não terem os números de suas empresas e, consequentemente, não saberem quanto estas geram em resultados.

Quando os dados financeiros de uma empresa são apresentados em um Demonstrativo de Resultados do Exercício (D.R.E.), temos seus valores de vendas/faturamento e seus valores de gastos – custos ou despesas. A diferença entre as vendas e os gastos de uma empresa é o que chamamos de LUCRO - quando o resultado é positivo, e PREJUÍZO - quando este é negativo. Saber se uma empresa dá lucro ou prejuízo, e mais do que isso, o quanto de lucro ou prejuízo um empresa gera, dará ao empresário condições de tomar medidas para atingir suas expectativas financeiras neste negócio.

Assim, a lucratividade passa a ter papel importantíssimo na análise de resultados de uma empresa. A Lucratividade nada mais é do que o percentual do lucro de uma empresa pelo faturamento (ou vendas) da mesma, num determinado período. Para exemplificar: Faturamento de R$ 100 mil e lucro de R$ 12 mil resultará numa lucratividade de 12%.

Saber a lucratividade de uma empresa nos ajudará somente se tivermos referenciais para analisar se este valor é bom ou ruim. Um grande atacadista, importador, distribuidor ou mesmo uma grande fábrica podem atingir lucratividades mensais na ordem de 5% e estarem totalmente satisfeitas com o resultado. Por outro lado, podemos encontrar uma empresa prestadora de serviços que atinja 20% de lucratividade e seus sócios não estarem felizes com isso. Ou seja, a lucratividade está diretamente ligada ao faturamento que uma empresa gera. Lucratividade de 1% sobre milhões será melhor do que lucratividade de 30% sobre um faturamento baixo, por exemplo.

Mas para que tenhamos uma boa referência de que números perseguir para nossos negócios, vale a comparação com outros negócios do mesmo segmento. Se tratarmos de uma lanchonete, por exemplo, podemos sim comparar a lucratividade com outras lanchonetes. Comparar a lucratividade de uma lavanderia com a de outras lavanderias, e assim por diante.

Alguns empresários usam as referências do Sistema Tributário do Lucro Presumido para definir lucratividades mínimas para seus negócios. Partindo deste princípio, empresas de Comércio no Lucro Presumido pagam alguns impostos sobre um "lucro presumido" de 8% sobre o seu faturamento. Para empresas Prestadoras de Serviço este valor fica em 32%. Assim, estes números passam a ser indicadores interessantes a perseguir.

Portanto,
- Você sabe se sua empresa dá lucro, ou quanto dá?
- Quanto é a lucratividade de sua empresa?
- Se sua empresa é de comércio, gera lucratividade a 8% e se é uma prestadora de serviços gera lucro acima de 32%?

Sem dúvida vale conferir e acompanhar esse número.

Melhores práticas para capacitação de equipes

Leonardo Marchi – Sócio-Diretor Praxis Business

Olhando as empresas como um todo e mais especificamente as redes de Franquias e varejo, notamos que o tema Capacitação é de suma importância para os negócios. Neste artigo pretendemos responder duas perguntas: Por que é importante capacitar os colaboradores da empresa? Como fazê-lo de forma efetiva?

Respondendo a primeira pergunta, manter os colaboradores capacitados melhora significativamente o resultado da empresa. Como sabemos que o resultado de uma empresa é melhorado aumentando as receitas ou reduzindo os gastos (ou ainda fazendo as duas coisas juntas), a capacitação da equipe ajuda neste processo de três formas distintas:

Aumento de receitas pela fidelização dos clientes: somente por meio de pessoas capacitadas é que as empresas conseguem entregar a promessa da marca em todos os pontos de contato, gerando momentos da verdade memoráveis, fazendo com que os clientes voltem e comprem mais.

Redução de gastos pela diminuição do turnover: para alcançar esta redução é preciso trabalhar o ENGAJAMENTO de pessoas. Afinal, "reter" pessoas significa "aprisioná-las". Devemos fazer com que elas queiram ficar na empresa, e conseguimos este engajamento quando o propósito dos colaboradores está alinhado ao propósito da empresa, então é preciso desenvolver e comunicar claramente este propósito da empresa.

Redução de gastos pelo aumento da produtividade: sabendo que produtividade quer dizer fazer mais e melhor com o mesmo recurso, e que pesquisas revelam que a produtividade de um trabalhador brasileiro é aproximadamente três vezes menor que a de um trabalhador americano, fica evidente a necessidade de melhorar continuamente este indicador nas empresas, e a capacitação ajuda a melhorar esta produtividade.

Analisando estes três pontos, fica evidente que a capacitação dos colaboradores tem impacto direto e positivo nos resultados da empresa.

Respondendo a segunda pergunta deste artigo, a forma mais efetiva de capacitar os colaboradores na empresa é considerando qual a melhor forma de gerar aprendizado em adultos (andragogia), e como trabalhar a diversidade das gerações presentes nas empresas atualmente (*baby boomers*, X, Y, *millennial*).

A partir destes dois aspectos, sintetizamos sete melhores práticas para capacitação de equipes:

Fazer um levantamento de informações detalhado: a pessoa que irá ministrar a capacitação deve ter pleno conhecimento do que ocorre na prática do dia a dia das pessoas que estão sendo capacitadas. Um facilitador mal preparado não passa confiança para o público.

Investir 10% da carga horária na sensibilização para o tema: antes de transferir qualquer *know-how* (como fazer), primeiro precisamos mostrar o *know-why* (por que fazer?). Caso contrário, o público não aceitará as novas formas de fazer o trabalho, afinal mudar incomoda e precisamos mostrar a NECESSIDADE de trabalhar os temas propostos, e o que as pessoas GANHAM com isso (é preciso verbalizar qual o benefício para as pessoas, não só para a empresa). Esta sensibilização pode ser feita utilizando o método do Ciclo de Aprendizagem Vivencial (CAV), o qual um facilitador bem qualificado certamente saberá aplicar.

Passar os conteúdos contando uma história (*storytelling*): pesquisas mostram que quando uma informação é contada no contexto de uma história, ela tem até 20 vezes mais chances de ser lembrada no futuro. Então a dica é usar técnicas de contar histórias para aumentar a retenção do conhecimento.

Utilizar dinâmicas de grupo: o adulto aprende pela associação de seus conhecimentos passados para construir o novo aprendizado. Por isso uma técnica efetiva é utilizar dinâmicas de grupo com situações reais do dia a dia para evidenciar como é atualmente e como deveria ser a melhor forma de executar os processos na empresa. Esta prática gera aprendizado prático e consistente.

Exercitar o método de trabalho: se existem formulários, ferramentas de trabalho ou um passo a passo de como executar os processos, estes devem ser utilizados nas atividades durante a capacitação. Pode haver dúvidas ou formas erradas de abordar estes recursos, e a capacitação é uma ótima oportunidade de melhorar a aplicação prática. Como dica, se o método não existe, construa-o antes da capacitação, pois as pessoas irão perguntar a forma correta de fazer as atividades, e esta forma deve estar explícita antes de ser disseminada.

Gerar estatísticas de resultados das capacitações: capacitação gera necessidade de investimento, e investimento deve gerar retorno do investimento (ROI – do inglês *Return on investment*). Por isso, independente se será realizada uma capacitação pontual ou um projeto completo de capacitação, como uma Universidade

Corporativa, é importante saber qual o retorno que esta iniciativa gerará para a empresa. Nem que seja uma estatística subjetiva (como melhoria do clima organizacional, ou melhoria do atendimento ao Franqueado), ela deve ser quantificada para que posteriormente seja mensurada e se o projeto atingiu ou não as expectativas da empresa.

Manter a alta administração informada dos resultados: A comunicação efetiva é necessária para que os benefícios gerados sejam conhecidos e valorizados, proporcionando visibilidade para as iniciativas de capacitação, bem como garantir os investimentos necessários para os próximos períodos.

Desta forma, as redes de Franquias e varejo e demais empresas conseguirão manter seus colaboradores capacitados, ajudando assim a organização a melhorar sistematicamente sua competitividade e garantindo a sua perenidade no mercado.

Expansão com resultados

Luís Gustavo Imperatore – Sócio-Diretor Praxis Business

A expansão do negócio está entre os objetivos da maioria das redes de Franquias. Mesmo aquelas que já tenham atingido a maturidade, ainda procuram se fortalecer com novas unidades em regiões que estejam em desenvolvimento, ainda que crescendo com menor velocidade. Embora seja sempre importante buscar o aumento de vendas e dos lucros por unidade, o crescimento da rede é um dos meios mais importantes na busca pelo aumento de resultados totais do negócio. Porém, como o Franchising é um negócio de relacionamento, e bons resultados vêm somente a partir de uma combinação de fatores internos do negócio e externos do mercado, o objetivo de expansão somente faz sentido sobre bases consistentes e com muita responsabilidade.

Uma das decisões mais importantes da qual se deparam os empreendedores é qual o melhor momento de expandir. A resposta pode ser simples considerando os sonhos e expectativas de se construir um grande negócio, mas a realidade é mais complicada. Encontrar o ponto ótimo entre a necessidade de desenvolver e testar o negócio o suficiente e aproveitar as oportunidades de crescimento que o mercado oferece não é tarefa das mais tranquilas.

Empreender adotando o modelo de Franchising para a expansão do negócio exige assumir riscos, e não tem muito como fugir à esta regra. O importante é preservar a posição dos Franqueados, não permitindo que assumam um risco maior daquele que deveriam ter. O ponto aqui é desenvolver o modelo do negócio, envolvendo principalmente os produtos ou serviços, os processos e o *know how* da operação e da gestão até o nível em que esteja suficientemente testado e se provado lucrativo, rentável e replicável, para que o negócio e os Franqueados tenham maiores chances de sucesso. E, claro, não menos importante, uma marca que já tenha ao menos começado a se tornar conhecida em seu mercado original. De fato, um Projeto de Lei que tramita no Congresso Nacional busca incluir na Lei 8.955/1994, que dispõe sobre o contrato de Franquia empresarial, um prazo mínimo de operação de um negócio antes que se empreguem Franquias para a sua expansão.

Os pontos chave para uma expansão com melhores resultados são:
- Um modelo de negócios que já esteja suficientemente desenvolvido e testado, ao ponto que se tenha segurança de que um Franqueado que preencha os requisitos necessários para o negócio, implantando sua unidade numa localização adequada (conforme o tipo de negócio), com muita dedicação, respeito às regras e algumas condições favoráveis no mercado, possa sem bem sucedido e obter bons resultados;
- Ter um plano de expansão baseado nos objetivos de crescimento e conforme o potencial de mercado para o negócio nas diferentes regiões onde se pretenda expandir, além de considerar a própria estrutura de suporte aos Franqueados, que deverá ser dimensionada conforme o tamanho e dispersão geográfica da rede;
- Ter um processo de busca e seleção de candidatos à Franquia que permita encontrar as pessoas que estejam o mais próximo possível do perfil ideal de Franqueado para o negócio, que estejam dispostas a seguir as regras e padrões da marca, além de se comprometer com os esforços necessários para a obtenção dos resultados esperados;
- Jamais vender a ilusão de que os resultados virão fáceis, e muito menos a garantia de que virão. O Franqueador tem a responsabilidade de preparar os novos Franqueados para os desafios que eles deverão enfrentar e de engajá-los na cultura de parceria, trabalho duro, gestão e de qualidade da

operação e atendimento aos clientes, pois estes fatores já serão a metade do caminho percorrido para o sucesso do negócio. Por último, é importante ter em mente que um projeto de expansão consistente de uma rede de Franquias somente será bem sucedido se a Franqueadora tiver a capacidade de criar um bom relacionamento com os seus Franqueados e lhes oferecer os treinamentos necessários e a Consultoria de Campo & Negócios que os ajudem a obter melhores resultados. Para tanto, formar adequadamente a equipe de suporte à rede, investir em sua capacitação, implantar a cultura de oferecer aos Franqueados somente conhecimentos Práticos, Atualizados e Relevantes - PAR, planejar a estrutura e a expansão geográfica para que cada nova Franquia receba o mesmo nível e qualidade de apoio, que resultados melhores certamente virão.

Deixo aqui um questionamento aos empresários: Sua rede, está expandindo e trazendo os resultados que você esperava?

Integração e experiência de compra

Tonini Júnior – Sócio-Diretor Praxis Business

A grande pergunta em relação aos pontos de vendas é: Será que com tanta tecnologia ao nosso dispor, tornando fácil a obtenção de produtos e serviços, as lojas físicas vão acabar? A resposta é Sim. Se as lojas continuarem tão pouco atraentes, sujas, maltratadas e com vendedores desmotivados e pouco capacitados. Sim, essas lojas vão sumir!

Costumo de dizer que hoje em dia o que mais pesa na decisão de compra do cliente, não é o produto ou serviço que está sendo oferecido. E sim QUEM está vendendo e COMO está vendendo para ele. Proporcionar uma experiência de compra única que faça com que o cliente lembre da empresa e da marca, é o caminho para o sucesso. O uso da tecnologia pode ajudar muito para proporcionar uma experiência única para o cliente.

Integrar a tecnologia da compra online ao mundo off line tem sido muito importante para que o cliente cada vez mais viva experiências inigualáveis. No maior evento de Varejo do Mundo a NRF, que ocorre sempre em janeiro em Nova Iorque, foram apresentados alguns cases que demonstram como essa integração pode acontecer.

A **Hointer** - loja multimarca americana fundada por Nadia Shouraboura, ex-Vice Presidente Mundial de Tecnologia da Amazon, trouxe tecnologias utilizadas nas compras *online* para dentro da loja física: etiquetas eletrônicas (e-Tags), omni cartão e micro armazém. O cliente aproxima o celular (ou *tablet*) ao e-Tag e visualiza tudo sobre aquele produto – tamanhos disponíveis, cores, modelos etc e pode selecionar o que mais lhe agradar. Os produtos vão para um "carrinho virtual", como em uma compra *online*, o cliente é direcionado ao provador e lá estarão os produtos selecionados. Cada provador é conectado ao estoque. Uma vez decidida a compra, o pagamento pode ser efetuado pelo próprio celular. A tecnologia envolvida na logística pertence à Amazon. Com tudo isso a exposição de produtos na loja é resumida a praticamente um produto de cada modelo reduzindo o range de opções ao consumidor, o que segundo estudos pode ser positivo.

Outro case está relacionado ao mercado de tecnologia, são as *Pop-ups Stores* interativas da Samsung, destinadas à experimentação da linha Galaxy. Os clientes eram convidados a tocar, sentir, aprender sobre os principais recursos e criar conteúdos personalizados.

> *"Estamos oferecendo uma evidência tangível da forma como os nossos dispositivos permitem que você se conecte melhor com o mundo, de como você pode realmente projetar sua vida. Como os nossos dispositivos são capazes de amplificar a experiência de cada varejista de uma forma significativa, em última análise, proporcionando valor para o cliente uma visita."* -
>
> Younghee Lee, Vice-Presidente Executivo de Marketing Global, TI & Divisão de Comunicações Móveis da Samsung Electronics.

Então, uma das principais lições em relação aos pontos de venda é que as lojas físicas não precisam temer o universo online. Elas precisam, sim, utilizá-las a seu favor. Prova de que isso vem dando certo é que, mesmo com o constante crescimento do e-commerce não só nos Estados Unidos como aqui no Brasil, as lojas físicas ainda vendem mais do que a internet.

E porque isso acontece? Porque os consumidores ainda desejam a experiência da compra. Vivemos a era do relacionamento e as pessoas buscam essa resposta no varejo. A experiência de compra em loja física é valorizada pelos consumidores quando é marcante e especial. Quando o contato é relevante para o cliente e hospitaleiro. Hospitalidade é a palavra uma palavra muito importante para embasar as estratégias de vendas das empresas.

Um dos maiores empreendedores de Shoppings dos EUA e dono do shopping de maior venda por metro quadrado americano o The Grove, Rick Caruso Fundador e CEO – Caruso Affiliated, trouxe uma reflexão importante na NRF 2014:

"As pessoas querem se engajar e sentir um senso de comunidade. Elas são levadas pela experiência. Se você está no mundo das lojas físicas, você precisa entender de Hospitalidade, tem que receber bem. Você não tem que ter uma loja, tem que ter um lugar acolhedor!"

Pesquisas sobre o consumo on line indicam que o consumo é maior quando as pessoas estão confortáveis ao realizar suas compras (casa, sofá etc.). Aí reside o grande desafio no ponto de venda: reproduzir essa ambiência para estimular a presença e consumo dos clientes. Dentro das lojas, a experimentação tem essa função de entreter os clientes. Transformar a compra em um momento descontraído, em que ele pode vivenciar a realidade do produto. Experimentar ao vivo e a cores.

Se as empresas utilizam a tecnologia como parceira, investindo no conforto do ponto de venda e capacitando as equipes para que cada vez mais conheçam seus produtos ou serviços para que com isso surpreendam seus clientes, sendo acima de tudo, hospitaleiros, serão dados passos importantes para manter as lojas físicas mais do que vivas nesse cenário em constante evolução que é o Varejo.

SOBRE A PRAXIS BUSINESS

Em setembro de 2009, Adir Ribeiro fundou a empresa. Originalmente chamava-se Praxis Education e seu foco estava em treinamentos para o Franchising.

Conceitualmente, segundo os gregos "Praxis é o processo pelo qual uma teoria, lição ou habilidade é executada ou praticada, convertendo-se em parte da experiência vivida", por isso da escolha do nome, já que essa é a principal crença da empresa, transformar uma teoria complexa em algo prático. Em 2010 a empresa ampliou seu escopo e passou a desenvolver projetos de Consultoria, em função das necessidades e demandas do mercado, no mesmo período adquiriu a empresa Galhardo Treinamento & Consultoria Financeira, redefinindo o seu posicionamento com foco em Consultoria e Educação Corporativa para o Franchising & Varejo.

Assim, a empresa passou a contar com os sócios: Maurício Galhardo – Sócio-Diretor Administrativo-Financeiro, Leonardo Marchi – Sócio-Diretor Educação Corporativa e Luís Gustavo Imperatore – Sócio-Diretor Consultoria. No final de 2011 os sócios publicaram o livro *Gestão Estratégica do Franchising*, como forma de ampliar e consolidar o seu conhecimento e DNA na gestão de redes e poder contribuir para o amadurecimento do sistema de Franchising no Brasil.

Em 2012, sempre atenta às evoluções do mercado, a empresa ampliou sua atuação no Varejo com a área de Atendimento & Vendas, gerida pelo novo Sócio-Diretor dessa área, Tonini Júnior. A empresa passou a se chamar PRAXIS BUSINESS, ampliando sua atuação, e além de Consultoria e Educação Corporativa, passou a contar com a Implantação de projetos e soluções de Educação à Distância.

No primeiro semestre de 2013, o livro *Gestão Estratégica do Franchising* ganhou versão online. Foi revisado, ampliado e lançada a segunda edição no segundo semestre do mesmo ano.

Em 2014 a empresa completou 5 anos e consolidou-se no mercado de Franchising & Varejo. Em 2015 a empresa lança o livro *Gestão do Ponto de Venda - Os Papéis do Franqueado de Sucesso*. Um livro escrito com o objetivo de contribuir na formação do Franqueado como empresário de fato. Ajudando tanto a ele quanto as redes a atingir resultados superiores.

Propósito da Praxis Business

Proporcionar conhecimentos **PAR** (**P**rático – **A**tualizado – **R**elevante) aplicado ao mercado de Franchising & Varejo, visando construir relacionamentos e resultados sustentáveis.

CURRÍCULO DOS AUTORES

ADIR RIBEIRO

- **Presidente e Fundador** da Praxis Business.
- Administrador de Empresas, Pós-graduado em Marketing com especialização em Varejo (FGV-SP) e Executive MBA in Franchising.
- **Especialista em Gestão Estratégica do Franchising & Varejo, atuando há mais de 20 anos no mercado.**
- Coautor dos livros:
  Gestão Estratégica do Franchising – Como Construir Redes de Franquias de Sucesso.
  Franchising – Uma Estratégia para a Expansão de Negócios.
- Colunista e Mentor da **Endeavor**
- Mestre do meuSucesso.com
- Apoiador e Voluntário do Instituto CEO do Futuro (icf.org.br)
- Consultor Técnico da ABF para NRF (evento do varejo mundial, Nova York - EUA)
- Professor/Palestrante das principais Escolas de Negócios no Brasil: FGV, FIA/Provar, ABF – Associação Brasileira de Franchising e Insper.
- Treinou mais de 50 mil pessoas.

MAURÍCIO GALHARDO

- Sócio-Diretor Administrativo-Financeiro da Praxis Business.
- Engenheiro Mecânico / Pós-Graduado em Administração de Empresas – FAAP/SP e MBA em Business Management pela University of California San Diego.
- **Especialista em Finanças, Governança Corporativa e Fusões & Aquisições já treinou mais de 12 mil pessoas no Varejo e Franchising.**
- 15 anos de atuação com experiência como Executivo de Redes e Consultor em empresas e consultorias de grande porte.
- Coautor do livro:
  Gestão Estratégica do Franchising – Como Construir Redes de Franquias de Sucesso.
- Autor do livro:
  Finanças Pessoais – Uma Questão de Qualidade de Vida.
- Colaborador dos Portais Exame PME e Financeiro Amigo
- Instrutor credenciado pela ABF – Associação Brasileira de Franchising
- **Mentor Endeavor**

LEONARDO MARCHI

- Sócio-Diretor de Educação Corporativa da Praxis Business.
- Administrador de empresas – PUC/SP com especialização em Gestão do Capital Humano pela Universidade de Michigan.
- **Especialista em Gestão do Capital Humano para Franchising e Varejo**, atua há 15 anos como **Consultor e Palestrante.**
- Autor de artigos nacionais e internacionais relacionados à Educação Corporativa, Cultura Organizacional e Mensuração de Resultados em Capacitação.
- Coautor do livro:
  Gestão Estratégica do Franchising – Como Construir Redes de Franquias de Sucesso.
- Já treinou mais de 4 mil pessoas (varejistas, executivos de redes de varejo e Franquias, Franqueados, concessionários, distribuidores, revendedores, gerentes de lojas, entre outros.
- **Professor** de cursos MBA da FIA em matérias relacionadas à Gestão de Pessoas e Gestão de Processos de Negócios.
- Instrutor credenciado pela ABF – Associação Brasileira de Franchising.
- Membro efetivo da ATD – Association for Talent Development sediada em Washington D.C. (EUA) e da ABRH – Associação Brasileira de Recursos Humanos

LUÍS GUSTAVO IMPERATORE

- Sócio-Diretor de Consultoria da Praxis Business.
- Administrador pela FGV-SP.
- **Especialista em análise e estruturação de Modelos de Franquias, Varejo e outros Canais de Vendas**.
- Atua há 15 anos em consultoria com foco em definição, formatação, avaliação e revisão de canais de vendas e de gestão de redes de varejo, especialmente Franquias.
- Coautor dos livros:
  Gestão Estratégica do Franchising – Como Construir Redes de Franquias de Sucesso.
  Franchising – Uma Estratégia para a Expansão de Negócios.
- Vivência em mais de 250 projetos em 30 setores e/ou segmentos de mercado em redes em todo o Brasil.
- Participou de projetos de gestão de redes, de internacionalização de Franquias em países da América Latina e do desenvolvimento de parcerias junto a gestores de redes na França e na Holanda.

TONINI JÚNIOR

- Sócio-Diretor de Educação Corporativa da Praxis Business.
- Cursou a Universidade Federal do RJ, Especialista em Gestão de Negócios pelo PROVAR - USP.
- **Especialista em Excelência na Gestão de Vendas, Experiência de Compra e Encantamento de Clientes.**
- Autor de artigos relacionados a Gestão de Vendas, Vendas e Encantamento de Clientes para o Franchising & Varejo.
- Mais de 25 anos de atuação no Varejo em cargos executivos como Gerente/Diretor, e também como Consultor, Palestrante e Empresário de Lojas no Varejo.
- Já treinou mais de 30 mil pessoas do varejo e vendas.
- Profundo conhecedor da Gestão de Lojas e modelos de motivação e incentivo aos times de vendas com foco em aumento de performance.
- Coordenou a implementação de inúmeros projetos de consultoria em Franchising & Varejo.

SUGESTÃO DE LEITURA
Mais que uma editora, uma fonte de inspiração!

GESTÃO ESTRATÉGICA DO FRANCHISING
Como Construir Redes de Franquias de Sucesso
Autores: Adir Ribeiro, Maurício Galhardo, Leonardo Marchi e Luís Gustavo Imperatore
Páginas: 336

dvseditora.com.br